VTJ
旧約聖書注解

出エジプト記
1〜18章

鈴木佳秀●著

Vetus Testamentum Japonicum

日本キリスト教団出版局

「VTJ 旧約聖書注解」の刊行にあたって

　大小39の書からなる旧約聖書の成立はキリスト教よりも古い。そこには歴史書があり、預言書があり、詩歌があって、多様性に富む。と同時に、古代イスラエルの民の間に育まれた確乎とした唯一神信仰がその全体を貫いている。

　旧約聖書を残した古代イスラエルの民は、古代西アジア文明世界の辺境に歴史を刻んだ一弱小民族にすぎなかった。南の大国エジプトと両河地域に興亡するアッシリア、バビロニア、ペルシアなどの帝国とのはざまで、彼らは翻弄され続けた。その後も、ときにエジプトのプトレマイオス朝の、ときにシリアのセレウコス朝の支配下におかれた。古代西アジア文明史からみれば、古代イスラエルは、政治・経済面はおろか、物質文化という面においても、見るべきものを何ひとつもたなかった。ところが、彼らがまとめあげた旧約聖書は、後のユダヤ教の基礎となり、そこからキリスト教が誕生し、イスラム教にまで多大な影響を及ぼしたのである。人類の精神史に旧約聖書が果たした役割は計り知れない。

　旧約聖書とは、いうまでもなく、新約聖書の存在を前提にしたキリスト教側からの呼称である。旧約聖書のヘブライ語（一部アラム語）原典を伝えたユダヤ教徒はこれをミクラー（miqrā'）もしくはタナハ（TaNaKh）と呼びならわす。前者は「朗読すべきもの」というほどの意味、後者はトーラー「律法」、ネビイーム「預言者たち」、ケトゥビーム「諸書」の冒頭の子音を並べ（TNK）、これに補助母音を付した造語である。ヘブライ語聖書はこの順序で構成されている。「律法」は創世記から申命記までの五つの書、「預言者たち」とはヨシュア記から列王記下にいたる「前の預言者たち」（但し、ルツ記は除く）と、イザヤ書からマラキ書にいたる「後の

預言者たち」（但し、哀歌とダニエル書は除く）を指す。残りの書は「諸書」として一括された。

　キリスト教会はこのユダヤ教の聖書を自らの聖書として受容した。これをイエス・キリストを預言し、証しする神の言葉として受けとめたのである。ルカ福音書には、復活したイエスの言葉として「わたしについてモーセの律法と預言者たちと詩編に書かれたことはすべて成就する」と伝えられる（ルカ 24:44）。「詩編」は「諸書」を代表する。

　新約聖書における旧約聖書の引用は、おおむね、「七十人訳」と呼ばれる旧約聖書のギリシア語訳から採られている。古代キリスト教会ではギリシア語訳の旧約聖書がひろく用いられた。中世期にはラテン語版が標準とされた。それらは配列においてヘブライ語聖書と異なる。今日のキリスト教会で用いられる翻訳聖書はラテン語版の配列を踏襲する。そこにはヘブライ語聖書にない書も含まれる（新共同訳聖書の「旧約聖書続編」）。

　このように、旧約聖書には、一方に、ユダヤ教が伝えたヘブライ語聖書の伝統があり、他方に、キリスト教会の伝統がある。しかし、19世紀に近代の学問的方法に立つ聖書学が確立してからは、旧約聖書学はヘブライ語原典を研究の中心に据えるようになった。「七十人訳」をはじめとする古代訳聖書は補助手段として用い、ヘブライ語原典をいかに正確に理解するか、ということに重点がおかれてきた。ヘブライ語原典を正確に理解するといっても、語彙研究から思想研究まで、いくつもの段階が存在する。

　第一は、聖書ヘブライ語の本文研究。ここでは、語形・語根を確認し、同一ないし類似の表現を関連文書中にたずね、語句の意味を確定することが基本となる。ヘブライ語原典には語彙や文法の点で不明な箇所が少なくないのである。その点では、古代訳との対照作業も重要であれば、古くからのユダヤ人学者の貢献もある。加えて、楔形文字資料をはじめとする、19世紀中葉以降に発見された文書に基づく、比較セム語研究の成果も無視できない。

　第二は、歴史的、文化史的研究。ヘブライ語聖書の背後には古代西アジアの文明・文化が控え、各文書はそれぞれに時代史的背景をもつ。そうした歴史的、文化史的背景は、19世紀後半から急速に発達してきた古代オ

リエント学によって明らかにされつつある。また、パレスチナにおける遺跡の発掘調査は、旧約聖書時代の日常生活に大きな光を当ててくれる。

　第三は、文献学的研究自体の展開である。聖書文献学は、各文書・各単元の文学形態を見定め、それらが語り伝えられた経緯を見据えようとした。一定の文学形態をもつ文書や単元はどのような場で語られ、それらがどのように伝承されたのか、と問うたのである。最近では、各文書がまとめられ、編集されて、今日のような形態をとるまでの経緯を見きわめようとする。それに加え、各単元の文学構造の共時的分析も行われるようになった。

　第四に、こうした研究が積み重ねられるとともに、当該文書や単元にこめられた思想と信仰にも関心が注がれる。旧約聖書が人類精神史に及ぼした影響力の秘密もそこにあった。思想と信仰を考察するには、少なくとも二つの視点がある。ひとつは、当該文書や単元にこめられた思想や信仰がどのような特色を示し、それが旧約聖書のなかでどのような位置を占めるのか、という視点。もうひとつは、それが後のキリスト教（またユダヤ教）の思想と信仰にどのように関わるのか、という視点である。このような思想と信仰の考察は研究者自身の思想的・信仰的立場と無関係ではありえない。

　旧約聖書学はこれまでも、これらすべての段階で、夥しい研究を蓄積してきた。学問的であろうとする「VTJ旧約聖書注解」には、これらの研究成果が生かされる。そのために、姉妹版である新約聖書注解シリーズ（NTJ）と同じ形式をとることにした。

　はじめに、単元ごとに本文の【翻訳】が掲げられる。そこには、上記第一の研究が生かされる。続く【形態／構造／背景】は、第二、第三の研究成果を踏まえた記述になるだろう。【注解】では、節ごとの翻訳説明に加えて、各節の伝承や編集に関する議論も加味される。【解説／考察】には、注解者による思想と信仰の理解が披瀝されるだろう。内容は高度、記述は平易であることを心がける。

　このような本注解シリーズが、現代の北東アジアという文化的脈絡のなかで、人類の精神史に多大な影響を及ぼしてきた旧約聖書の思想と信仰の、

ひいては旧約聖書を正典とするキリスト教信仰とその共同体の新たな可能性を探るよすがのひとつになれば、と願っている。

2017 年 11 月
「VTJ 旧約聖書注解」監修者
　　　　月本　昭男（上智大学特任教授）
　　　　山我　哲雄（北星学園大学教授）
　　　　大島　　力（青山学院大学教授）
　　　　小友　　聡（東京神学大学教授）

凡　例

1、　本書が引用する聖書の翻訳は、断りがない限りすべて著者の私訳である。

2、　注解部分の【翻訳】内にある〔　〕は、訳文を読みやすくするための、著者による補足である。

3、　参考文献は、本文中で（著者名　出版年：該当頁）を略記し、巻末の文献表に詳細な書誌情報を掲載した。

4、　聖書の書名の略語は、『聖書　新共同訳　旧約聖書続編つき』に準拠した。その他は以下のとおり。

5、　雑誌、シリーズ類の略語については以下のとおり。

ANET	*Ancient Near Eastern Texts Relating to the Old Testament*
AJBI	*Annual of the Japanese Biblical Institute*
BA	*Biblical Archaeologist*
BZAW	*Beihefte zur Zeitschrift für die alttestamentliche Wissenschaft*
BWANT	*Beiträge zur Wissenschaft vom Alten und Neuen Testament*
FAT	*Forschungen zum Alten Testament*
FRLANT	*Forschungen zur Religion und Literatur des Alten und Neuen Testaments*

凡例

fzb	Forschung zur Bibel
HAT	Handbuch zum Alten Testament
SBL	Society of Biblical Literature
VTSup	Vetus Testamentum Supplements
WMANT	Wissenschaftliche Monographien zum Alten und Neuen Testament
ZAW	*Zeitschrift für die alttestamentliche Wissenschaft*
TW	Theologische Wissenschaft

6、本文中で言及する七十人訳は、秦剛平『七十人訳ギリシア語聖書Ⅱ——出エジプト記』（河出書房新社、2003年）に拠る。

VTJ 旧約聖書注解

出エジプト記 1〜18 章

目　次

「VTJ 旧約聖書注解」の刊行にあたって　3
凡　例　7

緒　論

書名について　17
出エジプト記の主題とその構成について　18
出エジプト記の組み立てについて　21
　（1）第Ⅰ部　エジプトでの苦難とそこからの脱出（1:1–15:21）　21
　（2）第Ⅱ部　脱出後の荒れ野での試練とヤハウェの奇蹟（15:22–18:27）　23
　（3）第Ⅲ部　シナイ山での律法の啓示（19:1–40:38）　25
出エジプト記の時代背景について　27
　（1）エジプトからの脱出　27
　（2）モーセは実在したのか　31
　（3）エジプトの宰相であったヨセフの時代　36
出エジプト記を構成する資料層と編集の問題について　38

注　解

第Ⅰ部　エジプトでの苦難とそこからの脱出（1:1–15:21）

45

1. エジプトにおけるイスラエルの苦難（1:1–2:25）　46
　（1）エジプトで数を増したイスラエルの子ら（1:1–22）　46
　（2）モーセの誕生——レビびとの家庭に生まれた男の子（2:1–10）　60
　（3）殺害事件によりエジプトから逃亡（2:11–25）　67

2. エジプトからの脱出に向けて（3:1–13:16）　78
　（1）モーセの召命とエジプトへの帰還（3:1–4:31）　78
　（2）ファラオとの交渉と十の災い（5:1–12:36）　113
　（3）エジプトからの出立へ（12:37–13:16）　212

3. 葦の海の奇蹟と脱出（13:17–15:21）　227
　（1）雲の柱、火の柱に導かれて荒れ野の道へ（13:17–22）　227
　（2）葦の海の底を渡るイスラエルの子ら（14:1–31）　231
　（3）ヤハウェへの賛歌（15:1–21）　245

第Ⅱ部　脱出後の荒れ野での試練とヤハウェの奇蹟
（15:22–18:27）　255

1. 飲み水と食糧をめぐる試練とヤハウェの奇蹟（15:22–17:7）　256
　（1）マラの苦い水の試練と奇蹟（15:22–27）　256
　（2）シンの荒れ野での試練とマーンの奇蹟（16:1–36）　262
　（3）レフィディムでの試練と泉の奇蹟（17:1–7）　276

2. アマレク来襲の試練と勝利の奇蹟（17:8–16）　282
　（1）アマレクとの戦いとイスラエルの勝利（17:8–16）　282

3. 指導体制の確立と仲保者モーセの職責（18:1–27）　287
　（1）エトロへの帰還報告と与えられた指導体制についての示唆（18:1–27）　287

　　トピック＃出エジプト記を翻訳して示されたこと　298
　　　（1）モーセとアロンの関係をめぐって　298
　　　（2）レビびとの伝統に立つモーセと律法遵守の精神・なぜ「あなた」なのか　300

目次

あとがき　304
参考文献　306

装丁　熊谷博人

緒　論

書名について

　旧約聖書の冒頭に置かれたモーセ五書（創世記から申命記までの五つの書）と呼ばれる五つの書の中で、出エジプト記は第二番目の書であり、創世記の後に置かれている。出エジプト記の後には、レビ記、民数記、そして申命記が続く。これら五つの書が、ヘブライ語聖書ではトーラーと呼ばれている。「教示」「教え」という意味がトーラーの原意により近いのであるが、通常は「律法」と訳されている。旧約聖書全体を示すために、この呼称が用いられることもあるからである（ヨハ 10:34; 12:34; 15:25; ロマ 3:19; 1 コリ 14:21 等参照）。

　ヘブライ語聖書での書名は、「出エジプト記」ではない。かつて書物の識別は、語り出しの言葉で区別されていた。多くは冒頭の一語か二語によって識別していたのが古代メソポタミア以来の伝統であり、粘土板や羊皮紙に記された写本等を識別するための慣習となっていた。古代から書名をつける伝統があった訳ではない。本書について言えば、冒頭の二語ウェ・エッレー シェモオート（「そしてこれらが名前〔である〕」）が、古代メソポタミアの伝統にならい、それがヘブライ語聖書での二番目の書物の表記として使われてきた。

　『出エジプト記』という邦訳聖書での書名は、漢訳聖書の『出埃及記』から取られたものであるが、それはヘブライ語聖書がギリシア語に翻訳されたときに書名がつけられたことに由来する。七十人訳聖書での第二番目の書物の書名は、19:1 にある言葉「〔エジプトの地を〕出国して」から取られている（秦 2003）。ラテン語訳のヴルガータが刊行されたとき、それを尊重する形で *Liber Exodi* と命名されている。ドイツ語訳聖書は、ルター訳の伝統で *Das zweite Buch Mose Exodus* とモーセの第二の書という書名を採用している。この伝統が広く近代語訳聖書、例えば英国欽定訳聖書〔King James Version〕の *The Second Book of Moses, called Exodus* に採用され、今日に至っている。漢訳聖書も、基本的にこうした伝統に従っていることは言うまでもない。

　このギリシア語聖書の書名は、エジプトからの出国あるいは脱出という

観点でモーセ五書の第二番目の書を理解している。そこでこの書名が、モーセ五書の第二番目の書全体の内容をどれほど忠実に表わしているのかと問うことは無駄ではない。聖書を読むときに、このような問いをもって読むと、内容構成について新たな発見をすることがあるからである。そこで、出エジプト記が語ろうとしていることについて概観しておきたい。書物全体は幾つかの区切りの言葉や主題によって分けられるので、その組み立てが理解できるようになっている。

出エジプト記の主題とその構成について

　出エジプト記全体を素直な目で読むと、エジプトからの出国あるいは脱出に関わる主題を直接的に取り扱っているのは、最初のほぼ三分の一部分にすぎないことが分かる（1:1–15:21）。続く残りの部分は荒れ野での試練についてであり（15:22–18:27）、最後の三分の一はシナイ山でモーセが受けた啓示についての記述、つまり十戒や契約の書に加え、幕屋設営に向けたモーセに対する神からの指示とその製作準備に当てられ、末尾は幕屋の設営で締め括られている（19:1–40:38）。

　この構成を、どう理解すべきであろうか。この書物全体を、エジプトからの脱出物語として読むべきなのか。そう問われてみると、読み手によっては戸惑うこともあるかもしれない。シナイ山での律法の啓示に相当する最後の部分を読んでいる限りでは、エジプトからの脱出はすでに過去のことであり、それはもはや中心的な主題でないといった印象を持つかもしれない。現にこの部分は独自にシナイ・ペリコーペ（シナイ断片）あるいはシナイ伝承という大きな文脈に属しているとされ、学問的にまとまった単元の一部（出 19:1–民 10:10）と見られているからである（Beyerlin 1961; Mendenhall 1954; Perlitt 1969; McCarthy 1978; レントルフ 1987）。

　しかしながら、冒頭部分はともかく、続く二つの大きな部分も実際にはエジプトを脱出した後の出来事について語っているのである。その細部を

見渡してみると、出エジプト記という書名と無関係でないことが分かる。

　第二番目の部分はエジプトを脱出した後のイスラエルの子らの状況、つまりエジプトでの奴隷状態の生活から解放され、自由になったはずの彼らが経験する試練を扱っていて、荒れ野での生活とエジプトでの生活との対比から生じる不満が、その主題となっているからである。イスラエルの子らに、このような試練がなぜ生じたのか。奴隷状態ではあったが、エジプトでは飲み水に不自由をしたことがなく、いつも肉鍋のそばに座っていることができたのに、荒れ野ではそれらが欠乏しているという。そのために、エジプトで「ヤハウェの手にかかって死んだ方がよかったのに」(16:3)とまで彼らは言うのである。自分たちを飢え死にさせようとしていると、モーセ（とアロン）に詰め寄る光景が語られている（16:3; 17:3）。何のためにエジプトを脱出してきたのかと不平を述べつつ、モーセ（とアロン）に向かって、まるで自分たちは奴隷であった方がましだったと言わんばかりなのである。ヤハウェによる救済行為を否定する彼らに、「なぜヤハウェを試みるのか」(17:2)とモーセに語らせている。「ヤハウェはわれわれのただ中におられるのか、おられないのか」(17:7)とイスラエルの子らが詰問したことが、そこでの主題となっている。神ヤハウェの臨在に関わるこの主題こそが、後述するように出エジプト記全体の構想に関わりを持つのである。これは、モーセの召命のところでも展開される主題である（3:12, 14）。

　最後の三番目の部分の舞台はシナイ山で、イスラエルの子らをエジプトから脱出させる使命を神がモーセに授けた場所である。「わたしはあなたと共にあろうとする。あなたにとって、わたしがあなたを遣わすしるしがこれである。あなたがその民をエジプトから導き出したとき、あなたがたはこの山でその神に仕える」(3:12)と語られているように、イスラエルの子らを導き出し、再びシナイに戻るようにモーセは言われていたのである。従って、シナイ山で神からモーセに与えられた戒めや指示は、エジプトからの脱出と深く関わっていると考えなければならない。奴隷の家であるエジプトから脱出したイスラエルの子らに、神ヤハウェがモーセに命じて語り伝えるのが戒めや掟であり、それらが律法の内容そのものだからである。そのことは十戒の冒頭にある神ヤハウェの宣言、「わたしはあな

の神ヤハウェ、あなたをエジプトの地、奴隷の家から導き出したものである」(20:2)に結実している。

従って、この書物の三つの大きな部分は、いずれもエジプトからの脱出という主題と密接に関連していて、別の主題のもとに個別に展開されているのではない。ギリシア語訳聖書に当該の書名がつけられたのは偶然ではなかったし、本質から外れていた訳でもない。このことは、出エジプト記を読むときに忘れてはならない前提である。

組み立てや全体の構成について考察してみると、意識された編集作業の結果という前提に触れざるをえなくなる。個別のテキストを考察し注解を施す際に、資料層の違いとして説明される食い違いがあることや、その思想的〔神学的〕な相違に留意しなければならないのは当然である。だが資料区分や編集作業の痕跡の識別については、その解釈や判断は揺れており、今でもそれは流動的で、統一された見解がある訳ではない。

編集作業あるいは編纂作業の結果という観点から見るならば、現在の出エジプト記の編成が何を語っているのかを、より重視すべきことは言うまでもない。異なる資料を接合し組み立てる際に、編集者あるいは編纂者の狙いや目的が、その技法に反映していると思われるからである。そのために、全体の構成や組み立てを見ておく必要がある。

出エジプト記は大きく三つの構成からなっている。

第Ⅰ部　エジプトでの苦難とそこからの脱出　　　　1:1–15:21
第Ⅱ部　脱出後の荒れ野での試練とヤハウェの奇蹟　15:22–18:27
第Ⅲ部　シナイ山での律法の啓示　　　　　　　　　19:1–40:38

それぞれの部分構成の組み立てを調べることで、全体像が浮かび上がってくるはずである。ここでは各部分の構成を簡潔に解説しておきたい。

出エジプト記の組み立てについて

(1) 第Ⅰ部　エジプトでの苦難とそこからの脱出 (1:1-15:21)

　第Ⅰ部は、イスラエルの子らの苦難の現状から説き起こし、彼らがエジプトに滞在している状況からその叙述を始めている。冒頭で、エジプトにいるイスラエルの子らの名が、ヤコブの子らとして列挙されている。彼らがいわゆる約束の子らである。しかし族長アブラハム、イサク、ヤコブに神が与えると約束した土地のカナンでなく、なぜ今エジプトに約束の子らがいるのか。そのことに注意を喚起しつつ出エジプト記は語り始められている。

　この第Ⅰ部は、大まかに三つの部分によって組み立てられていると見ることができる。冒頭部分で、エジプトにおけるイスラエルの子らの苦難が語られている。そしてその末尾は、彼らイスラエルの子らが葦の海を渡りエジプトから脱出する場面で終わる。この枠組みの中で、エジプトからの脱出に向けての、モーセによる交渉が取り上げられている。この第Ⅰ部の構成の組み立ては、次のようになると思われる。

　　第一節　エジプトにおけるイスラエルの苦難　　1:1–2:25
　　第二節　エジプトからの脱出に向けて　　　　　3:1–13:16
　　第三節　葦の海の奇蹟と脱出　　　　　　　　　13:17–15:21

　冒頭の第一節で触れられるイスラエルの子らの苦難が、その末尾の第三節におけるエジプトからの脱出成功によって解消され、神ヤハウェへの賛歌という形でこの第Ⅰ部が締め括られている。従って、中央にある第二節が中核となる。中核の部分の「エジプトからの脱出に向けて」では、冒頭でモーセの召命の出来事が語られ、中央にエジプトに帰還したモーセがファラオと交渉を重ねるくだりがある。災いとして通告された過越を契機に、エジプト側の初子の犠牲という代償のもと、イスラエルの子らがエジプトから脱出することをファラオが最終的に許可する場面があり、この中央部分は終わる。そして末尾はエジプトを立ち去る許可を獲得して旅立つ際に、

過越や初子奉献〔聖別〕についての掟が、改めてモーセをとおしてイスラエルの子らに語られるという構成である。第三節は第一節と対照的な内容で、エジプトからの脱出劇そのものである。

この第Ⅰ部の第二節に相当する中核の部分の構成は重層的で、モーセひとりがファラオの前に立つのでなく、随所にアロンが登場する。幾多の災いがエジプトに下されるが、〔神によって〕心を頑なにされたファラオが、イスラエルの子らを立ち去らせないという経緯が主題となっている。それぞれの災いが叙述される仕方にはある一定の型（パターン）が見いだされるが、その型から外れているような例（ファラオへ通告する語り手がモーセひとりの場合）もある。末尾の部分では、種入れぬパンの祭の規定と、過越の祭りをイスラエルの子らが守る際の掟や定め等が、入り組んだ形で構成されている。そのためこの状態は編集された最終段階の構成を示していると判断されるのであるが、歴代の注解者たちは個別のテキストにある微妙な食い違いを、資料層の相違として言及してきたのである（資料層については後述）。

中核をなす第二節「エジプトからの脱出に向けて」の部分の組み立てを、見てみよう。

（1）モーセの召命とエジプトへの帰還　　3:1–4:31
（2）ファラオとの交渉と十の災い　　　　5:1–12:36
（3）エジプトからの出立へ　　　　　　　12:37–13:16

導入部分に相当する「モーセの召命とエジプトへの帰還」では、モーセが召命を受けた際に神のヤハウェとしての自己顕現があり、その上でイスラエルの子らの救済に向けた派遣命令がモーセに下されている。「わたしはあろうとして、わたしはあろうとするのだ」という神のヤハウェとしての自己顕現は（3:14）、十戒の冒頭にある「わたしはあなたの神ヤハウェ、あなたをエジプトの地、奴隷の家から導き出したものである」（20:2）という宣言と共に、救済に向けたヤハウェの強い意志の告知である。神ヤハウェの強い意志を表明するその言葉が、神の臨在を指し示しているからであるが、出エジプト記全体を理解する鍵は、後述するように神のヤハウェ

としての臨在のあり方にあると思われる。

　本体部分に相当するのが「ファラオとの交渉と十の災い」で、難渋するファラオとの交渉と十の災いについて触れる部分である。第二節の末尾を締め括る部分では、いわば第十一番目の災いとして初子の死がエジプト人に臨むという警告が発せられている（注解部分を参照）。ファラオはそれを無視してイスラエルの子らの出立を認めないが、エジプトには初子の死が災いとして臨むことになる。その初子の死を契機に、イスラエルの民をエジプトから立ち去らせる決断を、ファラオが下すという構成である。

　帰結部分に相当する「エジプトからの出立へ」では、種入れぬパンを焼いて出立したイスラエルの子らに過越の祭りを祝う意義と、初子を聖別して神に奉献すべきことが告げられる。そのことから分かるように、そこで中心とされている儀礼的、祭儀的な意義づけは、エジプトからの脱出と無関係に述べられているのではない。イスラエルの子らがその過越の祭りを祝う意味は、エジプトを出国する前夜、エジプトで過越を守らなかったエジプト人の初子がことごとく打たれたことを、家族で告白し、その意義を想起するためである。モーセはイスラエルの子らを導いて、再びシナイを目指して旅立つこととなる。この点で、導入部分と帰結部分は対照的に構成されている。

　実際のエジプトからの脱出場面は、続く第三節「葦の海の奇蹟と脱出」（13:17–15:21）で描かれる。その第三節の導入部分と本体部分は散文であるが、締め括りの帰結部分は韻文によって海を渡る奇蹟についての賛歌が掲げられている。その末尾にある歌の締め括りは、ミリアムの賛歌（15:20–21）と特別に呼ばれている。それゆえこの第三節は、意図的な編纂の結果として現在の構成をなしていると見るのが自然である。

（2）第Ⅱ部　脱出後の荒れ野での試練とヤハウェの奇蹟
　　　　　　　　　　　　　　　　　　　　（15:22–18:27）

　エジプトからの脱出のドラマの後に位置するのがこの第Ⅱ部で、エジプトを脱出したことによってもたらされた生の現実から、脱出したことへの

後悔や、荒れ野での生活の不満が主題となっている。奴隷の家から解放されたイスラエルの子らは、自律した共同体をまだ形成できていない。その現実がここで顕わになる。試練に遭遇したイスラエルの子らが口にする不満という形でその現実が述べられ、またエジプトに戻りたい、帰還したいという彼らの隠れた願望が神の奇蹟によって遮断されるという、その展開が軸となっている。第Ⅱ部は、主題から見て次のような構成によって組み立てられている。

第一節　飲み水と食糧をめぐる試練とヤハウェの奇蹟　　15:22–17:7
第二節　アマレク来襲の試練と勝利の奇蹟　　　　　　　17:8–16
第三節　指導体制の確立と仲保者モーセの職責　　　　　18:1–27

　第一節の「飲み水と食糧をめぐる試練とヤハウェの奇蹟」は、マラの苦い水、マーンの奇蹟、レフィディムでの泉の奇蹟という順序で語られている。エジプトを脱出してきたことの意味について、自分たちを荒れ野で死なせるために導き出したのかとイスラエルの子らがその不満をモーセ（とアロン）に突きつける点に、飲み水と食糧をめぐる試練は集約されている（16:3; 17:3）。この主題は第Ⅰ部冒頭のエジプトでの苦難という主題を引き継いでいるように見えるが、苦難の地から脱出したイスラエルの子らの対内的な問題として扱われている。共同体としての存在理由を問われている彼らに、奴隷から解放されて、今与えられている自由とは何かについて問い質すような文脈構成であると思われる。
　二番目の第二節に出てくる対外的な危機は、エジプトからの脱出という主題と直接的な結びつきが薄く、突然にヨシュアが軍の指導者として登場してくることや、モーセが丘の上で神の杖を掲げて戦う場面を見ると、言葉の仲保者でなく杖でしるしを行なう指導者としてのモーセが描かれていることに気づかされる。それに加え、勝利の記念にモーセが祭壇を築く場面も、この祭壇が担うべき祭儀的な意義はあいまいで定かでない。この祭壇を築いたという言及と、幕屋を設営する第Ⅲ部の主題との整合性についても問題が残る。他方、外敵についての問題はこれまでエジプト国家が対処してきたが、エジプトを脱出しいわば行政的に独立したイスラエルの民

は、自ら外敵と戦わなければならない。あるいはそうした意図で、この部分が組み込まれたのかもしれない。

　末尾の第三節では、ミディアンにいた舅エトロがモーセの妻子を連れてエジプトから戻って来たモーセを訪ね、彼から報告を受けている。レウエルという舅の名前（2:18）がここではエトロに変わっているので、異なる資料層が想定されている。それだけでなく、ミディアンの祭司であった舅が司法体制を確立するようモーセに助言を与え、ミディアンに帰っていくという組み立てとなっている。これは、出エジプト記全体の中でどのような意義を帯びているのだろうか。最終的な編纂の意図が問われなければならない。

　共同体内部に発生する諸問題の処理について触れる言及であるが、そこでは共同体の秩序の確立に関わる裁きの仕組み、いわゆる司法制度の確立が主題となっている。単独でモーセがすべての民の問題を処理し裁定を下すことの困難さを指摘しながら、モーセの裁きを支える指導体制として、位階制による体制がエトロの助言によって制度的に確立されたことを示す。司法体制を構築するという言及が、自律した共同体をまだ形成できていないイスラエルの子らの現実を、浮かび上がらせるという効果を帯びている。この点で、第三節は第一節で展開された自律できていないイスラエルの子らの現実と対応するという意味合いを帯びている。

　シナイ山での律法の啓示がなされる直前に、モーセが司法体制を支える法の仲保者という位置づけを得ていることになるが、この構成そのものが、最終段階で行なわれた意図的な編纂の結果ではないかと思われる（解説参照）。

（3）第Ⅲ部　シナイ山での律法の啓示（19:1-40:38）

　出エジプト記末尾の第Ⅲ部全体は、シナイ山での律法の啓示をめぐる叙述にあてられている。いわば新しいイスラエルの形成を目指した第Ⅲ部では、出エジプトの神ヤハウェがモーセに語り聞かせた内容が中心となり、モーセによってイスラエルの子らに伝達されたその律法が列挙されている。その律法は出エジプトの神ヤハウェとの契約のためであり、新生イスラエ

ルを形づくるための基盤となる規範や戒め、掟である。第Ⅲ部は、それを明示する構成展開となっている。

第Ⅰ部や第Ⅱ部は、第Ⅲ部の準備のために置かれているとも言いうる。第Ⅰ部で獲得された脱出後の自由を維持する働き、それも第Ⅱ部で顕わになった無秩序な集合体としてでなく、新生イスラエルの共同体として彼らが守るべき秩序を明示する機能を、この第Ⅲ部が帯びていると言えるからである。

他方でこの第Ⅲ部を読む人にとって、少なくとも、律法が三つの括りでモーセをとおして語られていることに気づかされるはずである。冒頭は十戒の告知、それに続いて契約の書、そして最後が幕屋設営をめぐる告知である。だがこれらの三つの括りは、いずれも神ヤハウェがモーセに語り聞かせたものであるが、果たしてそれらは相互に密接に関連し合っているのであろうか。ただばらばらに、三つが並べられているだけであろうか。それが問われるべき問題である。そこに最終編纂者の意図が反映されているはずだからである。

またシナイ山上での神ヤハウェとモーセとの間のやりとりが一方にあり、他方ではモーセが麓に下ってきて神から聞かされた指示をイスラエルの子らに伝え、準備の作業を神が命じたとおりに行なわせる場面からなる。つまり麓でのモーセとイスラエルの子らとの関係が、山上での神とモーセとの関係と対照的に描かれている。この構図が、モーセは山上で神から聞かされた言葉を、麓に下ってイスラエルの子らに伝えるという言葉の仲保者としてのモーセの機能を浮かび上がらせている。モーセが担っている預言者的な職能が、明瞭に見て取れると言える。

この第Ⅲ部は、組み立てについて説明を必要とするような重層的な構造が一部に見られるが（後述）、全体としてみれば次のような組み立てによって構成されている。

　　　第一節　十戒の告知　　　　　　　19:1–20:21
　　　第二節　契約の書の告知　　　　　20:22–24:11
　　　第三節　幕屋設営をめぐる告知　　24:12–40:38

いずれの部分もモーセが単独で言葉の仲保者として登場し、出エジプトの神ヤハウェから語り聞かされ、その託された言葉をイスラエルの子らや長老たちに告知している。力説すべきなのは、ヤハウェの神としての臨在が、親しくその言葉を語り聞かせたモーセを媒介に実現されていることである。モーセによる神の言葉の仲保という側面から見ると、第Ⅲ部におけるアロンの立ち位置は、第Ⅰ部でのファラオと交渉する際の活躍場面と比べてある種の揺れがある。この第Ⅲ部でのアロンは、至聖所に仕える正式なヤハウェ祭司として叙任されるが（29:1 以下）、金の子牛像を鋳造した人物としても描かれている（32:1 以下）。彼がどのような役割を担い、どのような職能の担い手であるかが問われなければならない。

　実は聖書本文のこうした注意深い読み方から、後に触れる、近代の聖書学における資料分析（資料批判）が始まり、現在に至る文献学的研究が生まれてきたと言えるのである。

出エジプト記の時代背景について

(1) エジプトからの脱出

　出エジプト記の構成について解説をしてきたが、意識的に編集がなされたという前提でこの書物を読まざるをえないということを、理解していただけたのではないか。編集史的な前提で読むとしても、第Ⅰ部の「エジプトでの苦難とそこからの脱出」（1:1–15:21）の背景にある時代状況を、どう理解すべきであろうか。モーセの指導のもとで、イスラエルの子らがエジプトを脱出したのはどの時代であったのか、歴史的な核とも言いうる具体的な事件は存在したのか、それともすべては物語的なフィクションなのか（Voegelin 1956）。そのような問いも、現代の読者から提起されるかもしれない。

　今日、エジプトからの脱出劇について、そのすべてをフィクションあるいは虚構であると断定する人はいない。エジプトからの脱出というテーマ

は、モーセ五書の重要な主題のひとつとなっているもので、編集の過程で次第に定式化された歴史伝承であると言えるからである（出 20:2; 申 6:20–25; 26:5–10a; ヨシュ 24:5–7; サム上 8:8; サム下 7:6; 王上 8:16, 51–53; 12:28）。それは全イスラエルの伝承として伝えられているものであるが、エジプト側の資料に、それに関する具体的な言及があるわけではない。それを根拠に、出エジプト記が語るドラマはフィクションだとして、核となる出来事そのものが存在しなかったと断定するのは、実は極めて難しいのである。以下に説明するように、脱出を示すエジプト側の資料がないという理由で、すべてをフィクションあるいは虚構であると言い切るには、無理が生じるからである。

　古代イスラエルでは、歴史的な出来事は「裸の事実」として記憶されたのではなく、ヤハウェなる神の出来事として記憶され、子供たちに教えられ、伝承されてきたからである（出 12:26–27a; 申 6:20–25; 26:5–10a; 32:46 等）。それは、告白される伝承である。出エジプト記の例から引いておこう。

　「あなたがたは、このことをあなたとあなたの子供たちの掟として、永遠に守らなければならない。またヤハウェがあなたがたに語られたように、あなたがたに与える地にあなたがたが入ったとき、あなたがたはこの儀式を守らなければならない。あなたがたの子供たちがあなたがたに尋ねて、『あなたがたにとってこの儀式は何なのですか』と言うとき、あなたがたは、『これがヤハウェへの過越のいけにえである。ヤハウェがエジプトで、エジプト人を打たれたときに、ヤハウェがイスラエルの子らの家々を過ぎ越して、われわれの家をお救いくださったのである』と答えなければならない。」　　　　　　　　　　　　（12:24–27a）

　過越を祝うときのこの告白には、ヤハウェによってエジプトの奴隷の家から解放されたという理解が一貫して見られる。エジプトから脱出したという口頭伝承は、後に全イスラエルの伝承となったのであるが、どのような経緯で全イスラエルの告白となったのかを見てみよう。申 6:20 によれば、将来子供たちが「われわれの神ヤハウェがあなたがたに命じた証しと掟と定めはどういうものですか」と尋ねた際に、神によってなされた出エ

ジプトの出来事を告白し、それに答えよと命じている。そこでは、同時代の全イスラエルが経験した出来事という理解のもとで、親と子の間の会話がなされている。その会話の中で「今日あるように、われわれが生き長らえるためである」と、「われわれ」という文体で歴史が告白されていることに注意を向けておきたい。

　申 26:5–10a にある歴史的小信仰告白と呼ばれるものも参照しておきたい。この信仰告白は、「わたしの先祖はさすらう一アラム人でありましたが、わずかな人たちを伴ってエジプトに下り、そこに寄留し」という、1人称での個人的な告白で始まる。締め括りも「ご覧くださいヤハウェよ、今わたしは、あなたが与えてくださった土地の実りの初物を携えてまいりました」と、1人称単数形による告白である。これらが全体の枠組みとなっていて、その枠組みの中で1人称複数形によるエジプトでの苦難の出来事が告白されている。苦役の中から発した神への叫びを「われわれの神ヤハウェ」が聞いてくださり、「われわれを」エジプトから導き出し、約束の地に導き入れてくださった旨の告白がなされている。個人レベルの私的な告白から、共同体レベルの公的な告白へと連動している実態が見て取れる。しかもこの告白の特徴は、すでに約束の地に入り定住している自分たちが、モーセの時代に起こった出来事を共同で経験したこととして、現時点でそれを告白していることにある。この告白は、初物を奉納する時に神ヤハウェの前で、つまり聖所で告白することが求められているものである（申 26:1–4）。家庭内でなく、公的な儀礼の場での告白である。

　いずれの告白も、次の世代の子供たちが成長した暁には、親の世代と同じように告白するように求められていることは明白である。これらの告白に見られるように、神の導きによって実現されたというこの歴史感覚を、後の時代の編集者、編纂に携わった者たちも等しく共有していたことは、明らかであるように思われる。引用した出12章における告白は、申命記と共通の原点を持っている（申 16:1–8）。それゆえ、申命記史家的な編集ないし編纂段階（後述）では、「われわれ」という告白で語られるエジプト脱出の出来事が、中心的な位置を占めていたと言えるのではないか（申 5:2–3; 26:6–9）。この告白における歴史感覚こそが、伝承を全イスラエル化させた要因であると思われる。後の編集者や編纂者たちが、自分たちの

ものとは異なる観点を帯びた伝承をそのまま受け入れているのは、神がモーセを用いて行なわれたエジプトからの救出劇であったという認識が、共通にあったからであると考えざるをえない。

　伝承が全イスラエル化されるこうした経緯とは別に、近年のイスラエル史家たちは、エジプトでの苦難の時期や出エジプトの時代を想定する際に、歴史的な鍵となる手がかりを本文の中に求めてきた。「民は、ファラオのための物資貯蔵の町、ピトムとラメセスを建てた」(1:11) という言及に、彼らは着目したのである。イスラエルの子らが強制労働に服させられたことやラメセスという都市名から、ゴシェンの地に多くの建造物を造ったラメセスⅡ世（前 1279–1224 年）の統治の頃ではないか、と想定してきた（例えばブライト 1968; ドゥ・ヴォー 1977; ノート 1983; 2011; ヤーヘルスマ 1988; サルナ 1993; フォン・ラート 1993; 山我 2003 等）。だが、それはありえないと反対する研究者もいた（フィンケルシュタイン & シルバーマン 2009）。

　他方で「長い年月が過ぎ去り、エジプトの王がなくなった」(2:23) と語られており、またエジプトの役人を殺害してミディアンの地に亡命し、シナイ山で神ヤハウェの召命を受けてエジプトに戻るモーセに、「あなたの命を狙っていた人々は、皆、死んだ」(4:19) とヤハウェが語っている。それを字句通り受け取るならば、実際のエジプトからの脱出劇はラメセスⅡ世の死後で、次のメルエンプタハの時代（前 1213–1203 年）とも考えられる。

　メルエンプタハが戦勝歌として残した碑文には、パレスチナで反乱を起こして征服された敵のリストが刻まれており、その中に「イスラエル」という言及が含まれていることはよく知られている（ANET 等の資料集参照）。「イスラエル」というその言及が、民族名かグループ名かで理解が分かれるが、碑文を手がかりにそうした人的集団を具体的に明らかにすることは難しいという（アマルナ文書に出てくるアピルあるいはハピルについては、ドゥ・ヴォー 1977; カゼル 1995 参照）。残念ながら、この言及とエジプトからの脱出劇とは、直接的な関係はないようである。

　他方、先の申命記の告白に見られるように、前7世紀のヨシヤ王の時代に至って出エジプトの出来事が再構成されたという見解もある（フィン

ケルシュタイン & シルバーマン 2009)。だがそれでは、すべてを編集レベルでの思想的なフィクションあるいは虚構だと認めることになりかねない。碑文に刻まれた「イスラエル」の実態がどうであれ、またそれがどのような規模であったかは別として（12:37–38）、集団で「イスラエルの子ら」がエジプトを脱出したのは、メルエンプタハの治世ではないかと推測できるかもしれない。リビアが攻めてきたことによって生じたメルエンプタハ治世における混乱に注意を払う一部の研究者は、モーセの年齢やファラオとの交渉が長引いたこと等を勘案し、実際の出エジプトはメルエンプタハのその後の時代に起こったのではないかと類推する（モンテ 1982）。

「民は、ファラオのための物資貯蔵の町、ピトムとラメセスを建てた」（1:11）という言及に、歴史的な核となる出来事が前提とされているとする方がより説得的であり、すべてが全くのフィクションあるいは虚構であったと言い切ることは、避けるべきであろう。

（2）モーセは実在したのか

エジプト脱出劇のすべてが全くのフィクションではないとした上で、ではモーセなる人物が実在し、脱出時に指導者として活躍したのかと問うことは、無意味なことではない。もしモーセなる人物もフィクションで実在しなかったとすれば、出エジプト記をどのように解釈すべきかという重大な問題が派生する。この問いは、編集のどの段階でモーセを登場させたのかと問うことに通じるので、いずれにせよモーセの存在は歴史的な核となるものであったのかを、明らかにしなければならないのである。この問いかけは、言い換えれば、モーセに導かれたエジプト脱出劇が編集史的にどの段階でその枠組みが作られたのか、例えばすでに触れたように、前7世紀のヨシヤ時代から遡って出エジプトの出来事が構成されたという学説もあるが、そうした可能性があるのかを問うことをも意味する。

モーセが実在した人物である可能性は、例えば出エジプト記ではモーセの名前であるモーシェが、エジプト起源であることが確認されていることからも分かる。メスないしモスは「子」（ms'）の意味があり、ファラオの名であるトトメス、ラメセスといった名前にその語彙が含まれている。

このことの意味は小さくない。モーセが、エジプトで生まれたことを暗示しているからである。

だが他方で「彼女は彼の名をモーセと名づけ、『水から彼をわたしが引き上げたからです』と言った」(2:10) とあるように、ファラオの娘が彼を水の中から「引き上げた」(マーシャー) ことから、モーシェと命名されたという。つまり、モーセの名前モーシェは、伝承の上でイスラエル化されているのである。編集者の意識では、モーセの名はイスラエル的な伝統に即したものなのである。

先に引用した歴史的小信仰告白（申 26:5-10a）には、モーセについての言及がないことから、研究者によっては、元来の出エジプト伝承ではモーセは不在であったという可能性を認めるのである（フォン・ラート 1964; 1969）。この告白には、シナイ山での律法授与に関する言及もないからである。言及がないということであれば、この小信仰告白ではアブラハムという名前すら明記されていないので、アブラハムという名前までがフィクションになってしまう。だが考えてみると、申命記の構成によれば、そこで告白するように勧めているのはモーセその人である。また告白するようにモーセが命じている場面は、ホレブ（シナイ）の地である。従って、この小信仰告白だけからすべてを判断するのは賢明でない。

ファラオとの交渉時にモーセが登場しない場面もあることから、最古の伝承（5:10-19）にはモーセは不在であったとする、資料批判的な判断が下されたこともある（ノート 2011 の他、木幡・山我訳 2000 での解説参照）。エジプトからの脱出劇についても、海の歌の一部、ミリアムの賛歌に (15:21b) 最古の伝承の核があるとする見解もある（山我 2012b）。そこでもモーセについての明確な言及はない。こうした資料批判的な判断に、どのような反証が可能であろうか。ブーバー (2002) がそうした試みを行なったが、近年の注解者たちは、実在したモーセなしに伝承の形成は語れないとする傾向にある（オットー 2007）。

それは、様式史的研究により分析の方法論が厳密となり（Koch 1964; Richter 1971 の他、『現代聖書講座 聖書学の方法と諸問題』1996 参照）、単元を構成する様式に、そのジャンルが生まれてきた歴史的な場所として生活の座（Sitz im Leben）が想定されるようになったことと関連する。生活の

座を求める論点から、例えば旧約聖書の契約定式と古代メソポタミアの宗主権条約との対比がなされ、イスラエル的な契約定式の独自な特徴が語られるようになった（Mendenhall 1954; McCarthy 1963, 78; Baltzer 1964; Perlitt 1969）。また神顕現の定式などについても、生活の座の存在なしにこうした定式やジャンルが形成されることはないと判断されるようになったのである（Zenger 1971; クレメンツ 1982）。かつてはアンフィクチオニー（イスラエル十二部族連合）という部族連合の機関こそが、伝承が全イスラエル化される生活の座であったと主張されたことがある（Noth 1930）。アンフィクチオニー仮説をもって、神の箱を中心にした部族集会が、出エジプト伝承のようなものを全イスラエル化させた生活の座であると説明しようとしたことは有名である。神の法（モーセの律法）がそこで語られ、守られたのだという。だがこの仮説は批判され、今では支持を失っている（Smend 1966; 並木 1972）。あるいは、ギルガルやシケム等の聖所で行なわれた契約更新祭に生活の座があった、と主張されたこともあった（フォン・ラート 1969）。

　本書に関わる問題としてみれば、第Ⅲ部の「シナイ山での律法の啓示」（19:1–40:38）について、契約の仲保者であるモーセという指導者を前提としなければ、律法の啓示が契約締結の伝承として成立した過程を説明することは難しいし、モーセがフィクションであると想定した場合、その伝承成立過程の説明を、恣意的な創作という観点で説明することになり、それだけでは説得力に欠けるだろう。またその論証にもかなりの無理を伴うことになる。さらに、律法で語りかけられている対象が全イスラエルとされた伝承過程の説明も、至難の業に近いものとなるからである。この困難さは、例えば個々の戒めの起源を探るような研究状況を見るだけで十分であろう。十戒の一部をなす戒めが（20:13–15）シリーズとしてまとまって成立した場所は、氏族内の倫理（*Sippenethos*）に遡らざるをえないと主張した研究（Gerstenberger 1965）等を参照すれば、その難しさがよく分かるのではないだろうか。

　他方で、モーセの存在は編集史的にそれを本文に組み込むことは可能であったと、理論的に主張できなくはない（鈴木 2002）。特にアロンをモーセの隣に組み込んだ後代の編集技法のように（祭司文書に関する注解部分を

参照のこと)、その可能性を認めることができるからである。だがモーセをめぐる誕生物語や荒れ野での試練等について、後から加えられた編集上の人物だとして、モーセによる指導でイスラエルの子らがエジプトから脱出した出来事について、満足のいく説明がどこまで可能であろうか。これは本質的な問いとならざるをえない。

それは編集技法の問題であるにとどまらず、第Ⅰ部の「エジプトでの苦難とそこからの脱出」(1:1–15:21) で展開されるモーセの誕生物語のみならず、モーセによるファラオとの折衝と十の災いが下されるそのドラマ全体を、その歴史的リアリティーを度外視して、ただ編集で加えられたフィクションとして説明できるのかどうかにも関わってくる。もしモーセの存在をはじめ、エジプトからの導き出しの出来事が、編集上のフィクションないし思想的な虚構であったとすれば、その脱出劇は創作物語として波乱に富んだドラマとして解説はできるかもしれない。だが良くできた物語であっても、次世代の子供たちに告白し、子孫に伝える内容として歴史的な重みや迫真性を持ち、かつ神による救いの業として、それが信仰告白に値する重い意義を帯びたということは絶えてなかったであろう。

第Ⅱ部の「脱出後の荒れ野での試練とヤハウェの奇蹟」(15:22–18:27) においても、脱出した集団と指導者との間の対立を主題としているが、モーセを媒介にした神ヤハウェによるエジプトからの導き出しという主題を欠いてしまうと、歴史伝承としての意義が極めて薄っぺらなものになってしまう。食糧や水をめぐる単なる遊牧民内の争い、というレベルに留まることは必定である。そうした浅薄とも見える歴史的リアリティーが、告白され伝承されるべき価値を果たして帯びたであろうか。

第Ⅲ部の「シナイ山での律法の啓示」(19:1–40:38) についても、モーセの存在をフィクションであるとすれば、律法そのものですら単なる規定集の寄せ集めと判断しなければならないであろう。そうであるならば、戒めや掟が、言葉の仲保者であるモーセを語り手とする2人称の文体である必要はなかったであろう。古代メソポタミアの法典や規定集と同じく客観的な3人称による規定集 (21:2b–22:16) 等の寄せ集めという編纂が行なわれてもおかしくはなかったであろう。フィクションであるモーセの仲保者性を編集上利用したとしても、神の前で守り行なうべき個々の戒めが、

峻厳な意義を帯びるに至ったであろうか。

　他方で、こうした戒めや定めというジャンルが形成される生活の座は、町の門における裁きの集会に求められるという見解もあった（ケーラー1970）。確かに、町の門での裁きにおいてモーセの名が口にされたことは考えにくい（申 21:18–21; 22:13–21; 25:5–10 等参照）。この問題については、個別の戒めの様式の起源を問うことと、律法が位置づけられているシナイ山でモーセを媒介にして神から啓示がなされたという様式の起源、その生活の座を問う問題とは区別して取り扱わなければならないと思われる。出エジプト記で問題にすべきは後者である。

　モーセを媒介にした律法の啓示がないままであれば、一部の奴隷集団がエジプトから脱出できたという記憶が残るだけで、それが全イスラエル的な意義を帯びるということはありえないだろう。特に強調しておかなければならないのは、フィクションであることを認めたまま突き詰めていくと、告白する際の共同の歴史的意義そのものまでがフィクションということになってしまう。神による救いの業そのものをフィクションと見なすことは、神の存在やその働きそのものをフィクションと見なすことに繋がるからである。このように、モーセの存在を編集段階で加えられた人物像で、思想的なフィクションであると言い切ることには、大きな困難が伴うのである。

　他方で、語られているモーセの姿が、すべて歴史的リアリティーそのものであると言い切ることにも難しさがある。エジプトで行なわれた十の災いが、すべてフィクションではないのかという疑問にどこまで応えうるであろうか。例えば第一の災い（ナイル川が血に変わる）や第十の災い（暗闇）は、古代エジプトの宗教的ないし神話的背景から見れば、神格化されたナイル川や太陽を非神話化し、神ヤハウェがもたらした混沌を語る構図に使われていると見うる。その他の災いも、神々が内在するというエジプト流の多神教を非神話化し、それぞれの神格を否定しているものと言える。災いのすべてが「現人神」とされていたファラオを非神格化するのと同じ論調であるため、そうした意味で、十の災いには思想的かつ歴史的なリアリティーが確保されていると言えるであろう。

　歴史的リアリティーを含んでいるという考え方と、思想的なリアリティーを編集上のフィクションと位置づける考え方との間にある距離を埋める

ことは極めて難しいのは事実であるが、思想的なあるいは神学的な批判というリアリティーにも、編集あるいは編纂を進めさせた要因として、歴史的な告白という核があったと言えるのではないか。それは、「裸の事実」以上に、歴史の只中で実現された出来事を *Credo* として告白する、編集者の思想的リアリティーを認めるべきではないか、という論点に繋がる（Crüsemann 1992 等参照）。

　編集の結果、出エジプト記が語るモーセ像に、言葉の仲保者なのか、杖を用いてしるしを行なう（呪術的な意味での）仲保者なのかで、その職責をめぐって揺れがあることを認めなければならないだろう。だが筆者が最も注目するのは、神の言葉を聞き、それを伝える預言者として行為するモーセ像である。このモーセ像に関して言えば、杖を使うという一部の例外を除き、出エジプト記ではそれがぶれることが全くないからである。歴史的な伝承では、神ヤハウェに召されてイスラエルの子らの元に遣わされ、神の言葉を託された預言者として、民を導きエジプト脱出を成し遂げた指導者であった、そのことに最大の力点が置かれている。告白される伝承でも、そこにこそ歴史的リアリティーの要の石を置いていると思われるからである。伝承形成の過程で重視されたモーセの存在意義は、そこにあると言えるのではないだろうか（鈴木 2005ab）。この点は、モーセのみが、直接に神ヤハウェからの言葉を聞かされていることに象徴されている（19:21, 25; 20:1, 18–21; 21:1; 24:1, 3; 25:1–2; 31:18; 34:1 等参照）。

　以上、説明してきたように、編集あるいは編纂過程を思想的なフィクションという観点で見るのは不可能ではないが（Voegelin 1956）、そうすると、神ヤハウェによるイスラエルの子らのエジプトからの救出という主題全体までも、フィクションと見なすことになってしまう。そうであったとすれば、最終段階で編纂された出エジプト記は、歴史的な迫真性を担うまでに至らず、伝承されてきた歴史として告白に値する意義を担うには至らなかったであろう（巻末トピックを参照）。

（3）エジプトの宰相であったヨセフの時代

　出エジプト記の冒頭は、その二語が示すとおりイスラエルの子らの名前

で始まっていて、12人のヤコブの子らが列挙されている。「ルベン、シメオン、レビにユダ、イッサカル、ゼブルンにベニヤミン、ダンにナフタリ、ガドにアシェルで、彼らは皆ヤコブの腰から出た者で、70人であった。しかしヨセフはエジプトにいた」(1:2–5) とあり、続けて「ヨセフを知らない新たな王が起こり」(1:8) という記述があることから、族長ヤコブの子ヨセフが仕えていたファラオは誰であったのか、どの時代であったのかという問いが生まれる。創世記によれば、アブラハムの子孫は異邦の国で寄留者となり、400年の間奴隷として仕え苦しめられるであろう (創15:13) という。アブラハムから四代目の者たちが、約束の地に戻るという記述がある (創15:16)。そのことから、かつてヨセフはヒクソス時代 (第15王朝、第16王朝で前17–16世紀) に活躍したという可能性を示唆する者もいた。そして、前1620年頃にヨセフの兄弟たちはゴシェンに定住したと考えている研究者もいた (モンテ 1982)。それはヒクソスの時代である (ライト 1964; フィネガン 1983; サルナ 1993)。あるいは一神教の起源との関わりを求めることから、アマルナ時代 (前14世紀) にファラオに仕えていたという説もあった (フロイト 2003)。

モーセ五書や歴史書に残されている数字に依拠するならば、より微妙な食い違いが見えてくることになる。出エジプト記には「イスラエルの子らがエジプトに滞在していた滞在期間は、430年であった。430年を経た丁度その日に、ヤハウェの全集団はエジプトの地から出た」(12:40–41) という言及がある (ヨセフスは I 巻15:2で215年という伝承を伝えている。ヨセフス 1999–2000)。そうすると、創世記の記述とは30年の差がある。

またヨセフの孫であるマキルについては、エジプトですでに子供が生まれている (創50:23)。このマキルの子らはギレアドを攻めて征服し、モーセはその土地をヨセフの子であるマナセの子、マキルに与えている (民32:39–40; ヨシュ13:31; 17:1)。すると、エジプトで奴隷状態に置かれたのは一世代であったことになる。これは、アブラハムから四代目に約束の地に戻るという記述と符合はする。だがそれは、もう一方の400年の間奴隷として仕えるという創世記の記述とは符合しない。

ダビデの子ソロモンが、エルサレムにおいて神殿の建設に着手したのはイスラエル人がエジプトの地を出てから480年目で、ソロモンがイスラ

エルの王となってから4年目であったという（王上6:1）。ソロモンが王位についたのが前962年であったとすれば、出エジプトは前1438年ということになる。それを認めた上で、前15世紀を軸に出エジプトの歴史的年代を決めるのは、無理だとしている研究者もいる（サルナ1993）。それは、480年という表現が聖数である40年（民14:33–34; 32:13; 申2:7; 8:2; 29:4; ヨシュ5:6; 士3:11; 5:31; 8:28; 13:1; 詩95:10; アモ2:10; 5:25等）の十二倍を意味することから、聖数を用いた解釈と見ることもできなくはないからだという。

ソロモンが神殿の建設を始めてから、バビロン捕囚の終わりまでを、申命記史書に属する列王記の記述に従って計算すると480年になるという。480年という年数は、神殿建設を歴史の中心に置くため意図的に計算されたものであるという。この数字に、その可能性があると説明されている（サルナ1993）。だがこれは、後述するように、果たして申命記史書を編纂した申命記史家的な発想なのであろうか、極めて疑問である。固定された神殿祭儀に栄光を求めることはしなかったという点で、申命記史家的な発想とは異なるように思われる（王上9:1–9）。申命記史書がそのような意図で編纂されたとは考えにくいからである。

聖書の記述にあるこうした食い違いをすべて調和させることは困難であるが、出エジプト記は「ヨセフを知らない新たな王が起こり」（出1:8）という記述に重点を置いているので、430年という表記（出12:40–41）も、告白する内容として伝承されたものとして受け止めたい。

出エジプト記を構成する資料層と編集の問題について

口頭伝承としてのエジプト脱出劇がいつ頃どこで形成されたのか、（資料として）いつ文書化されたのかという問いが残る。かつて口頭伝承の比類なき価値を認める論考もあったが（Gunkel 1901）、多くの研究者、注解者たちは文書化された資料の識別を行ない、その時代背景を説明するのに尽力してきた。それは、旧約聖書学という学問の歴史そのものとも言える

（ワイブレイ 1998）。これまでは、前 9 世紀頃のソロモン王時代のヤハウィストに帰されるヤハウェ資料の存在が前提とされ、前 8 世紀頃のエリヤ、エリシャ時代に活躍したエロヒストに帰されるエロヒム資料、また前 6 世紀の捕囚期に成立した祭司文書（祭司資料）の存在が前提とされてきた。その後、前 7 世紀成立の申命記資料である申命記法典との関係が起点となり、それぞれがすでに資料伝承として成立していたことが主張されてきた（平明な研究史についてはクレメンツ 1978; 山我 2012a 参照）。

　ヤハウェ資料（J）とは、学問的に想定されたモーセ五書にある資料層で、神を「ヤハウェ」と固有名詞で呼ぶ特徴からヤハウィストと名づけられた人物に帰されている。他の資料層とは区別された、独立の伝承資料と見なされてきた。当初は、前 10 世紀のダビデ・ソロモン時代の人物とされ、その資料層の特徴は、創 2:4 後半以下のエデンの園の物語に代表されるという。モーセ五書の分析に際して常にその存在が想定されてきたが、資料としての存在を否定する学説もある（Rendtorff 1977）。ヤハウィストの理解について、そのすべてを賛成できるわけではないが、最近そうした問題提起を行なった研究者もいる（H. Schmid 1968; Van Seters 1994 等）。

　エロヒム資料（E）とは、神を固有名詞（ヤハウェ）で言及せず「エロヒーム」と普通名詞で言及するので、エロヒム資料と名づけられ、ヤハウェ資料と同じように独立した資料層と見なされた。前 9 世紀から 8 世紀頃のエリヤ・エリシャ時代の、エロヒストと名づけられた人物による資料層を言い、預言者的な精神の影響を受けたもので、北イスラエルで成立したとされた（Zenger 1971; Jaros 1974; Jenks 1977）。創 22 章や、37 章以下のヨセフ物語に関わったとされてきたが、その存在と独自性については疑問も提出されてきた（Rendtorff 1963; レントロフ 1987）。

　祭司文書とは、かつて祭司資料（P）と呼ばれ、先のヤハウェ資料やエロヒム資料よりも時代的には後のもので、創 1:1 から 2:4a にある天地創造物語に代表される資料層とされた。レビ記の規定に代表されるような、祭司の職責や至聖所に関わるエルサレムの知的伝統についての詳細な情報を持つことや、王国滅亡（前 587 年）後の捕囚時代にバビロンを舞台に活躍した祭司（たち）に帰される資料層、あるいは第二神殿の再建（前 515 年）より前の時期に成立したとされる資料層のことだという。祭司文書に

ついても、その独自性について、ヤハウェ資料やエロヒム資料と同じように幾多の考察が重ねられてきた（Rendtroff 1963；クロス 1997；Kohata1986 等）。特に幕屋を設営するという伝承について、その分析結果はこれまで出版された多くの注解書に反映されている。

こうした研究が活発になったその原点は、申命記法典を中心とした申命記資料（D）の存在が、前691年のヨシヤ王による祭儀集中の改革と関連づけられたため（de Wette 1805）である。申命記資料の年代が起点となって詳細な資料批判が始まり、それぞれの資料層との間で、申命記資料を基準にした成立年代別の比較が行なわれるようになった。その結果、JEPD という資料としての成立順序が確認されるようになった（Wellhausen 1963）。その後、申命記史家の存在が指摘され（ノート 1986）、その学派ないしグループが申命記から列王記下までの編集（申命記史書）に携わったという。また申命記史家が関わった範囲は申命記から列王記までとされてきたが、その後その編集範囲が拡大され、五書全体の最終編纂にも関わっていたことが論議されるようになった（Weinfeld 1992；クロス 1997；レーマー 2008；山我 2012b）。このような点から、モーセ五書の編纂の歴史と、申命記史家的な編集者が手をつけたと思われる、申命記に続いて置かれているヨシュア記、士師記等のいわゆる申命記史書との関係が問われることになる（Mowinckel 1964；フォン・ラート 1969；ノート 1988；Weinfeld 1992；Otto 2000；レーマー 2008 等の他；鈴木 2005）。申命記史家の編集作業は捕囚期ないしそれ以降が考えられるが、彼らが第二神殿再建（前515年）を念頭に置いていたとすれば、最終編纂はそれ以後の時代を考えなければない。

当該のヤハウィストやエロヒストといった独立した資料記者の存在を否定する論議もあり、最近では、捕囚後のペルシア時代に行なわれた最終的な編纂構成を主張する研究者たちが登場してきている（モーセ五書研究について野本 1984；大住 2007 による解説の他、Van Seters 1994；H. Schmid 1968；1986；H. H. Schmid 1976；Otto 2000 の他、山我 2012b）。それと関連して言えることだが、最終編纂が完了した時代、つまり出エジプト記が成立した時代についても、確言することは難しい状況にあるのである。

七十人訳聖書がすでに前3世紀にはヘブライ語聖書から翻訳され、出

エジプト記は創世記とは区別された表題がつけられている。だが、ヘブライ語聖書との異同がかなりある（脚注参照。なお本書での七十人訳との照合は秦 2003 に依る）。また現在のモーセ五書と酷似したサマリア五書の成立が、サマリア教団がユダヤ教団から分離独立した前 4 世紀末頃に遡るとすれば（七十人訳と比べ、ヘブライ語聖書との差異はごくわずか）、オリジナルなモーセ五書の成立は、第二神殿再建後（前 515 年）にユダヤ教団が成立した時期よりも、後の時代を考えなければならない。従って、最終編纂段階はほぼアケメネス朝ペルシア時代（前 550 年から前 330 年）ということになる。旧約聖書が正典としてその範囲が定められたのはヤムニア会議（後 90 年頃）であったが、七十人訳聖書との異同を考えると、現在われわれが手にしている出エジプト記と、モーセ五書として編纂された段階での出エジプト記が全く同じであるとは、誰も断言できないのである。モーセの律法を遵守するユダヤ教の姿勢からすれば、幕屋製作とモーセによるその聖別を伝える現在のヘブライ語聖書の伝統（*BHS*）を、選択したのではないかと思われる。

　こうした問題を考慮しながら、以下に続く注解作業では、歴史的なリアリティーを含んだ伝承を、どのような思想的リアリティーをもたせて編集しているのか、その点に留意しながら進めることにする。

注　解

第 I 部

エジプトでの苦難とそこからの脱出
（1:1–15:21）

1. エジプトにおけるイスラエルの苦難（1:1–2:25）

（1）エジプトで数を増したイスラエルの子ら（1:1–22）

【翻訳】

エジプトに下ったヤコブの子ら
1 章
[1] これらは、エジプトにやって来たイスラエルの子らの名前で、彼らはヤコブ[a]と共に、それぞれ自分の家族と一緒に下って来た。[2] ルベン、シメオン、レビにユダ、[3] イッサカル、ゼブルンにベニヤミン、[4] ダンにナフタリ、ガドにアシェルで、[5] 彼らは皆ヤコブの腰から出た者で、70人[b]であった。しかしヨセフはエジプトにいた。[6] そしてヨセフとその兄弟たち、彼と同世代の者たちは皆死んだ。[7] しかしイスラエルの子らは、増えて群がり、その数を増して非常に強くなり[c]、その地は彼らで満ちた。

ヨセフを知らないファラオによる新たな命令
[8] だがエジプトにヨセフを知らない新たな王が起こり、[9] その民に言った。「見よ、イスラエルの子らなる民は増えて、われわれよりも強大だ。[10] さあ、われわれはそれに[d]抜かりなく対処し、〔これ以上〕増えないようにし、戦争が起こったとき[e]、この民までわれわれを憎み、われわれの敵に加わり、われわれを攻撃し[f]、この地から攻め上ることがないように。」[11] イスラエルの子らに[g]強制労働を課して虐待するため、彼らはその上に労務監督を置いた[h]。民は[i]、ファラオのための物資貯蔵の町[j]、ピトムとラメセスを建てた[k]。[12] しかし彼らが虐待すればするほど、民は[l]増え広がり、イスラエルの子らの前に彼らは[m]恐れを感じた。[13] だがエジプト人はイスラエルの子らを過酷に働かせた。[14] 粘土や煉瓦に携わる厳しい労働、また農作業でのあらゆる重労働で、彼らはイスラエルの子らの[n]生活を激しく攻め立て、過酷に働かせるあらゆる重労

働を彼らに強いた^o。

助産婦の機転と更なるファラオの命令

1:15 エジプトの王は、1人はシフラ、もう1人はプアという名の2人のヘブライ人の助産婦に告げて、16「お前たちが、ヘブライ人の女たちを分娩させる時に、産み台^{p}の上を見て、もしそれが男ならその子を殺せ、それが女なら生かしておけ」と命じた。17 助産婦たちは神を畏れ、エジプトの王が彼女たちに命じたとおりに行なわなかった。彼女たちは男の子らを生かしておいた。18 エジプトの王^{q}は助産婦たちを呼び寄せ、「なぜ、お前たちはこのようなことをして、男の子らを生かしているのだ」と言った。19「ヘブライ人の女はエジプト人の女と違い、丈夫で、助産婦が彼女たちのところに行く前に、子を産んでしまうのです」と助産婦たちはファラオに答えた。20 神はこの助産婦たちに恵みを施され、民は数を増し、非常に強くなった。21 助産婦たちは神を畏れていたので、神は彼女たちに家族を増やされた^r。22 ファラオはそのすべての民に命じ、「生まれた男^{s}はすべてナイル川に投げ込め。だが女は皆、生かしておけ」と言った。

- a: 七十人訳では「彼らの父ヤコブ」。ヤコブは神によってイスラエルと改名されている（創32:29; 35:10）。
- b: 七十人訳は75人。
- c: 七十人訳は「このうえなく優勢となった」。
- d: 3人称単数男性の人称代名詞で「民」を指す。続く動詞も3人称男性単数だが、節の後半では複数形に。七十人訳、シリア語訳、アラム語訳では複数形で、「彼ら」で統一させている。
- e: サマリア五書では「われわれに対して戦争が起こったとき」。
- f: 七十人訳は「彼らも（われわれに）敵対する者たちの側に加えられ、われわれを打ち破れば」。
- g: 原文は「彼らに」。
- h: 原文は3人称複数動詞。七十人訳、ラテン語訳は単数形で王が任命したことを暗示。
- i: 原文は3人称男性単数動詞で、民が建てたことを物語る。

j: 七十人訳は「要塞都市」。
k: 七十人訳はこの後に「オン、即ちヘーリオ・ポリス」を加えている。
l: 動詞は3人称男性単数なので、主語は「民」。七十人訳、シリア語訳、ラテン語訳は「彼ら」。
m: 七十人訳は「エジプト人たちは」。
n: 原文は「彼らの」。
o: 「強いた」は補い。
p: 原文は「二つの石」。
q: サマリア五書は「ファラオ」。
r: 原文は「家族をつくった」。七十人訳は「自分たちのためにも家庭をつくった」。
s: 七十人訳は「ヘブルびとに男の子が生まれれば」。

【形態／構造／背景】

「エジプトで数を増したイスラエルの子ら」という主題は、第Ⅰ部「エジプトでの苦難とそこからの脱出」の冒頭部分に当たり、イスラエルの子らの苦難の現状を物語る。

この単元の組み立てに従えば、導入に相当する「エジプトに下ったヤコブの子ら」では、ヨセフ以後のイスラエルの子らが増えて数を増している現実が語られ、彼らこそ約束の子らであるにもかかわらず、今エジプトの地に滞在していることを明示している。主題の上では創世記のヨセフ物語を継承しているので、それが、モーセ五書というまとまりの視点で編纂された結果を示している。

本体の「ヨセフを知らないファラオによる新たな命令」が、エジプトでの苦難の実質的な状態を物語る。社会経済史的に総体奴隷制であったと言われるエジプトでは、民はファラオの奴隷であり、すべての民は賦役に従事することが義務づけられていて、何らかの労働に従事させられていたとされている。そのような状況の中で、イスラエルの子らに過酷な重労働が課せられたことを物語りつつ、彼らが数を増し、地を満たしたことが語られている。しかしそれが、新たな苦難をもたらしたという。

帰結に相当する「助産婦の機転と更なるファラオの命令」では、数が増えないように生まれた男の子を殺害せよと助産婦に命令が下ったという。男の子を殺害せよと命じ、女の子を生かしておけという命令は、出生率を抑える効果でなく恐らく別の側面が考えられている。奴隷としては、男よりも女の方が価値は高かったが、男の子を殺せという命令には、周辺国から戦争を仕掛けられた時に、男子が敵方の兵士に加わり、エジプトを攻撃する可能性が考えられているからである（10節）。だが助産婦の機転で、生まれた男の子が殺されることなく、イスラエルの子らは増え続けたという。

導入で触れられた約束の子らが、本体で触れられている苦難の現実にもかかわらず、増え続けたことが帰結で構造的に示されている。それが大きな危機に直面する。生まれた男子をすべて殺せという命令が下されたからである。

【注解】

1章1節の「ヤコブと共に、それぞれ自分の家族と一緒に下って来た」という表現が、ヨセフの時代からヨセフ後の時代の「イスラエルの子ら」へと展開されている。

2-4節にある「ルベン、シメオン、レビにユダ、イッサカル、ゼブルンにベニヤミン、ダンにナフタリ、ガドにアシェル」は、ヨセフを除く十一部族の祖である。

5節の「彼らは皆ヤコブの腰から出た者で、70人であった」というエジプトに下った総数についての伝承は、五書の編纂時には確定した伝承となっていたと思われる（創46:27; 申10:22）。使徒言行録にある「ヤコブと75人の親族一同」（7:14）という表現は、ギリシア語訳の七十人訳聖書からの伝承によっていることを物語る。イエスの時代に読まれていたのはギリシア語訳の聖書で、その時代にはまだ「新約聖書」が存在していなかったので、「旧約聖書」がそのまま当時の聖書であったことはよく知られている。「しかしヨセフはエジプトにいた」として、その他のヤコブの子らの名が列挙されているが、その列挙の仕方は、創世記での物語に準じた出生

順でなく、母親を基準にした列挙の仕方である。2節以下の「ルベン、シメオン、レビにユダ」はレアの子ら（創 29:32–35）、続く「イッサカル、ゼブルン」もレアがヤコブに生んだ子ら（創 30:18–20）、「ベニヤミン」は「ヨセフ」と共にラケルの子（創 35:18; 30:23）、「ダンにナフタリ」はラケルの召し使いビルハがヤコブに生んだ子ら（創 30:5–8）、「ガドにアシェル」はレアの召し使いジルパが生んだ子ら（創 30:11–13）である。娘のディナ（創 30:21）は、言及されていない。男子を基準として約束の子らを列挙するのは理解できるが、ここではファラオによる男の子に限定した助産婦への殺害命令と連動しているものと思われる。

6節の「ヨセフとその兄弟たち、彼と同世代の者たちは皆死んだ」という語り口は簡潔だが、突き放した意味合いが感じられる。ヨセフ時代の一族の苦労、飢饉に陥って約束の地からエジプトの地に逃れてきたという言い伝えが、次世代の者たちにどのように受け継がれたのであろうか。「同世代の者たちは皆死んだ」という言葉から、時代の変化が先取りされているように感じられる。ヨセフがファラオに仕えていた時代が終わり、ヒクソスを追放した新王朝時代の、ラメセスⅡ世による統治が始まったことと関係しているのかもしれない。

7節で、「しかしイスラエルの子らは、増えて群がり、その数を増して非常に強くなり、その地は彼らで満ちた」と語られている。この一文から受ける印象は、エジプトでは先の世代の苦労は忘れられてしまった、あるいはそれは全くの過去のことで、昔話になってしまったという現実である。実はそこに、悲劇の種は蒔かれていたのである。

8節の「ヨセフを知らない新たな王」とは、エジプトを脱出するときのファラオではない。亡命先から戻って来たモーセに指導され、出エジプトが行なわれたのがメルエンプタハの時代（緒論参照）だとすると、その前の時代のファラオで、彼の父親ラメセスⅡ世ということになる。ラメセスⅡ世の時代と想定されるのは、イスラエルの子らが建てていた「ピトムとラメセス」への言及があることとも関係する。いずれもナイル・デルタの町にあり、ラメセスⅡ世の時代の書簡に食糧倉庫への言及があり、石材を運ぶ「アピル」への食糧支給が触れられているという。それがヘブライ人

であるのかどうかは争われているが、民族名でなくエジプトに流入してきた遊牧民たちを総称的に触れる際の呼称である可能性がある。ヨセフ時代、ゴシェンの地に住むヤコブの子らは、行政府から「羊飼いの民として」特別な扱いを受けていたことが考えられなければならない（創 46:28–34）。この地は、軍事的な要衝の地となりえたのである。ヒクソスを追放した後の新王朝時代のファラオは（第 18–20 王朝）、ヒクソスへの警戒心から、同族に近い「イスラエルの子ら」への警戒を怠らず、彼らを監督下（監視下）に置くため敢えて強制労働に駆り立てたことが想定される。

　9 節の「**見よ、イスラエルの子らなる民は増えて、われわれよりも強大だ**」とファラオに言わせている現実は、何を物語るのか。「イスラエルの子ら」が、数により頼んでエジプト政府、エジプトの高官や役人たちに集団で迫るだけの力をもち、ゴシェン地域で彼らの力が警戒されるまでに成長していたということであろうか。それはありえないことである。それとは別の要因がなければ、ファラオの宮廷で彼らのことが話題になるはずはない。問題は、彼らが住んでいたゴシェンという土地に関わりがあるからである。

　10 節の「**さあ、われわれはそれに抜かりなく対処し、〔これ以上〕増えないようにし、戦争が起こったとき、この民までわれわれを憎み、われわれの敵に加わり、われわれを攻撃し、この地から攻め上ることがないように**」という言葉の背後に、そのような実態が浮かんでくる。集団で徒党を組んだ場合を想定し、エジプト政府に従わずヒクソスの残党と一緒になって反逆する可能性があったこと、それが示唆されている。特にデルタ地帯に、かつてのヒクソスのような敵国あるいは異国人が侵入してきた場合、集団でまとまって住んでいる彼らを、敵対勢力が自分の陣営に取り込んで、エジプト軍と争うような事態が起こりうると考えていたのではないだろうか。高官たちが憂慮したのは、恐らくそのような事態が現実に起こりうることであった。そのような政治的な現実味（歴史的リアリティー）が実際にあったことを、伝承は伝えている。

　11 節で、エジプト政府が採った施策は「**イスラエルの子らに強制労働を課して虐待するため、彼らはその上に労務監督を置いた**」ことに代弁されている。彼らを抑えるために導入した施策であるが、イスラエルの子らが

数的にかなりの力をもっていたとしても、少数の労務監督で管理できたのであろうか。イスラエルの子らが設営工事に従事していたピトムとラメセスへの言及があることから、この地を拠点にしていたラメセスⅡ世の統治と関連づけられている。少数の労務監督だけに監督させてこの地を治めたというのはあまり現実的ではない。ラメセスⅡ世は、ゴシェンの地を拠点に首都アヴァリスを再建し（かつてはヒクソスの首都であったが、ピ・ラメセスに改められ後にタニスと呼ばれる）、東デルタ地帯に城塞や倉庫の建設を進めたことで知られている。軍隊を常駐させなければ、このような事業は不可能である。しかも、工事をエジプト人に請け負わせるのでなく、侵入してくる敵を想定しつつ、この地に住む者たちに強制労働を課し、彼らを敢えて用いて建築事業を進めさせたという状況を想定しなければならない。この軍事的行政的施策が、イスラエルの子らには重労働となったと言える。モーセの指導のもとエジプトを脱出するのが、ラメセスⅡ世の息子メルエンプタハの治世であったと想定される（2:23）とすれば、こうした状況からみて、「強制労働を課して虐待するため」という現実が生まれたのは、ファラオの宮廷が恐れていた軍事的要因に原因を求めることができるのではないか。イスラエルの子ら以外のグループの存在には触れず、情景描写がイスラエルの子らに限定して描いていることは、エジプト脱出のドラマを理解する上で重要であると思われる。「**ピトムとラメセス**」は物資貯蔵の町であるが、物資貯蔵の町であるとすれば、役人だけでなく軍隊、国境守備隊が駐留していたことが考えられなければならない。後にラメセスⅡ世の息子で、リビア人との戦いに勝利したメルエンプタハが、守備隊を各地の要塞に配備していたことが歴史的に想定されている。防備を固める必要のあるこの町で、戦争が起こったときを想定し、同時にイスラエルの子らの管理を徹底させるため、労務監督を置いて監視を強めた現実が描かれているのではないだろうか。

12節では、「しかし彼らが虐待すればするほど、民は増え広がり、イスラエルの子らの前に彼らは恐れを感じた」という現実が語られている。ファラオの宮廷から見て、彼らに対する行政的、軍事的な統制に限界があったことが示唆されている。虐待とは、11節に「強制労働を課して虐待するため」とあるように、重労働の条件をより過酷にしたことを意味する。イ

スラエルの子らの数が増えすぎると、監視体制の限界を超えてしまうという恐れが生じるためであろう。このような主題を取り上げている8節から12節までは、ヤハウェ資料とされている。

13–14節に、「だがエジプト人はイスラエルの子らを過酷に働かせた。粘土や煉瓦に携わる厳しい労働、また農作業でのあらゆる重労働で、彼らはイスラエルの子らの生活を激しく攻め立て、過酷に働かせるあらゆる重労働を彼らに強いた」とあるが、ここでの「エジプト人」とは役人たちのことである。「粘土や煉瓦に携わる厳しい労働、また農作業でのあらゆる重労働」という表現から、伝承者あるいは資料記者の目には、彼らはイスラエルの子らの生活を激しく攻め立て、過酷に働かせるあらゆる労働を彼らに強いたと映っている。イスラエルの子らは、強制労働の他に自分たちの遊牧民としての生活をも維持しなければならなかったからである（申11:10）。イスラエルの子らに対する警戒心から、このような施策をファラオの宮廷が採ったのは、肥沃な草原が広がるゴシェンの地で彼らが着実に人口増を遂げたからである。イスラエルの子らにとって、それは先祖の神の祝福であったはずである（創13:16）。しかしそれが災いに逆転することになったのである。

15節で、「エジプトの王は、1人はシフラ、もう1人はプアという名の2人のヘブライ人の助産婦に告げて」命じている。その助産婦の1人シフラは「美しい人、立派な人」の意で、もう1人のプアは「輝き、娘、口」の意。彼女たちはエジプト名でなく、ヘブライ語名の助産婦である。敢えてヘブライ人と言及されているので（創14:13; 39:14; 出21:2; 申15:12 等）、これは民族名でなく（サム上14:21）、隷属的な状況下に置かれたある社会的な階層を言う呼称であったと思われる（出5:3）。

16節によれば、この2人の助産婦に「『お前たちが、ヘブライ人の女たちを分娩させる時に、産み台の上を見て、もしそれが男ならその子を殺せ、それが女なら生かしておけ』と命じた」という。「産み台」の原語「二つの石」（双数）から、当時の女性は出産時にベッドに寝た状態で出産したのではなく、しゃがんで出産したことが知られる。赤子は二つの石の間に産み落とされたので、産み台の上を見て、もしそれが男ならその子を殺せ、

女なら生かしておけと命じているのは、出産時の具体的な状況を指していると考えられる。ファラオの命令は「現人神」の命令であるため、神の命令と等しく絶対的なものであった。直接ファラオがこのような命令を口にしたというより、ファラオの意向を汲んだ高官が役人たちに命じたことであると思われる。資料記者が、エジプト政府内のそのような命令系統を無視する形でファラオに語らせているのは、意識的な編集のせいである。しばしば触れることになるが、「現人神」とされたファラオと、イスラエルの子らをエジプトの奴隷の家から脱出させる神ヤハウェの業とが、対極的に描かれているためである。女の子を生かし男の子のみを殺害せよという行政命令は、人口の増大を防ぐ意味であれば不自然である。当時の総体奴隷制の社会であったエジプトでも、若い女奴隷の価値は極めて高かったと言われている。男の子を殺せというのは、軍事的な側面から理解すべきであろう。

17 節の「助産婦たちは神を畏れ、エジプトの王が彼女たちに命じたとおりに行なわなかった。彼女たちは男の子らを生かしておいた」という言及は重要である。過酷な状況の中にあったイスラエルの子らが、神なき状態で生きていたのではないことを証言しているからである。「神を畏れ」の「神」には冠詞が付いているので、助産婦が帰依していた神を強調している。他の民はともかく、少なくとも2人の助産婦は「現人神」とされたファラオの命令よりも自分たちの神を畏れ、死罪を覚悟の上で命令違反を行なったのである。先祖の神の祝福である出産の現場にこのような助産婦が存在したこと、そのことが神は現場を見棄てていたのではないことを証言している。だが現実はそれほど単純ではなかった。

18 節の「エジプトの王は助産婦たちを呼び寄せ、『なぜ、お前たちはこのようなことをして、男の子らを生かしているのだ』と言った」は、彼女たちが王宮に呼び出されて詰問されているように読める。だがエジプトでは、ファラオが彼ら奴隷である助産婦たちに直接接見するということはありえない。資料記者は、役人たちの上司である高官たちが彼女たちを召し出して詰問するという場面を描かずに、「現人神」ファラオに語らせている。資料記者の目には、「現人神」の神性を認めているのでなく、単なる支配者としてしか映っていないことを物語っているのである。脱出したイスラ

エルの子らの総数が、「〔妻や〕子供を除く徒歩の男たちだけで、60万人であった」(12:37) とすれば、神を畏れる助産婦2人で、この窮状を凌ぐことは物理的に無理である。彼女たち2人が犠牲的貢献をしたことを示すのは、イスラエルの子らは主なる神の恵みから離れていたのではなく、神は民の窮状を見捨てておられなかった、そのことを語ろうとしているからである。役人たちあるいは高官が、ファラオの名において詰問した内容は、絶対服従であるべきところ、彼女たちがそれを守らなかった、その事実に関心が集約されている。助産婦たち2人が命令に従わなかったとは、つまり現場の監督の命令に従わなかったことを意味するが、それは死罪に等しい犯罪とされたはずである。

19節にある彼女たちの弁明によれば、「**ヘブライ人の女はエジプト人の女と違い、丈夫で、助産婦が彼女たちのところに行く前に、子を産んでしまうのです**」という。知恵のある見事な答弁である。「**助産婦たちはファラオに答えた**」とあるのは、ファラオに仕えている高官(あるいは通訳)をとおして間接的に言上している場面であるはずだが、資料記者は敢えてこうした場面構成を行なって、「現人神」としての尊厳を貶めているのは明らかである。

20節の「**神はこの助産婦たちに恵みを施され、民は数を増し、非常に強くなった**」との言葉から、民の間にも神を畏れる人々が存在し、神は彼らを見棄てることなく見守っておられたことが判明する。約束の地を離れても先祖の神の守りは存在していたのである。

21節には、「**助産婦たちは神を畏れていたので、神は彼女たちに家族を増やされた**」とある。彼女たちの子供たちや孫たちに、いのちの危険があったのかどうかは語られていないが、神の祝福に与ったことは言うまでもないことである。

だがその一方で、**22節**にあるファラオから下された新たな命令は、「**生まれた男はすべてナイル川に投げ込め。だが女は皆、生かしておけ**」であった。出産時の判別でなく、出産の結果を取り込んだ男子殺害命令となったからである。「女は皆、生かしておけ」という命令は、経済的な意味では合理的で、古代メソポタミアでも状況は同じであった。女奴隷は子を出産するから、奴隷としての価値は高かったとされている。男奴隷は、年齢に

応じた労働力のみの査定で取引されていたことは言うまでもない。生まれた男の子を殺害するようにファラオが命じているのは、高官たちが10節にある「戦争が起こったとき」敵に寝返ることを憂慮したためであるが、資料記者あるいは編集者は、約束の子らの継承という主題を考慮していると思われる。助産婦たちは、この危機をどのように凌ぐのか。神はどのようにしてこの危機に介入されるのか。

【解説／考察】

「イスラエルの子らは、増えて群がり、その数を増して非常に強くなり、その地は彼らで満ちた」（7節）という状態にある中で、どれだけイスラエルの子らが切実に神を求めていたのか、それが問題として提起されているように思われる。子孫が繁栄し数を増すことは神の祝福と捉えられていたので（創 12:2; 13:16; 15:5; 18:18; 22:17; 26:24; 35:11 等の伝承群を参照）、約束の地を離れていても先祖の神の祝福は不動のものであると人々は考えていたのかもしれない。こうした状況を踏まえた上で、出エジプト記で語られている民をめぐる事態の急変には、少なからぬ宗教的な意味が隠されているように思われる。

他方、約束の民が受けている苦難について、イスラエルの神はどのような対応をなさってきたのか、あるいはどのような対応をなさっているのか。それが、読者が抱く率直な疑問かもしれない。民の数は増え続けているが、現実には神なき状態の生活を送らざるをえないイスラエルの民の中に、助産婦たちのように神を畏れる女性たちが存在したことを資料記者あるいは編集者は言及している。なぜイスラエルの神は沈黙しておられるのか、なぜ神は危機を回避させてくださらないのか、この場面にはそうした声が隠されているのかもしれない。

助産婦たちの機転について、20節で、神からの祝福が語られている。ここでは普通名詞（エロヒーム）で言及されているので、神を畏れる助産婦の機転はエロヒム資料を思わせる。ヘブライ人の助産婦が、神を畏れる女性たちであったことは特筆すべきことである。この助産婦たちの活動において、「現人神」とされたファラオと先祖の神との対比がなされており、

この女性たちが現世における最高権力者であるファラオに従わなかったことが力説されているからである。女性たちが示したこのような神信仰は、エジプト人の間では確認されえないので、イスラエル的な神信仰の系譜を暗示する。彼女たちは現地の助産婦でなく、イスラエルの子らの一員であったことが想定されている。出産現場には、役人といえども立ち会うことはありえなかった。助産婦だけが立ち会えたからである。出産は、出血に伴う儀礼的な穢れの感覚で捉えられていた（レビ 12:2–8）。だが、生まれた男子を例外なく殺害せよとのファラオの命令を前に、彼女たちは危機に直面したことになる。出産の現場でなく、結果を基準にされてしまったからである。彼女たちが知恵を働かせる余地は、なくなってしまったのか。だが、神を畏れる彼女たちが別の手段を考えたことが物語られている。それは、後に触れるモーセのように、生まれた男子を隠し生かしておく道である。彼女たちの理解と助力がなければ、それは実現不可能な道であったからである。

　エジプトのファラオは、エジプトの民にとって「現人神」であった。彼は受肉した神の化身であり、ファラオは「アマト」（「真理」「良き秩序」「道理」「正義」を意味する神）を体現する「ホルス神」の化身であるとされていた（笈川 1990）。エリアーデの解説によれば、「彼はその行為によってわれらを生かす神である」とされ、ファラオの行為は宇宙と国家の安定ひいては生命の存続を保証するという（エリアーデ 2000）。モーセが交渉を開始しようとしているファラオとは単なる国家の責任者であるばかりでなく、エジプトという世界の秩序の体現者で、その意味で「アマト」そのものを維持する責任者なのである（屋形 1980）。ファラオの高官や家臣団、エジプトの民は、「現人神」が体現している宇宙とその生の基盤により頼んで生きているのである。その世界にヤハウェは様々な災いを下すことによって、その基盤そのものを否定し、モーセをとおして言葉による新しい創造を行なおうとしている。

　エジプトのファラオが語る懸念、「戦争が起こったとき、この民までわれわれを憎み、われわれの敵に加わり、われわれを攻撃し、この地から攻め上ることがないように」（1:10）という言及には、すでに触れたように、宗教史的にもまた歴史的にも具体的な背景があると言わなければならない。

1・1・(1) エジプトで数を増したイスラエルの子ら（1・1―22）解説／考察

もし出エジプトが行なわれたのがラメセスⅡ世の息子メルエンプタハの時代であると前提することができるならば、イスラエルの子らの苦難はラメセスⅡ世の時代ということになる（モンテ 1982）。軍事的な観点でパレスチナへの入り口であるゴシェンの地で彼らの数が増すことを警戒するのは、歴代のファラオがパレスチナに軍事遠征してきたからでもある（フィネガン 1983）。資料記者あるいは編集者が、「生まれた男はすべてナイル川に投げ込め。だが女は皆、生かしておけ」という台詞をファラオの口に置いているが、そこには一定の現実理解があったものと思われる。モーセが誕生する時代についての記憶や伝承が、反映していると言えるだろう。モーセが生まれた時代状況は、決して平穏ではなかったし、生まれる男の子を殺せと命じるエジプト政府の懸念が、奴隷に対する行政府の単なる虚勢でないことは明らかである。ゴシェンの地にいるイスラエルの子らが、パレスチナに残っているヒクソスの残党と結託して蜂起することを真に恐れていたからである。そうした理解を資料記者あるいは編集者も抱いていたことは、認めなければならないであろう。この厳しい状況で、実はモーセが誕生するのである。

奴隷の家（出 20:2; 申 5:6）とされたエジプトでの生活は、どのようなものであったのか。通常エジプトでの賦役労働については、エジプト学の調査により、よく知られるようになってきている。彼らの一日の労働は、現代人が考えるほど過酷ではなかったことが分かっている。王墓の建設にあたった工人たちについて言えば、彼らは奴隷ではなかったが、その作業の進みは毎日書記（役人）によって記録され、作業は一年をとおして行なわれたという。彼らは現場に寝泊まりし、10 日毎の休日と神々の大祭の時は数日続きの休暇があり、その賃金は現物支給であったという。

基本給はエンマー小麦と大麦で、毎月 28 日に次月分の給与が王の倉庫から支給された。支給量は労働者によって差があったのは当然としても、エンマー小麦 4 カル（1 カルは 76.56 リットル）、大麦 1.5 カルであったという。エンマー小麦でパンを焼き、大麦でビールを造り飲んでいたという。その他にも、定期的に野菜、魚、薪、水が支給され、不定期には衣服、オリーブ油、脂肉が支給され、時にはボーナスとして塩、葡萄酒、アジア産ビール、天然炭酸ソーダ、肉などが下賜されたという（屋形 1991）。

もちろんこれは奴隷の生活とは言えないとしても、エジプト社会では一般の自由人も奴隷もあまり変わらない生活を送っていたことが指摘されている。ナイル河畔は、豊かな資源に恵まれていたからである。戦争捕虜として連れて来られた国家奴隷の境遇は厳しかったとされているが、イスラエルの子らは、本来は国家奴隷ではない。かつては居住地で遊牧をしながら生活していたので、農民レベルの扱いであったと思われる。それでも総体的奴隷制（ヴェーバー 1909）の中では奴隷に等しかったと言える。繰り返しになるが、古代イスラエルの民については、軍事的な要因から、そのような一般的な扱いでは済まされなくなってきたことが想定される。かつてのエジプトでの生活は、彼らが告白するように「われわれは肉鍋の側に座り、パンを飽きるまで食べていた」（16:3）のであるが、生まれてくる男の子のいのちが、危険にさらされることになってしまったのである。

　古代メソポタミアの日雇い労働者と比べても、エジプトにおける奴隷の生活は必ずしも過酷なものでなかったと言えるかもしれない。古代メソポタミアでは債務奴隷制度があり、債務の返却ができない場合、（家族で）債権者の家に住み込み、いわば雇い人のように生活しながら3年の労働で債務を支払い、4年目には解放された（ハンムラビ法典117条）。奴隷身分の間は法的に主要な権限がなかったし、金銭賠償の場合は自由人と比べてかなり低く見積もられた（手術代の格差を示すハンムラビ法典215条から217条参照）。自由に城門の外に出ることはできなかったし（エシュヌンナ法典51条）、逃亡奴隷は厳しく取り扱われた（ウル・ナンム法典17条；リピト・イシュタル法典12条；エシュヌンナ法典49条, 50条；ハンムラビ法典15条から20条を参照）。

　日雇い労働者の場合、穀物を刈り入れる者の一日の賃金は穀物2セア（1セアは7.7リットル）で、銀で支払う場合は12グランであったという（エシュヌンナ法典7条）。その他の場合は、新年から第五の月までは一日銀6グラン、残りの半年は一日銀5グランだと定められていた（ハンムラビ法典273条）。一ヶ月の賃金はほぼ銀1シェケルとなる。雇い人の賃金は銀1シェケルで、食費として穀物1パンが供与され、それが一ヶ月分の賃金であったという（エシュヌンナ法典11条）。エシュヌンナ法典1条によれば「穀物1コルは銀1シェケルである」と度量衡が規定されている。

1コルは、10エパに相当するとすれば、銀1シェケルは穀物で約230リットルに相当する。1シェケルが180グランとされていたが、穀物1パン4セアが三分の一シェケルであるというので（エシュヌンナ法典3条）、地域にもよるが、穀物の支給を考えると、日雇いであっても、食糧がなくて飢えるという心配はなかったと言えるだろう。

資料記者が描いているイスラエルの子らの生活は、「現人神」が支配するエジプトの地で過酷な労働を強いられ、生まれる子供のいのちが危険にさらされたという状況である。そこからどのようにして彼らは脱出できたのか。そのことは、神ヤハウェの救いの業であったと物語ろうとしているのである。そこに最大の焦点が置かれている。

1節から7節は祭司文書、8節から12節はヤハウェ資料、13節から14節は祭司文書であるという（ノート2011; 木幡・山我2000）。現在われわれが手にしている出エジプト記によれば、第一節「エジプトで数を増したイスラエルの子ら」では、二つの資料層が接合された編集の結果として、神による救いの業を証言するものとなっている。

戦時中の統制下に置かれた時代を経験したわが国の国民は、この出エジプト記を単なる物語として読むことはできないだろう。実際に、いのちの危険にさらされた多くの国民がいたからである。出エジプト記は神による救出を証言しているが、それは「われわれ」自身の救いのドラマとして読めるのではないだろうか。

(2) モーセの誕生——レビびとの家庭に生まれた男の子 (2:1–10)

【翻訳】

レビびとの家庭に生まれた男の子
　2章
[1] レビびとの家の出である1人の男が行って、〔同じ〕レビびとの娘を妻に迎

えた。² その女は身ごもり、男の子を生んだが、その子を愛しく思った ª ので、彼女は三ヶ月の間、彼を隠しておいた。³ しかしこれ以上、彼を隠しておくことができなくなり、彼のために ᵇ パピルスの籠を取り、それにアスファルトとピッチを塗り、その中にその子を入れて、ナイル川岸の葦の間に浮かべた ᶜ。⁴ 彼に何が起こるのかを知ろうとして、その子の ᵈ 姉が離れたところに立っていた。

川から引き上げられた赤子

²:⁵ 〔そこへ〕ファラオの娘が水浴びをするため、ナイル川に下りて来た。彼女の侍女たちはナイル川の岸辺を〔見張るため〕行き来していたが、彼女は葦の間にその籠を見つけ、召し使いの女を遣わして、取って来させた。⁶ 彼女は〔自らそれを〕開けて、赤ん坊 ᵉ を見いだした。見よ、その赤ん坊は泣いていた。彼女は ᶠ 彼をふびんに思い、「これはヘブライ人の子供ですよ」と言った。⁷ 〔その時〕彼の姉が、ファラオの娘に「わたくしめが行って、この赤ん坊に乳を飲ませるため、あなた様のために、ヘブライ人のなかから乳母を呼んで参りましょうか」と申し出た。⁸ 「行ってきなさい」とファラオの娘が彼女に命じたので、その少女は行って、その子の母親を呼んで来た。⁹ ファラオの娘は「この赤ん坊を連れて行き、わたしに代わって乳を飲ませなさい。手当はわたしが払います」と彼女に言った。その女はその子を引き取り、乳を飲ませた。

ファラオの娘によってモーセと命名される

²:¹⁰ その子が大きくなったので、彼女はファラオの娘のところに彼を連れて行った。そして彼は彼女の息子となった。彼女は彼の名をモーセと名づけ、「水から彼をわたしが引き上げたからです」と言った。

  a: 原文は「彼女は彼をトーブと見た」。トーブは「良い」「美しい」等の意。
  b: サマリア五書や七十人訳は「彼の母は」。
  c: 原文は「置いた」。
  d: 原文は「彼の」。
  e: 原文は「その〔男の〕子」。
  f: 七十人訳は「ファラオの娘は」。

【形態／構造／背景】

「モーセの誕生」を主題とする単元の組み立ては、レビびとの娘が「男の子を生んだ」ことへの言及が導入で、男はすべてナイル川に捨てよとのファラオの命令にもかかわらず、生まれた男の子がどのようにして生き延びたかを物語るのが本体。この部分で、恐らくは異母関係にあるミリアムが姉として登場し、乳母としてモーセを産んだ母親を連れて来る場面が語られる。組み立ての帰結では、エジプトの王女が彼に「モーセ」と名づけたところで終わっている。

「モーセ」がエジプト名と関わりのあることは緒論で触れたが、命名の由来ならびに彼の出自との関係、特に彼がレビびとの家庭に生まれたことを明らかにしているのがこの単元である。

【注解】

2章1節の「レビびとの家の出である1人の男」という表現はレビ部族を想定しているが、世俗の部族を指すのか（創49:5–7）、儀礼的な遮断を通じて身を献げレビびとになった人物かについては、定かでない（申18:1–2; 33:8–11; 士17:7以下）。「〔同じ〕レビびとの娘を妻に迎えた」とあるように、当時は族内婚が一般的であった。エジプトで奴隷の生活を強いられていた状況から言えば、モーセの父親が現役のヤハウェ祭司であった可能性はない。

2節の「その女は身ごもり、男の子を生んだ」はその「男の子」が初子であったことを示唆している（後述）。「その子を愛しく思ったので、彼女は三ヶ月の間、彼を隠しておいた」は、生まれた男の子は殺せというファラオの命令を受け、母親は彼を隠しておいたことを示す。「その子を愛しく思ったので」という表現は、かわいらしかったからという平凡な意味ではない。神からの授かったいのちが、いわゆる「現人神」によって殺されることを悲しみ、そのいのちを愛おしく思う、その思いを伝えている言葉。ここにヘブライ人の助産婦の協力と助けがあったことは言うまでもないであろう。三ヶ月の間隠しておいたのは、母親の現実的な判断に近いであろ

う。当時の世界では乳幼児の死亡率は極めて高く、三ヶ月の間存命であったことは、母親に神の守りを確信させた期間であったことを物語る（後述の【解説／考察】参照）。

　3節で言及される、「**しかしこれ以上、彼を隠しておくことができなくなり**」と母親が感じた状況は、赤子が女の子でなく男の子であることが、集落を監視している役人たちの目に触れる危険があったからと思われる。同胞同士は互いにかばい合っていたと想定されるのは、イスラエルの子らがまとまって住んでいる地域であるゴシェンには、エジプトの役人たちが派遣され、住民を監視していたことが考えられるからである。母親は恐らく父親と相談したのであろうが、それは触れられていない。いずれにせよ母親の決断によるものと考えるべきである。「**パピルスの籠**」はエジプトでの生活でも日常的に使われた用具で、「**アスファルトとピッチを塗り**」という言葉に示されているように、防水加工の技術も知られていた。この防水加工技術は、古代メソポタミアや古代エジプトで普通に使われていたものである。「**ナイル川岸の葦の間に浮かべた**」というその経緯は、前23世紀頃のアッカド王国のサルゴンⅠ世誕生神話と酷似しているとされてきた。だがサルゴンの場合、女神官エニトゥであった母親が定めに反して子を身ごもり、密かに出産したことが伝えられている。古代メソポタミアには、神々に献げられた女神官ナディートゥームたちが存在し、彼女たちは結婚は認められていたが、子供を産むことができない存在とされていた。彼女たちを妻に迎える場合、彼女たちよりも身分が下の女神官シュギートゥームを側室として別に娶るか、女奴隷を夫にあてがって子供をもうけるという規定がわざわざ定められていたからである（ハンムラビ法典145–147条）。いずれにしても、サルゴン伝説はモーセの誕生秘話と直接的な関わりはない。資料記者もあるいは編集者も、サルゴン伝説をモティーフとして用い、モーセを英雄的に描くという動機はなかったと思われる。

　モーセは長子として生まれたはずだが、**4節**で「**その子の姉**」が登場する。現在の出エジプト記の構成によれば、モーセの誕生と、その姉と兄アロンとの関係は、最終的な編纂の結果として理解する必要があるであろう（後述）。

5節には、「〔そこへ〕ファラオの娘が水浴びをするため、ナイル川に下りて来た。彼女の侍女たちはナイル川の岸辺を〔見張るため〕行き来していたが、彼女は葦の間にその籠を見つけ、召し使いの女を遣わして、取って来させた」とある。ファラオの娘が水浴びをするためナイル川に下りて来たというのは、特殊な場面設定ではなく、恐らく当時の慣習に従った叙述であろう。ファラオもまた、しばしばナイル川に下りて来ているからである（7:15; 8:16）。侍女たちがナイル川の岸辺を〔見張るため〕行き来していたのも、ファラオの娘の侍女たちであれば当然の振る舞いとして理解できる。サルゴンは灌漑人（かんがい）アッキに見つけられ、拾い上げられて果樹園の園丁として育てられる。しかし、モーセの場合、籠を発見したのは侍女たちでなく、「葦の間にその籠を見つけ、召し使いの女を遣わして、取って来させた」とあるように、見つけて水から籠を引き上げさせたのはファラオの娘である。モーセが入れられた籠は偶然にも発見されたように描かれているが、資料記者あるいは編集者にとっては、その出会いは単なる偶然ではない。そこに神の導きが語られているからである。

6節に「彼女は〔自らそれを〕開けて、赤ん坊を見いだした」とあるように、王女による積極的な行為が描かれている。「見よ、その赤ん坊は泣いていた。彼女は彼をふびんに思い、『これはヘブライ人の子供ですよ』と言った」という言葉から、赤ん坊に着せていた産着等によって判別されたことが分かる。ふびんに思いとあるのは、ファラオの娘として、王によるヘブライ人の男子殺害命令を知っていたからであろう。生まれた男の子が殺されるのを恐れて、このように籠に入れてナイル川に流し、生き延びる機会を与えようとしたことを王女は悟ったからである。

7節では、籠を見張っていた「彼の姉が、ファラオの娘に『わたくしめが行って、この赤ん坊に乳を飲ませるため、あなた様のために、ヘブライ人のなかから乳母を呼んで参りましょうか』と申し出た」という。姉が名乗り出る場面は、サルゴン伝説にない出エジプト記独自の構想による。王女が「これはヘブライ人の子供ですよ」と言いながら男の子を抱き上げる姿を見て、恐らく姉は、自らの立場など省みることなく、この子に乳を飲ませるためヘブライ人のなかから乳母を呼んで参りましょうか、と申し出たことがうかがえる。

8節は「『行ってきなさい』とファラオの娘が彼女に命じたので、その少女は行って、その子の母親を呼んで来た」と伝えている。ファラオによるヘブライ人の男の子殺害命令が出ている世界で、王女の命令を姉がどのように聞いていたのかは察するにあまりある。姉（ミリアム）が「その子の母親を呼んで来た」と伝えている。状況から見れば、自分の母親を連れて来るという形で語れないことが想定できるので、「その子の母親」という3人称表現に注意を向けておきたい。モーセと姉（ミリアム）の関係が異母姉弟である可能性を示唆しているからである。モーセは実母によって育てられたことが知られる（出6:20; 民26:59によればその名はヨケベドで「主の栄光」の意）。祭司文書では、アロンとモーセはヨケベドが生んだことになっている（出6:20）。

　9節に「ファラオの娘は『この赤ん坊を連れて行き、わたしに代わって乳を飲ませなさい。手当はわたしが払います』と彼女に言った。その女はその子を引き取り、乳を飲ませた」とあるのは、王女がまだ独身で、拾い上げた男の子の乳母が必要と判断した結果であろう。ファラオの娘が手当はわたしが払いますと言った言葉から、殺されるべきヘブライ人の男の子であっても、エジプトの役人は手も足も出せないことになったのである。その結果、この男の子はそのいのちを保証され、物心つくまで母親の元で育てられたことを物語る。

　10節に、「その子が大きくなったので、彼女はファラオの娘のところに彼を連れて行った」とある。母親は王女に彼の人生を託したのである。母親にとっては、自分が身ごもった子を神に献げたことに等しい。この伝承は、サムエルをエリに献げたハンナの信仰を思わせる（サム上1:21–28）。赤子に「モーセ」と命名したのはファラオの娘で、**水から彼をわたしが引き上げたからです**」という理由づけがなされている。「引き上げた」（マーシャー）からモーセと名づけられたという。名づけ親となったのがファラオの娘というところに、その後のドラマの展開が深く関わっているのである。緒論で触れたが、エジプトのファラオ名にはトトメス（「トトの息子」の意）のような例があり、モーセにはメスと同じく「息子」（ms'）という意味があった。「**彼女の息子となった**」とあるように、王女であるファラオ

の娘が自分の息子としてモーセを育てたことが知られる。モーセはファラオの息子ではない。王女の養子となったのである。

【解説／考察】

　モーセの誕生秘話を、レビびとの家族から語りはじめているのは理由がないわけではない。モーセの生涯と、いわゆるレビびと祭司との関係は切っても切れない関係と呼びうるからである。モーセは、ベニヤミン部族やユダ部族、ヨセフ部族の出身ではない。エジプトの地で、レビ部族の者たちがどのような生活を送っていたのかについては語られていない。生後三ヶ月がたち、モーセが籠に入れられてナイル川に流され拾われたという伝承は、当時の乳幼児の生存率と関係があるように思われる。2歳までの死亡率は、1000人につきほぼ2、300人であったという。レビ27:6の誓願時の見積の低さも、死亡率の高さという観点から考えられている（ケーラー1970）。この場面は、古代メソポタミアに残るサルゴン伝説と関係があるとされてきた（『古代オリエント集』参照）。しかしモーセ誕生をめぐる伝承が、サルゴン伝説に則って伝えられている可能性は限りなく少ない。むしろ関係はないと言うべきであろう。モーセの命名に関連して伝えられている状況が、全く異なるからである。

　モーセが対峙するファラオは、エジプトの国王で「現人神」とされた人物である。約束の子らは、先祖の神が父祖アブラハムに与えた約束の下に生きてきた民である。その子らが「現人神」とされたファラオの前に跪くこと、それは異教の神に仕えることに他ならない。モーセの誕生も偶然ではなく、先祖の神が約束を守るために召し出した男の子であり、その子をファラオの息子としてでなく、ファラオの娘の養子として人生を出発させたことの意義は小さくない。「現人神」ファラオのもとに服従を強いるエジプト国家体制そのものからの解放を、真の神ヤハウェの導きによって、モーセその人が実現させるからである。

　出エジプト記の冒頭から、資料記者あるいは編集者ないしは最終編纂者は、世俗の王権に対するあからさまな批判を「現人神」ファラオの国家支配に重ねて語ろうとしている。この主題は、エジプトを脱出するまで保た

れるものであるが、モーセその人の召命から、出エジプト記の末尾まで、どのような形で神ヤハウェが民の間に臨在し、救い（解放）へと導くのかが全体の基調だからである。イスラエルの子らを救済するのは国家権力ではない。王権でもない。軍隊でもない。出エジプトの神ヤハウェの臨在への意志によるものであることを、証言しようとしているのである。

さて、命名に関わる伝承は、物語的な空想とはかけ離れ、現実に限りなく近接した伝承だと言えるかもしれない。モーセの生誕について、全面的にエジプトの文化のもとで起きた出来事とするのでなく、命名においてもイスラエル的な要素を留めようとしているのが分かるからである。モーセの出自にこだわっている伝承であるが、それこそがモーセの生涯を辿ろうとする出エジプト記の独創なのである。

神による救済劇の出発が、幼な子の誕生から始められている。その事実は、キリストの誕生物語に似た、特別な重みをもったものと言えるのではないだろうか。

(3) 殺害事件によりエジプトから逃亡 (2:11-25)

【翻訳】

重労働を強いる役人を殺害

2:11 モーセが ^{a} 成人となった頃のある日、彼は自分の同胞の ^{b} ところへ出て行き、彼らが強制労働に服しているのを見た。そしてエジプト人の男が、彼の同胞の１人であるヘブライ人の男を打ち倒しているのを見た。 12 彼は辺りを見回し、誰もいないのを確かめてから、そのエジプト人を打ち倒し、砂の中に埋めた。

殺人が発覚して亡命

2:13 翌日も出て行くと、見よ、２人のヘブライ人の男がけんかをしていた。悪い方に「なぜお前は自分の仲間を打ち倒すのか」とモーセは言っ

た。¹⁴「誰がお前をわれわれの労務監督にし、裁き人に任じたのか。お前は、エジプト人を殺したように[c]、〔今度は〕俺を殺す気か」と彼が言ったので、モーセは恐れ、「あの事が知られてしまったのだ」と思った[d]。¹⁵ファラオはこの事を聞き、殺すためモーセを捜させた[e]。モーセはファラオの前から逃れ、ミディアンの地に〔至り、そこに〕留まり[f]、井戸の傍らに座っていた。¹⁶ミディアンの祭司には7人の娘たちがいた[g]。彼女たちはやって来て、自分たちの父の小家畜の群れに水を飲ませるため、水を汲んで幾つかの水槽を満たそうとした。¹⁷しかし羊飼いたちがやって来て、彼女たちを追い払った。そこでモーセは立ち上がって彼女たちを助け[h]、その小家畜[i]に水を飲ませてやった。¹⁸彼女たちがその父レウエルのもとに帰ると、彼は「今日はどうしてこんなに早く戻って来たのだ」と言った。¹⁹「1人のエジプト人が羊飼いの手からわたしたちを助け、さらにわたしたちのために水を汲んで、小家畜の群れに水を飲ませてくださったのです」と彼女たちが言うと、²⁰彼は娘たちに「その方はどこにおられるのか。どうしてお前たちはその人を置き去りにして来たのか。彼を呼んできなさい。パンを〔一緒に〕食べていただこう」と言った。²¹モーセが進んでこの人のもとに留まる決心をしたので、彼は自分の娘ツィポラをモーセに与え〔妻とし〕た[j]。²²彼女は[k]男の子を生んだ。「わたしは異国の地で寄留者になったから」と言って、モーセは[l]彼の名をゲルショムと名づけた。

ファラオの死とイスラエルの苦難を顧みられる神の決断

²:²³長い年月が過ぎ去り、エジプトの王がなくなった。しかしイスラエルの子らは重労働のゆえに呻き苦しんで、叫び声を上げた。重労働のゆえの彼らの叫び声は、その神に届いた。²⁴神は彼らの呻き声を聞いて、アブラハム、イサク、ヤコブとの〔間に結んだ〕契約を思い起こされた。²⁵神はイスラエルの子らをご覧になり、〔彼らの呻きを〕神は確認された[m]。

a: 七十人訳は「多くの日数が経って」。

b: 七十人訳は「イスラエルの子ら」を「同胞たち〔である〕」の後に続けて言及している。

c: 七十人訳は「昨日エジプト人を殺したように」。

d: 原文は「言った」。

e: 原文は「捜した」。

f: 七十人訳は「ミディアンの地で暮らした」という言葉を添えている。

g: 七十人訳はこの後に「彼女たちは自分たちの父の羊の群れを世話していた」と続けている。

h: 七十人訳は「彼女たちのために水を汲み上げてやると」と付け加えている。

i: 原語ツォーンは集合名詞で羊や山羊を含む群れを指す。小家畜の原語セについては 12:5 の脚注参照。

j: サマリア五書や七十人訳は「妻として与えた」。

k: 七十人訳は「身ごもると、息子を産んだ」。

l: 原文は「彼は」。

m: 七十人訳では「彼らに知られた」。

【形態／構造／背景】

「殺害事件によりエジプトから逃亡」については、その主題に注目するならば「重労働を強いる役人を殺害」事件が導入であり、「殺人が発覚して亡命」する部分が本体、そして「ファラオの死とイスラエルの苦難を顧みられる神の決断」が帰結に相当する。

モーセが、なぜエジプトからミディアンの地に向かったのかについて語る部分であり、それが続く彼の召命に繋がる。導入は、ファラオの娘の息子という養子身分でありながら同胞を酷使するエジプトの役人を殺害する事件を語る。それを受けて、同胞への情愛が逆転し、同胞から告発されるという状況が本体部分を占める。続いてモーセが亡命し、ミディアンの地に逃れた消息が語られている。帰結ではファラオの死が語られる。

王家の一員でありながら、殺人を犯したモーセが、亡命者となりミディアンの地に逃れて行く姿は、第二節の終わりで、ファラオの亡くなった後にエジプトに戻るモーセの姿と対照的に描かれている（4:20–26）。モーセを処罰しようとしたファラオが亡くなった後も、イスラエルの子らの苦難の状態は変わることがなく、彼らの叫びを聞いて神が顧みられたことが帰結部分で伝えられている。

(3) 殺害事件によりエジプトから逃亡（2・11―25）　注解　2・11

　ファラオの娘、即ち王女の息子として生きるモーセのエジプト国内での身分は、一般の民から見れば不動のものであったはずである。エジプトにおける住民統治については、民族的出自とは無関係でなされていたことが強調されてよい。現代的な肌の色合いによる差別感覚は、無縁であったと言うべきである。ヌビア出身の黒人女性たちが、その美しさにおいて高く評価されていたことはよく知られている。

　モーセがファラオの息子であるならば、神の子であるとされたであろう。モーセの出自を伝える伝承によれば、彼は王女であるファラオの娘の養子であり、ファラオその人の息子ではない。長男が相続することは同じであっても、長男が死亡した場合、宮廷内の王子たちの序列のレースに生き残った者がファラオの座に就いた。王位継承に関わる宮廷内での序列を考えるまでもなく、モーセは最初から除外された存在であった。モーセは宮廷内で生活をしていたのではなく、ファラオの娘の邸宅で養子である息子として育てられていたからである。

【注解】

　2章11節で「モーセが成人となった頃のある日、彼は自分の同胞のところへ出て行き、彼らが強制労働に服しているのを見た」とあるので、モーセは、宮廷内に居住する王子の身分で生活していたのでないことが分かる。王子が奴隷たちの働いている現場に赴くなどということは、ありえないからである。「現人神」とされたファラオの家族であれば、聖なる家族であり、素足で大地に足を下ろすことすらできなかった。この場面の状況描写から、従者を伴わないで作業現場に出向くモーセの姿が確認できる。自分の同胞のところへ行ったときのモーセの姿は、エジプトの身分の高い家庭で着用される服装であったはず（2:19）。だがお供を連れずに作業現場に来ているという点で、彼の宮廷内外での立場が推測できるであろう。王女の養子だが、皇太子たちとは別の扱いを受けていたことが想定される。強制労働の現場を見たモーセ本人の意識の中に、同胞に対する連帯意識が芽生えていたことは確実である。そのことはモーセが育った環境にもよるであろう。彼は従者を伴わないで自由に王宮の外に出て歩ける境遇にあった

ことが想定されうるが、この事実からも、ファラオの一族から見てモーセの身分が低く限定的なものであったことが分かる。

「エジプト人の男が、彼の同胞の1人であるヘブライ人の男を打ち倒しているのを見た」という状況描写から、モーセが1人でこの場所に来ていたという設定は明らかである。「打ち倒している」の原語は分詞形であるため、殺されそうになっていた現場に行き合わせたことが分かる。この時、モーセの心に浮かんだのは何であったのか。彼を救おうとしたのは、恐らく同胞に対する連帯意識であろう。ファラオの娘の館で育てられたとしても、幼いときから芽生えていた、あるいは植えつけられていたヘブライ人という自意識のゆえである。

だからこそモーセは、**12節**で「彼は辺りを見回し、誰もいないのを確かめてから、そのエジプト人を打ち倒し、砂の中に埋めた」のである。「打ち倒した」の原語は完了形であるため、彼を打ち倒して殺したのである。打たれていた同胞を助けようとしたことは分かるが、その者が殺されずに助かったのかどうかは記されていない。不可抗力で（申 19:4–5 参照）、モーセが打ち倒したのか、あるいは故意に殺害したのか（申 19:11）についてははっきりしている。「誰もいないのを確かめてから」とあるので、これは故殺、つまり故意に殺したのであり、宮廷に関わりのある人物であってもその行為は殺人罪に問われる。イスラエルの子らが置かれていた重労働の状況から言えば、エジプト人とあるのは恐らくファラオの役人である。役人の1人であれば、この殺人はいずれ役人の監督者の手を経て、高官からファラオの耳に入ることになる。だが、モーセによる殺害事件は別のところから明らかになる。

13節では、モーセは「2人のヘブライ人の男がけんかをしていた」現場に行き合わせたという。正義感に動かされて、彼は争いごとに裁きを下す感覚で対処したのである。仲間を打っている「**悪い方**」を、「**なぜお前は自分の仲間を打ち倒すのか**」と詰問するからである。重労働に苦しめられているヘブライ人の間に、すさんだ空気が漂っていたのである。

ところが **14節**で、そのヘブライ人が「**誰がお前をわれわれの労務監督にし、裁き人に任じたのか。お前は、エジプト人を殺したように、〔今度は〕**

俺を殺す気か」と（モーセを恐らくエジプト人と錯覚して）告発したというのである。そこには、エジプト人の労務監督に対する根深い恨みの感情がある。労務監督（サール）は、イスラエルの子らを虐待するために任命された者たちのこと（1:11）。裁き人に任じたのかという問いかけは、イスラエル的な感覚で発言された言葉で、当時のエジプトの司法秩序を踏まえた発言ではないであろう。この出来事が、イスラエル側の立場からつまり資料記者の観点で見られていることから、資料層の帰属が問われることになる。イスラエルの子らの1人が発した言葉から、同胞をかばったにもかかわらず、エジプト人がエジプトの役人を殺したと理解されていた事実が明らかにされている。モーセが役人、即ち労務監督を殺したという事実については、もはやそれを覆い隠すことができなくなったのである。司法秩序を犯した犯罪として、告発するという表現でなく、モーセその人が労務監督の責任を問われる情景として描かれている。「**モーセは恐れ、『あの事が知られてしまったのだ』と思った**」とあるのは、ファラオの娘の養子として育てられたモーセが、ファラオの一族であっても殺人を犯した罪が免責されないのを知っていたことを示す。資料記者あるいは編集者が、モーセと同じ認識でその行為を見ていることは明らかである。

15節には「ファラオはこの事を聞き、殺すためモーセを捜させた」とある。このファラオの指示は、その後の展開を物語る。「現人神」とされたファラオの一族は特別な身分であっても、殺人は死罪とされ、処刑されたからである。モーセがヘブライ人だからという差別感覚が、この状況に想定されているのではない。ファラオの娘の養子であっても、ファラオの名で処刑される可能性があった。そのことは、モーセのその後の展開を語る焦点ともなる。このことは、後にシナイ山で殺人を禁じる戒めを受け取るモーセの姿を想起する資料記者あるいは編集者にとって、本質的に重要なことであった。「**モーセはファラオの前から逃れ、ミディアンの地に〔至り、そこに〕留まり、井戸の傍らに座っていた**」という。彼がミディアンの地に向かった、その理由は定かでない。エジプトから亡命する際に、彼はデルタ地帯を抜けて逃亡したことが分かる。モーセが単身で逃亡した姿は、ヤコブと重ねられているのかもしれない（創27:41以下）。モーセは不思議

にも、シナイ山の麓へと導かれたのである。この逃亡ルートは、イスラエルの子らを導いてシナイ山に辿り着くルートと重ねられているはずである。伝承は、神の導きがあったことを想定している。

モーセが井戸のほとりで助けることになるのが、「ミディアンの祭司には7人の娘たちがいた」という、16節に出てくるこの娘たちである。「彼女たちはやって来て、自分たちの父の小家畜の群れに水を飲ませるため、水を汲んで幾つかの水槽を満たそうとした。しかし羊飼いたちがやって来て、彼女たちを追い払った。そこでモーセは立ち上がって彼女たちを助け、その小家畜に水を飲ませてやった」という。この**16–17**節の情景は、イサクの嫁探しのためハランに向かったアブラハムの下僕が、リベカと出会う場面を思わせる。イサクの嫁となるリベカとの出会いや、ヤコブがラケルと出会う場面は、いずれも井戸の水汲み場のそばである。モーセが娘たちを助ける場面は、乱暴な牧羊者を排除し井戸でラケルの家畜に水を飲ませたヤコブとよく似ている（創 24:15–25）。娘たちも、羊を飼っていたことに留意しなければならない。羊飼いは、しばしば危険な仕事であったからである（出 22:9–12, 13–14; アモ 3:12 等参照）。立ち上がってモーセは彼女たちを助け、その小家畜に水を飲ませてやったという情景から、モーセの強さと優しさが伝わってくる。資料記者あるいは編集者は、後に暴力で民を押さえつけようとするそのエジプト当局と対峙し、彼がイスラエルの子らを救出することになるのを語ろうとするのである。

18節によれば「彼女たちがその父レウエルのもとに帰ると、彼は『今日はどうしてこんなに早く戻って来たのだ』と言った」という。「レウエル」（「神の友」の意）がケニ人とされる伝承（士 1:16）があるため（士 4:11 や民 10:29 では「ホバブ」の父であることが暗示されている）、ヤハウェ宗教の起源をケニ人に求める学説が学会を賑わせたことがかつてあった。ケニ人は砂漠の遊牧民で、カインを祖とする（創 4:1–24）。この伝承によれば、ケニ人とミディアンの祭司と関わりがあることになる。ミディアンと古代イスラエル人との間には、必ずしも平和な関係があったわけではない（士 6:1–8:28）。ケニ人仮説については、複数の伝承が接合された状態で出エジプト記に出てくるので、確実なことは言えないであろう。「レウエル」は、後にエトロ（「余りある、豊かである」の意）として、別名で言及され

73

るからである（3:1; 4:18; 18:1 以下）。資料の違いに原因があるのかもしれない。

19–20 節で「『1 人のエジプト人が羊飼いの手からわたしたちを助け、さらにわたしたちのために水を汲んで、小家畜の群れに水を飲ませてくださったのです』と彼女たちが言うと、彼は娘たちに『その方はどこにおられるのか。どうしてお前たちはその人を置き去りにして来たのか。彼を呼んできなさい。パンを〔一緒に〕食べていただこう』と言った」とあるので、モーセがエジプト人と見られていたことが分かる。彼の衣装から、そのように受け取られたのであろう。「パンを〔一緒に〕食べていただこう」とあるのは、寄留者としてその人物を受け入れることを、彼女たちの父が表明した言葉である。自分の天幕に寄留者を受け入れるかどうかは、彼女たちの判断ではできない。客人法は、主人である彼女たちの父によって適用されるからである。「どうして……その人を置き去りにして来たのか」という問いかけは、天幕の入り口までお連れするという、当時の客人法のしきたりを恐らく物語る（創 24:28–32; 士 19:17–21）。

21 節によれば、「モーセが進んでこの人のもとに留まる決心をしたので、彼は自分の娘ツィポラをモーセに与え〔妻とし〕た」という。モーセがこの人のもとに留まる決心をしたというのは、異国人である自分を受け入れてくれる人のもとに、客人として留まる決断をしたことを物語る。それは客人法に則した叙述である（創 19:1–3; 士 19:14–21）。彼が自分の娘ツィポラをモーセに妻として与えたのは、家父長制社会での婚姻を物語る。この場面に彼女たちの母親は登場しない。婚姻は、家同士の取り決めで決められた。父の決断で娘たちだけの家族にモーセが歓迎されたことはよく分かる。ツィポラに出会い、妻に迎えることになった場面は、族長物語の系譜（創 24:15–32; 29:9–14）を思わせる（民 12:1 に、モーセはクシュの女性を妻にしたという別の伝承が伝えられている）。

22 節によれば、妻「**ツィポラ**」（「〔雌の〕小鳥」の意）はモーセに男の子を産んだという。その名を「**ゲルショム**」と命名したのは、モーセであって妻ではない。母親が命名権を持っていた族長物語とは違う側面が語られている（創 16:11, 15 のイシュマエル、19:37 のモアブ、19:38 のベン・アミ〔アンモン〕、29:32 以下のルベン、シメオン、レビ、ユダ、ダン、ナフタリ、ア

シェル、イッサカル、ゼブルン、ヨセフ等を参照）。モーセによる命名には、恐らく資料記者の思惑が反映しているためであろう。「ゲルショム」と名づけられた名の由来が、「**わたしは異国の地で寄留者になったから**」と告白していることと関係する。寄留者（ゲール）という身分に関わるこの命名は、モーセの生涯を象徴する機能を帯びているからである。同時にそれはレビびと祭司の伝統とも合致している（申 33:9–11）。またモーセの指導者としてのカリスマが、息子に受け継がれて世襲化されないことを暗示している。ヨシュアが、モーセの後継者となるからである（申 3:28; 31:14–23）。

23 節では、「**長い年月が過ぎ去り、エジプトの王がなくなった**」という。モーセを処罰しようとしていたファラオの死を物語るものであるが、資料記者あるいは編集者は「現人神」とされた人物の死を簡潔に伝えるのみである。彼を、王なる支配者としてしか認識していないからである。それと同時に、イスラエルの子らに対する処遇に変化はなかったことが想定されている。エジプトにおける施策は継続されるのが普通で、ファラオが決めたことは、当該のファラオが他界した後も存続したはずである。即位した新たな「現人神」の命令として、その施策が継承されるのが当たり前だからである。「**イスラエルの子らは重労働のゆえに呻き苦しんで、叫び声を上げた**」とあるのは、そのためである。彼らには、聖所で自分たちの神に祈りを献げる機会は与えられていなかったので、重労働という生活のただ中で、神に向かって叫び声を上げたのである。それは呻きであった。

24 節にある「**神は彼らの呻き声を聞いて、アブラハム、イサク、ヤコブとの〔間に結んだ〕契約を思い起こされた**」という表記は、祭司文書に特有のものとされている（例えば創 15:9–21 参照）。正式な儀礼の場で献げられる祈りの言葉だけでなく、神は声にならない呻き声を聞いてくださる方である。思い起こされたという表象は、擬人法的表現である。

また **25 節**にある「**神はイスラエルの子らをご覧になり、〔彼らの呻きを〕神は確認された**」という表現は、天から人々の暮らしを見て神がイスラエルの子らの苦難の現実を知ったということを、単に客観的に物語るものではない。「確認された」と訳した原語ヤーダーは、「神は知った」と訳しうるが、この表現は「悟る」あるいは「理解する」場合にも使われている

(「善悪を知る」創 3:22)。外面的な現象だけでなく、内面にまで深く立ち入って知るという行為を物語るものである。それまで神は、見て見ぬ振りをしていたのではない。

【解説／考察】

　神が「確認された」という言葉から、様々な状況が読み取れる。数が増えたことと関連して、労働力の総体が拡大したので、民の中にはエジプトでの重労働にそれほど苦しみを感じていない者もいたことが察せられる。奴隷状態にあるとしても、監督の目を盗んで手を抜くなどということは、日常茶飯事であったことを考慮しなければならない。エジプトの高官が、後に「見よ、今やこの地に民は数を増しているのに、お前たちは彼らにその強制労働を休ませようとしている」(5:5) として、「この民には、煉瓦を作らせるための藁を今までのように与えるな。彼らを行かせ、自分たちで藁を集めさせよ」(5:7) と命じ、「彼らは怠け者なのだ」(5:8) と監督に言わせているからである。しかも、納めるべき一日の分量まで義務づけるに至る (5:11, 13) のは、手抜きをすることに対する監督のいらだちも関係しているのであろう。呻き声を上げていたこのイスラエルの子らは、荒れ野を放浪する際に試練に遭遇すると、エジプトの肉鍋を思い出し、何のためにエジプトを脱出してきたのかと不満をモーセにぶつけるのであるが、その場面を想起してみると彼らの事情はよく分かるのではないか。

　ヤハウェなる神は、人間の感情や集団の叫び声に動かされ、その都度反応するといういわゆる機能神ではない。ヤハウェは事を見定められ、状況の真相を深く理解され、それを確認されたがゆえに、救済に向けて具体的な行動を開始されたのである。シナイ山の麓で寄留者の生活を送っていたモーセが、神によって選び分かたれることになるのである。モーセのカリスマは、神の選びによって与えられた天与の資質である。そのカリスマは、世襲化されることはない（ヴェーバー 1960, 1970, 1976, 1996; 鈴木 2005ab)。だが、そのカリスマに対する個人的帰依をめぐって、モーセのカリスマが実証される間だけ、精神的な服従が献げられると指摘されている。モーセが負わなければならない苦難は、いわばこの「カリスマ的支配」をめぐる

イスラエルの民との間に生まれる確執にある。

　聖書の神は、天にいて、遠くから「われわれ」の生活を見ておられるのではない。「われわれ」の心の叫びや呻きに耳を傾け、救いの手を差し伸べる方である。出エジプト記は、躊躇なく一方的に愛を注がれる神を証言しているのである。

2. エジプトからの脱出に向けて（3:1–13:16）

（1）モーセの召命とエジプトへの帰還（3:1–4:31）

【翻訳】

《導入》神ヤハウェによる召命と派遣命令（3:1–22）

燃える茨の灌木に近づくモーセ

3 章

¹ モーセは羊飼いとなって、ミディアンの祭司で彼の舅であるエトロの小家畜の群れを飼っていた。彼は、荒れ野の奥 ª まで小家畜の群れを連れて行き、神の山ホレブ ᵇ に至った。² 茨の灌木の中で燃える火の中に、ヤハウェの使いが彼に現れた。彼が見ると、見よ、茨の灌木は火で燃えていたが、その茨の灌木は焼き尽くされないままであった。³ モーセは言った、「なぜ茨の灌木が燃え尽きないのか、〔道を〕それて、わたしはこの偉大な光景を見届けよう。」⁴ ヤハウェ ᶜ は彼が見るために〔道を〕それて来るのをご覧になり、神は ᵈ 茨の灌木の中から彼に呼びかけて言われた。「モーセよ、モーセよ。」「わたしはここにいます」とモーセは答えた ᵉ。⁵ 神は言われた。「あなたは、ここに近づいてはならない。あなたの足からサンダルを脱いで外しなさい。あなたが立っているその場所は、聖なる大地 ᶠ だからである。」⁶ そして言われた。「わたしはあなたの先祖の神、アブラハムの神、イサクの神、ヤコブの神である。」モーセは自分の顔を覆った。その神を見ることを畏れたからである。⁷ ヤハウェは言われた。「わたしはエジプトにいるわが民の苦しみを確かに見定めた。追い使う監督の前で上げる彼らの叫び声を聞いた。わたしはその痛みを確認したからである。⁸ そこで、エジプト人の手からわが民を ᵍ 救い出し、エジプトの地から ʰ、良い広い地 ⁱ、乳と蜜の流れる地に、カナン人、ヘト人、アモリ人、ペリジ人、ヒビ人、エブス人 ʲ の〔住んでいる〕場所に導き上るため、わたしは下って来た。⁹ 見よ、今、イスラエルの子らの叫び声がわたしのもとに届い

た。またわたしは、エジプト人が彼らに加えている虐げを見定めた。¹⁰ 今こそあなたが行くのだ。わたしはあなたをファラオのもとに遣わす。わが民、イスラエルの子らをエジプトから導き出しなさい。」

¹¹ モーセはその神に言った、「わたしは何者でしょう。このわたしがファラオ ᵏ のもとに行き、イスラエルの子らをエジプトから導き出すとは。」 ¹² 神は ˡ 言われた。「わたしはあなたと共にあろうとする。あなたにとって、わたしがあなたを遣わすしるしがこれである。あなたがその民をエジプトから導き出したとき、あなたがたはこの山でその神に仕える。」

  a:原文は「後方まで」。
  b:七十人訳 では「神の」が欠落し「ホレブ山」となっている。
  c:サマリア五書は「神」。
  d:七十人訳は 4 節の「ヤハウェ」も「神」の部分も「主」と訳出。
  e:七十人訳はここを「彼は答えた。『それは何ですか?』」と訳出している。
  f:原語はアダマー。エレツ（地）と区別して、土（20:24）、大地（8:17; 32:12; 33:16)、土地（10:16; 20:12; 23:19; 34:26）と訳し分けてある。
  g:原文は「彼を」。
  h:原文は「その地から」。
  i:七十人訳は「豊饒な土地へ」。
  j:七十人訳は「エブス人」の前に「ギルガシ人」を入れて七民族にしている。
  k:七十人訳は「エジプトの王ファラオ」。
  l:原文は「彼は」。七十人訳は「神は」と訳出。

顕現した神の名を問うモーセ

³⁺¹³ モーセはその神に言った、「ご覧ください。わたしはイスラエルの子らのところに参ります。しかし、あなたがたの先祖の神がわたしをあなたがたに遣わされましたと彼らに言ったとき、彼らはわたしに『その名はいったい何というのか』と尋ねます。わたしは彼らに何と答えるべきですか。」 ¹⁴ 神はモーセに言われた。「わたしはあろうとして、わたしはあろうとするのだ ᵃ 。」さらに言われた。「イスラエルの子らに、あなたはこう言いなさい。『〈わたしはあろうとする〉が、わたしをあなたがたのところに遣わされたのだ』と。」

a: 七十人訳は「ホ・オーン」で「わたしは存在する者である」と訳出。

エジプトからの救済に向けた派遣命令

3:15 神はさらにモーセに言われた。「イスラエルの子らにあなたはこう言いなさい、『あなたがたの先祖の神、アブラハムの神、イサクの神、ヤコブの神であるヤハウェが、わたしをあなたがたのところに遣わされた』と。これが永遠にわたしの名であり、これが世々に続くわたしの呼び名[a]である。16 さあ行きなさい。そしてあなたはイスラエルの[b]長老たちを集め、彼らに言いなさい。『あなたがたの先祖の神、アブラハム、イサク、ヤコブの神であるヤハウェが、わたしに顕われて言われた。「わたしはあなたがたを、そしてエジプトの地であなたがたに〔虐待が〕なされていることを、確かに顧みた」と。17 また言われた[c]。「エジプトの苦しみから、カナン人、ヘト人、アモリ人、ペリジ人、ヒビ人、エブス人[d]の地、乳と蜜の流れる地へ、わたしはあなたがたを導き上る」と。18 彼らはあなたの声に聞き従う。そこであなたとイスラエルの長老たちは、エジプトの王[e]のもとに行き、あなたがたは彼に言いなさい。「ヘブライ人の神ヤハウェが、わたくしどもに顕われました。どうか今、わたくしどもに、3日の道のりを荒れ野に行かせてください。そしてわたくしどもの神ヤハウェに、犠牲を献げさせてください」と。19 しかし、強い手を用いなければ、エジプトの王[f]はあなたがたが立ち去るのを許さないのを、わたしはよく分かっている[g]。20 そこで、わたしはわたしの手を伸ばし、エジプトのただ中でわたしが行なうあらゆる驚くべき業をもって、これを打つ。その後で、彼はあなたがたを立ち去らせることになろう。21 エジプトの[h]〔民の〕目の前で[i]、わたしはこの民に恩恵を与える。あなたがたが出て行くとき、あなたがたは空手で出て行くのではない。22 女は、その隣やその家の同居者から銀の装身具や金の装身具、また晴れ着を求め、あなたがたは〔それらを〕あなたがたの息子や娘の身につけさせなさい。あなたがたはエジプト〔の民〕から剥ぎ取るのだ。』」

a: 七十人訳は「記念」。原語にはこの意味もある。
b: 七十人訳では「イスラエルの子らの」。

c: 七十人訳は「さらに神は言った」。

d: 七十人訳は「エブス人」の前に「ギルガシ人」を入れている。申 7:1 では七つの民（ヘト人、ギルガシ人、アモリ人、カナン人、ペリジ人、ヒビ人、エブス人）だが、20:17 では六つの民（ヘト人、アモリ人、カナン人、ペリジ人、ヒビ人、エブス人）で「ギルガシ人」が欠けている。その他、ヨシュ 9:1 も六つの民（ヘト人、アモリ人、カナン人、ペリジ人、ヒビ人、エブス人）で、12:8 も同じ。士 3:5 でも六つの民（カナン人、ヘト人、アモリ人、ペリジ人、ヒビ人、エブス人）であり、必ずしも言及の仕方に統一性がある訳ではない。

e: 七十人訳は「エジプトの王ファラオ」。

f: 七十人訳は「エジプトの王ファラオ」。

g: 原語はヤーダーで「知る」「悟る」「熟知する」等の意味。2:25 では「〔神が〕確認された」と訳出。

h: 原文には冠詞が付いていない。22 節も同じ。3:17–18 における類似した表記では、常に冠詞が付されているので「カナン人」「ヘブライ人」等と訳出。

i: 原文は「目に」。七十人訳は「エジプト人たちの前で」。

《本体》固辞するモーセに示されたしるし（4:1–17）

モーセに示すしるし

4 章

¹ モーセは答えて言った。「そうだとしても、彼らはわたしを信用せず、『ヤハウェはお前などに顕われなかった』と言って、わたしの声に聞き従わないでしょう。*a*」² ヤハウェは彼に言われた。「あなたの手にあるものは何か。」彼は言った。「杖です。」³ そこで言われた。「地面に投げてみよ。」彼がそれを地面に投げると、それが蛇になった。それでモーセはその前から飛びのいた。⁴ ヤハウェはモーセに言われた。「あなたの手を伸ばして、その尻尾をつかんでみなさい。」彼が自分の手を伸ばして握ると、彼の手のひらの中でそれは杖に戻った。⁵ 彼らの先祖の神、アブラハムの神、イサクの神、ヤコブの神であるヤハウェがあなたに顕われたことを、彼らが信じるようになるためであ

る。⁶ ヤハウェはさらに彼に言われた。「あなたの手をあなたの懐に入れてみなさい。」そこで彼は自分の手をその懐に入れた。そしてそれを引き出してみると、見よ、彼の手は重い皮膚病 [b] にかかり、雪のようになっていた。⁷ ヤハウェは [c] 言われた。「あなたの手をあなたの懐に戻しなさい。」そこで彼は自分の手をその懐に入れた。そしてそれをその懐から出してみると、見よ、もとの彼の皮膚に戻っていた。⁸〔ヤハウェは言われた。〕「たとえ彼らがあなたを信用せず、最初のしるしが告げること [d] に彼らが聞き従わなくても、第二のしるしが告げることを彼らは信用する。⁹ しかしこれら二つのしるしのどちらをも彼らが信用せず、あなたの声に聞き従わないなら、あなたはナイル川の水を汲んできて、乾いた地面にまきなさい。あなたがナイル川から汲んできた水が、乾いた地面の上で血に変わる。」

  a: 七十人訳はこの後に「わたしは彼らに向かって何と言えばよいのでしょうか？」を加えている。
  b: 原語はツァーラートで、律法で規定されている病のこと。
  c: 原文は「彼は」。
  d: 原文は「声」。

固辞するモーセへのヤハウェの怒り

⁴:¹⁰ モーセはヤハウェに言った、「ああ、わが主よ、以前から、またあなたがあなたの僕に言葉をかけてくださったその後でも、わたしは言葉にたけた男ではありません。口が重く、舌も重いわたくしですから。」¹¹ ヤハウェは彼に言われた。「いったい誰が人間に口を与えたのか。また誰が口をきけないようにし、耳を聞こえないようにし、また目を見えるようにし、見えなくさせるのか。わたしはヤハウェではないか。¹² さあ、行きなさい。わたしは、あなたの口と共にあろうとする [a]。あなたが語るべきことを、わたしがあなたに教える。」¹³ 彼は言った、「ああ、わが主よ、あなたが差し伸べられる御手をもって、どうか〔別の人を [b]〕お遣わしになりますように。」

  a: 七十人訳は「わたしはおまえの口を開き」。
  b: 七十人訳では「別に有能な人を選び」となっている。

アロンを随行させる指示

4:14 ヤハウェの怒りはモーセに向かって燃え上がり、言われた。「あなたの兄、レビびとであるアロンがいるではないか。彼が弁舌にたけているのを[a] わたしはよく分かっている[b]。見よ、彼は今あなたに会うためにやって来ている。彼はあなたに会い、心から喜ぶだろう。15 あなたは彼に話をして、言葉を彼の口に託しなさい。わたしは、あなたの口と、また彼の口と共にあろうとする[c]。わたしは、あなたがたがなすべきことをあなたがたに教える。16 彼があなたに代わって民に語る。彼はあなたに代わって口になり、あなたは彼にとって神の代わりとなる。17 あなたは自分の手にその杖[d]を取り、それでしるしを行なうのだ。」

  a: 七十人訳は「彼がおまえのために間違いなく語ってくれることを」。
  b: 3:19 の脚注を参照。
  c: 七十人訳は「わたしはおまえの口と彼の口を開き」。
  d: 七十人訳は「蛇に変わったこの杖」。

《帰結》エトロに帰国を告げ、妻子と共にエジプトに（4:18–31）

エトロに帰国を告げエジプトに

4:18 モーセは立ち去り、彼の舅であるエトロ[a] のもとに戻って、「どうかわたしを行かせ、エジプトにいるわたしの同胞[b] のところに帰らせてください。彼らがまだ元気でいるかどうかを見届けさせてください」と彼に言った。エトロは「平安のうちに行きなさい」とモーセに言った。19 [c] ヤハウェはミディアンで、「エジプトに帰りなさい。あなたの命を狙っていた人々は、皆、死んだ」とモーセに語られた。

  a: 原語はイェテル。サマリア五書、シリア語訳、アラム語訳、ラテン語訳はイェテロ。七十人訳はイョトル。
  b: 原語には「親類、兄弟」の意味もある。
  c: 七十人訳はこの後に「それから長い日数が経った後、エジプトの王が亡くな

った」を加えている。

モーセの危機を救うツィポラ

²⁰ モーセは彼の妻と息子たち[a]を連れてろばに乗せ、エジプトの地へと帰った。モーセは神の杖をその手に携えた。²¹ ヤハウェはモーセに言われた。「エジプトに帰り着いたら、わたしがあなたの手に授けたすべてのしるしに目を留めよ。あなたはそれらをファラオの前で行ないなさい。わたしは彼の心を頑なにする[b]ので、彼は民を立ち去らせないであろう。²² あなたはファラオに言いなさい、『ヤハウェはこう言われる。イスラエルはわたしの息子、初子[c]である。²³ あなたに対して、わが子を[d]立ち去らせ、わたしに仕えさせよとわたしは命じたのに、あなたはそれを立ち去らせることを拒んだ。見よ、わたしはあなたの息子、あなたの初子を殺す』と。」

²⁴ 途中、野営地でヤハウェ[e]はモーセと出会い、〔初子として生まれた〕彼を殺そうとされた。²⁵ ツィポラは石のナイフ[f]を手に取り、息子の包皮を切り取り、それを彼〔モーセ〕の両足につけて彼女は「あなたはわたしにとって血の花婿です」と言ったので、²⁶ ヤハウェは[g]彼を放した。彼女はその時、その割礼のゆえに血の花婿と言ったのである。

- a: 原文では複数形（2:22; 18:3 参照）。
- b: 原語ハーザックは「硬くする」の意。類似の表現については 7:3, 14 等を参照。
- c: 原語は「長子、初子」で男性名詞。人間であれば「長子」、家畜であれば「雄の初子」。
- d: 七十人訳は「わが民」。
- e: 七十人訳は「主の使い」。
- f: 原文は「火打ち石」だが、刃がなければ割礼の手術はできない。ヨシュ 5:2, 3 を見よ。
- g: 原文は「彼は」。

モーセとアロンをとおしてヤハウェを信じたイスラエルの子ら

²⁷ ヤハウェはアロンに言われた。「荒れ野に行って、モーセに会いなさい。」そこで彼は行って、神の山でモーセに会い、彼に口づけした。²⁸ モーセは、自

分を遣わされたヤハウェのすべての言葉と、自分に命じられたすべてのしるしをアロンに伝えた。²⁹ モーセはアロンを伴い行き ª、彼らはイスラエルの子らの長老たちすべてを集めた。³⁰ アロンは、ヤハウェ ᵇ がモーセに語られたすべての言葉を語り、民の前でしるしを行なった。³¹ 民は信じた ᶜ。そして彼らは、ヤハウェがイスラエルの子らを顧みてくださったこと、また彼らの苦しみを見定めたことを聞き ᵈ、彼らは伏して〔ヤハウェを〕拝した。

> *a*: 原文は「モーセとアロン」であるが、動詞は3人称男性単数でモーセが主語。「モーセとアロン」の「と」(ワウ) は「伴って」「共に」の意で、行為主体はモーセに置かれている (7:6; 8:8; 10:3 等を参照のこと)。この箇所については、サマリア五書やシリア語訳では3人称複数動詞で、2人が一緒に行ったこととして表現している。
> *b*: 七十人訳は「神」。31節も同じ。
> *c*: 原文の動詞は3人称単数で、「民」は集合体として言及されている。
> *d*: 七十人訳は「喜んだ」と続けている。

【形態／構造／背景】

　第二節「エジプトからの脱出に向けて」として区分した部分は、緒論で触れたように、組み立てから見ると三つの構成要素からなり、その冒頭は「モーセの召命とエジプトへの帰還」(3:1–4:31) である。この部分は三つの構成からなると思われる。

導入	神ヤハウェによる召命と派遣命令	3:1–22
本体	固辞するモーセに示されたしるし	4:1–17
帰結	エトロに帰国を告げ、妻子と共にエジプトに	4:18–31

　組み立ての上で導入に相当するのが、神の山で召命を受けるモーセの姿を伝える部分である。そして神が、ヤハウェとしてモーセに顕現する場面が、その核心をなしている。出エジプトという出来事の本質が、神ヤハウェの臨在のあり方であることを示しているからである。他方、本体に相当

する部分として、召命を固辞するモーセの姿が描かれている。これがなければアロンは登場することはなかったのである。帰結では、エトロに帰還を告げてエジプトに向かう途中で、妻であるツィポラが、モーセの危機を救う場面が置かれている。その末尾は、アロンと共にエジプトに到着し、神から告げられた言葉をモーセの代わりにアロンが語り、しるしを行なってイスラエルの子らからの信頼を獲得するという場面構成からなる。

導入に相当する「神ヤハウェによる召命と派遣命令」(3:1–22) の組み立てを見ると、「燃える茨の灌木に近づくモーセ」(3:1–12) が、出会いの場面を構成する。続く「顕現した神の名を問うモーセ」(3:13–14) は、神がヤハウェとして顕現する場面で構成されている。先祖の神とは異なる名での顕現は、神の強い意志の表明となっている。末尾の「エジプトからの救済に向けた派遣命令」(3:15–22) が、帰結部分をなす。召命と神の顕現、それに伴う派遣命令という構成である。

本体に相当する「固辞するモーセに示されたしるし」(4:1–17) では、「モーセに示すしるし」(4:1–9) が導入部分で、それを受ける「固辞するモーセへのヤハウェの怒り」(4:10–13) が中核の部分に相当する。「アロンを随行させる指示」(4:14–17) が、帰結部分として続く。緒論で触れたように、この本体に相当する「固辞するモーセに示されたしるし」そのものには、出エジプトの事業に、アロンを伴わせるという編集上の手が加えられていて、最終的にモーセはアロンと共にエジプトに帰還することになっている。アロンを随行させモーセの隣に配置させるという意図で、編集段階で挿入されたものと見なしうる。そこに、祭司文書の関与が認められる (後述)。

帰結に相当するのが「エトロに帰国を告げ、妻子と共にエジプトに」(4:18–31) で、そこでは「エトロに帰国を告げエジプトに」(4:18–19) が導入部分で、「モーセの危機を救うツィポラ」(4:20–26) が中核の部分となり、「モーセとアロンをとおしてヤハウェを信じたイスラエルの子ら」(4:27–31) が締め括りの帰結部分をなしている。この末尾にある帰結部分も、本体のアロンを随行させる挿入と恐らく同時期に加えられた祭司文書による編集作業の結果を示す。

【注解】

　導入の「神ヤハウェによる召命と派遣命令」(3:1–22) においては、「燃える茨の灌木に近づくモーセ」(3:1–12) で、神との出会いの場へとモーセが導かれる様子がその導入部分として語られる。

　3章1節の「**モーセは羊飼いとなって、ミディアンの祭司で彼の舅であるエトロの小家畜の群れを飼っていた。彼は、荒れ野の奥まで小家畜の群れを連れて行き、神の山ホレブに至った**」という語り口から、モーセが羊飼いとなって舅であるエトロの家畜を飼う場面が描かれ、ミディアンの祭司としてツィポラの父がここで紹介されている。だが名は「レウエル」(2:18) ではない。モーセの召命の出来事に、イスラエル外のミディアンの祭司としてエトロとの関係が示唆されているのはなぜなのか。再び登場するエトロは (4:18; 18:1, 2, 5, 9, 12)、モーセを呼び出した出エジプトの神とミディアンの祭司との関わりを暗示していることになる。ミディアンの祭司であるエトロとモーセとの関わりから、すでに触れたように、ヤハウェ宗教のミディアン起源を唱える学説（ケニ人仮説）があったくらいである。だがこのミディアンとの関係は、後に重大な事件をもたらすことになる（民 25:6–15）。羊飼いは遊牧民の生活を支える仕事であるが、古代メソポタミアでは王や支配者を呼ぶ尊称として象徴的に用いられている（ハンムラピ法典序文）。ダビデが羊を飼っていたことは周知のことであるが（サム上 16:11–13; 17:15 等）、モーセも羊飼いとして生きていたことは、指導者の型として示されていると言える（この単元の【解説／考察】参照）。ファラオの娘の養子としてその館で育ったモーセが、幼少の頃からそのような訓練を積んでいたとは考えられない。生きるため、彼はミディアンの地でその生業を学び、羊飼いになったのである。「神の山ホレブ」とは、シナイの荒れ野にある山である（18:5; 19:1–2, 11, 20, 23; 24:16; 31:18; 34:2, 4, 29, 32）。申命記では、常にホレブ（「乾いた地」の意）という名で呼ばれている（申 1:2, 6, 19; 4:10, 15; 5:2; 9:8; 18:16; 28:69）。シナイが、恐らく「わたしのシン」の意で、月神シンを思わせる表記であるため、申命記主義者や申命記史家は敢えて「ホレブ」という呼称を用いたと思われる。シナイ山という呼称を用いる資料記者はヤハウェ資料の資料記者ヤハウィストと祭

司文書であるとされ、彼らはエロヒム資料の資料記者エロヒストや申命記法典と関わりのある申命記史家のように、シナイという呼称にこだわりの姿勢を取っていないという。当該の資料記者にとって、ミディアンの地で羊を飼っていたモーセその人を召し出す神が、父祖の神、アブラハム、イサク、ヤコブの神とどのような関係にあるのか、そこにこそ彼らの最大の関心があるのではないだろうか。このことは読者にとっても、決して当たり前の前提ではない。モーセを召し出した神を、先祖の神という形で伝えようとしているだけではないからである。

2節に「茨の灌木の中で燃える火の中に、ヤハウェの使いが彼に現れた」とあることから、燃える茨の灌木の中に顕現しているのは、ヤハウェでなくヤハウェの使い（マルアーク ヤハウェ）である。火の中に現れたそのヤハウェの使いが、モーセを山の上に呼び寄せたのである。しかし実際にモーセに語りかけるのは、ヤハウェである。ここでは、ヤハウェがモーセに語りかけていることに焦点があるのである。「彼が見ると、見よ、茨の灌木は火で燃えていたが、その茨の灌木は焼き尽くされないままであった」というその自然現象が、そのまま神の存在を啓示しているのではない。

3節に「モーセは言った、『なぜ茨の灌木が燃え尽きないのか、〔道を〕それて、わたしはこの偉大な光景を見届けよう』」とあるように、自然現象と同一視される神でなく、偉大な光景という自然現象を媒介に、モーセを呼び出した神を語ろうとしているのである。

4節に「ヤハウェは彼が見るために〔道を〕それて来るのをご覧になり」とあるように、モーセを待ち受けるのは火でなく、神ヤハウェである。「神は茨の灌木の中から彼に呼びかけて言われた」とあるように、言葉で語りかける神がモーセと出会おうとしている。「モーセよ、モーセよ」と二度名を呼ぶのは、モリヤの山でイサクを献げようとした際に、アブラハムが神から呼びかけられた場合もそうであった。エジプトに下るヤコブに、幻の中で神が呼びかけた場合も同じである（創 22:11; 46:2）。呼びかけを受けてアブラハムも神に応答しているが（創 22:1）、問いかけにアブラハムが答えるイサクへの応答も（創 22:7）、ここでのモーセと同じく「わたしはここにいます」（ヒンネニー）である。こうした応答は、日常生活のただ中で使われる言葉である（創 27:1, 18; 31:11; 46:2; サム上 3:16; サム下

1:7)。神が人と出会われるとき、特異な自然現象をとおしてでなく、日常の生活のただ中で語りかけるということが知られる（サム上 3:4 またイザ 52:6; 58:9 や 65:1 等参照）。

5 節で「**あなたは、ここに近づいてはならない**」と神はモーセに命じ、「**あなたの足からサンダルを脱いで外しなさい**」と続けている。履いているサンダルを脱ぐのは、外から戻って住宅や天幕の中に入る場合も同じであるが（ヨハ 13:1–20）、神は「**あなたが立っているその場所は、聖なる大地だからである**」とその理由を明かしている。茨の灌木の中で燃える火が聖なる火であるため、その場所（ハ・マーコーム）が聖なる地になると想定しているのではない。神の現前にあること、そのことがこの空間と場所を聖別しているのである。モーセが出会ったその大地（アダマー）が尊崇を集めることによって、その場がすぐに聖地になったのではない。かなり後代になってから、キリスト教徒の巡礼地となったという。

6 節でのモーセへの語りかけは、「**わたしはあなたの先祖の神、アブラハムの神、イサクの神、ヤコブの神である**」という告知である。ファラオの娘の養子として育ったモーセであるが、母乳と共に母親から先祖の神の名を語り聞かされていたと思われる。エジプトのファラオの宮廷やファラオの娘の館では、決して聞かれることのない神の呼称である。彼は、自分に語りかけているのが自分の先祖の神であると悟ることができたのである。「**モーセは自分の顔を覆った**」とあるのは、「**その神を見ることを畏れたからである**」と解説されているように、古代イスラエルには、神の顔を見る者は死ぬという信仰があったからである（創 32:31; 出 19:21; 33:20; 士 6:22; 13:22; イザ 6:5）。母親をとおして、その信仰が受け継がれていたことが分かる。神の顔を見るという行為は、神の使いを見た場合とは区別されていたが（創 18:1 以下；士 13:3 以下等参照）、この主題は、神の栄光を見たモーセの顔が輝き、彼が顔にヴェールを掛けたとの伝承とどこかで関連していると思われる（出 34:29–35）。「**その神**」とあるのは原文通りで、ここでは普通名詞の「神」に冠詞が付された形で言及されている。モーセにとって、それは初めて出会う神であった。母親から教えられていた先祖の神の呼称であることは分かっていても、ファラオの娘の館で育てられたモーセが、儀礼的にその神に礼拝を献げることはなかったからである。このような形

で自分に語りかける存在を、彼は初めて神と認識し畏れたのである。

7節のヤハウェの言葉に、「わたしはエジプトにいるわが民の苦しみを確かに見定めた」とある。その「見定めた」の原語は「見た」（ラーアー）であるが、単に遠くから見たという意味ではない。「わたしはその痛みを確認したからである」の場合も、「確認した」の原語は「知った」（ヤーダー）であるが、「見て、知った」という日常生活で使われるような軽い意味で語っているのではない。神自身が実態を受けとめたことを示すものであるため、本書ではそのことを強調した訳にしてある。「**追い使う監督の前で上げる彼らの叫び声を聞いた**」に見られるように、その叫び声が打ち叩かれている者の叫びであることは明らかである。神は、人間が上げる苦しみの叫び声をそのままただ聞かれるのではない。叫び声を上げている者の心の奥底にまで下り、その魂の叫びを聞いてくださる方だからである。

ヤハウェはそれを見定め確認したがゆえに、8節で「**そこで、エジプト人の手からわが民を救い出し、エジプトの地から、良い広い地、乳と蜜の流れる地に、カナン人、ヘト人、アモリ人、ペリジ人、ヒビ人、エブス人の〔住んでいる〕場所に導き上るため、わたしは下って来た**」と、行動を起こされる決断をモーセに向かって宣言しているのである。民を救い出し、「エジプトの地から……導き上るため、わたしは下って来た」とはっきりと語りかけているので、単に苦しみを和らげることや痛みを癒やすことのみが目的なのではなく、彼らをエジプトの地から導き出す、救い出すという決然たる意志がここで告知されている。「乳と蜜の流れる地」が、カナン人、ヘト人、アモリ人、ペリジ人、ヒビ人、エブス人が住んでいる場所と重ねられている。後で改めて触れるが（3:17）、これは編集作業の痕跡を示す表現であり、申命記史家的な編集者あるいは編纂者に帰されうる表象である。約束の地に導き上るため下って来たという言葉から、神ヤハウェは天にいて民を見守る神、いわゆる「天の神」という常識的なイメージをかなぐり捨てていることが分かる。ではこの神は、差し伸べられる自身の手をもって（4:13）救済の事業を自ら敢行するのであろうか。神は人を選び出し、その人を用いてその事業を遂行する方である。選ばれた人をとおして、神は人々と出会おうとするのである。全知全能なる神が、自らの力をふるって救済事業を行なうのであれば（3:20; 6:1 以下参照）、救済を受

ける人が、すべてを他人任せ（神任せ）にして、結果責任を神に帰すようになるのは自明のことである（5:23）。選ばれた人をとおして業をなす神は、人間の側に何を求めているのか。神はモーセをとおして人々と「共にあろうとする」（12節）のであるから、人間の側にはモーセをとおして語られた言葉に聞くことが求められるのである。モーセをとおして語られた言葉に従うことによって、ヤハウェなる神が「共にあろうとする」、その神の臨在が実現するからである。

　9節の「見よ、今、イスラエルの子らの叫び声がわたしのもとに届いた。またわたしは、エジプト人が彼らに加えている虐げを見定めた」も、すでに触れたように神が行動を起こす原因に触れる言葉で、「今」という時が強調されている。神は民の苦しみを見過ごしにしていたのではない。今という時を神が選ばれたこと、そこにすべての重みがある。

　神はモーセに向かって**10節**で、「今こそあなたが行くのだ。わたしはあなたをファラオのもとに遣わす。わが民、イスラエルの子らをエジプトから**導き出しなさい**」と命じるのである。人間の救済は、神任せでは実現しないのであろうか。人間の関与なしに救済が達成されるなら、人間はその救済を行なう神に、心からの感謝でなく、形式的な賛辞しか献げないだろう。真の救済は、神の導きにより、選ばれた人間が遣わされ、その者が救済の事業に深く関わることで達成される。遣わされた人と救済される人間との共同作業をとおして、神の救済が行なわれるのである。その共同作業によって救済される人間は、神の臨在を受け入れることができるようになる。そのことを、このテキストは語り伝えようとしている。だが、そのために呼び出され、選ばれた人間にとってはどうであろうか。

　「モーセはその神に言った、『わたしは何者でしょう。このわたしがファラオのもとに行き、イスラエルの子らをエジプトから導き出すとは』」という、**11節**にある彼の応答は極めて自然である。いきなりなぜ自分なのかという疑問が、自分は何者でしょうというモーセの告白に表われている。しかも自分が「ファラオのもとに行き……」と、思わず口に出しているほどであるので、応答するモーセにとって理解できない命令であったことが分かる。エジプトに戻れば殺人の罪で処刑されることを、モーセ本人がよく知っているからである。しかも同胞同士の争いを仲裁しようとしたのに、自

分をののしった者もいたようなイスラエルの子らをエジプトから導き出せという命令は、追い使う監督の前で上げる彼らの叫び声とは無縁の世界で成長したモーセにとって、与り知らないことである。

続けて **12節**で、そうしたモーセに向かって「わたしはあなたと共にあろうとする。あなたにとって、わたしがあなたを遣わすしるしがこれである」と神は宣言するのである。「わたしはあなたと共にあろうとする」と訳出した動詞は、後に名を問われたときに神が応答する際にも使われるのと同じ言葉、「わたしはあろうとする」(エフィェ)である。しかもモーセを遣わすしるしがこれであると宣言する神は、導き上るため下って来た(3:8)と告げたその神である。この言葉は、時を選ばれた神の意志と決断の強さを表明している。この神が、モーセと共にあろうとするというのである。この神は、モーセに委託だけをして、なすべきことを命じ、天に引きこもって成り行きを見守るといった秩序の神ではない。神がモーセと共に臨在することがしるしである、という。ここに、出エジプト記全体の主題が表明されているのである。モーセに派遣命令を下したこの神は、「**あなたがその民をエジプトから導き出したとき、あなたがたはこの山でその神に仕える**」とその計画を告知する。エジプトの地では、先祖たちの神を礼拝する公的な儀礼はイスラエルの子らには許されていなかった。許されているのは、私的な家庭内での礼拝のみであった。それが、エジプトの地での生活環境であったからである。モーセに命じた神は、彼らがその山で神に仕えると約束するのである。それは、公的な礼拝儀式のことを言う。ここでも神に冠詞が付されて言及されている。イスラエルの子らは、エジプトから導き出して救い出す神を、自分たちの神としてまだ受け入れるに至っていないからである。モーセと共にそのような救いの業を実行する神を先祖の神と同一視し、その神に仕えることなど考えられない現実に、彼らは生きていたからである。換言すれば、彼らは神の臨在を何ら感じないまま生きていたのである。

続く「顕現した神の名を問うモーセ」(3:13–14)が、導入部の本体部分をなしている。ここでモーセは、重要な問いを発している。神の名を問うからである。

13節で「モーセはその神に言った」とあるのは、神から派遣命令を受けたことを前提に、モーセが自分の立場を顧みて、率直な疑問を神にぶつけていることを示す。神の名を尋ねる場面では、「ご覧ください。わたしはイスラエルの子らのところに参ります」と想定しつつ、「しかし、あなたがたの先祖の神がわたしをあなたがたに遣わされましたと彼らに言ったとき、彼らはわたしに『その名はいったい何というのか』と尋ねます。わたしは彼らに何と答えるべきですか」と問いかけている。イスラエルの子らにはよく知られている先祖の神と、これからエジプトから救い出そうとして自分を派遣する神との関係を、どのように説明すればよいのかという率直な疑問である。実はモーセその人も、理解できていなかったのである。「先祖の神」と言われた時に、聞き手であるイスラエルの子らがその名を問うのは、モーセがアブラハムの神、イサクの神、ヤコブの神と答えられるかどうかを確認したいからである。それは、モーセがイスラエルの子らと同族で、同じ先祖の神を崇めているのかどうかを試験するようなものである。モーセは、彼らから試されるということを念頭に置いていたと言える。

　そこで神は、**14節**でモーセに向かって自身をあからさまに顕現する。「**神はモーセに言われた**」とあり、「**わたしはあろうとして、わたしはあろうとするのだ**」（エフイェ　アシェル　エフイェ）という。これは、関係詞（アシェル）を用いた関係代名詞構文であるが、先行詞に相当する名詞（「もの」「者」のような言葉）はない。関係詞（アシェル）は、エフイェを受けるように構成されている。従って、これは名詞文ではない。何よりも、この宣言は名の告知ではない。これまではここに名の告知があるとして、「わたしは有って有る者」というように訳されてきたが、原文には「者」に相当する先行詞がないため、補いとしてつけ足されてきたのである。その意味で解釈者を悩ませてきた宣言文であるが、すでに触れたように、主体的にモーセと共にあろうとして彼に臨んだ神は（12節）、ご自身の揺るぎない意志と決意そのものを、モーセに向かってここで啓示しているのである。神の名を明示することに力点があるのではない。この宣言は、救いのために働きかける意志と決断を表明し、共に生きて働く神として、モーセに自己を顕現した神自身の言葉である。続く「**イスラエルの子らに、あなたはこう言いなさい。『〈わたしはあろうとする〉が、わたしをあなたがた**

のところに遣わされたのだ』」という宣言も、能動的で積極的な言葉である。先祖の神という呼称で救済活動を行なうのでなく、新たな形で明確な意志を告知し、顕現した神として、モーセをイスラエルの子らに遣わすというのである。神からのこの応答は、先祖の神の名とは違う、新しい神の名によって導きを開始するという宣言でもない。人間的な観点から言えば、救済に向けて、意欲的に取り組む姿勢そのものを、神自身が「〈わたしはあろうとする〉」との意志をもって顕現し、モーセをそのために遣わすという宣言であり、救済意志の提示である。その意志をもつ神自身が、救済の業を実現するという。「〈わたしはあろうとする〉」という、この意志を持つ神の姿勢を3人称表現にすると、「ヤハウェ」というエフイェの3人称表現となる、そういう理解である。この宣言は、モーセに語った神の言葉「わたしはあなたと共にあろうとする。あなたにとって、わたしがあなたを遣わすしるしがこれである」(3:12) と、連動している。呪術的な意味で、神の名が救済を実現させるのではない。神の不退転の意志がそれを成就させる。それがモーセに啓示されているのである。

帰結部分である「エジプトからの救済に向けた派遣命令」(3:15–22) において、神からの派遣命令が下される。「〈わたしはあろうとする〉」として顕現したヤハウェなる神とモーセは初めて出会い、その名をモーセが問うことで、この神が先祖であるアブラハム、イサク、ヤコブの神であることを知るに至るところに焦点がある。それによって、召命と派遣命令が対になっているのである。モーセが経験した神の顕現に接したことのない者は、誰もその神の呼称を信用しないし、畏れることもない。伝えられてきた先祖の神の名に対する信仰が強く残っていたのかとの問いには、エジプト在住のイスラエルの子らに関して言えば、形式的な神信仰になっていた可能性が大であったと言える。叫び声を上げたのは、神を求めた祈りであったという理解の仕方もあるが、彼らに限って言えば、それは限りなく誤解に近いかもしれない。当時のエジプトにおける神礼拝の慣習や観念から言えば、積極的に人間世界の現場、人間の苦悩に介入する神は、全く想定されていなかったと言うべきであろう。ファラオそのものが「現人神」とされ、エジプト世界の秩序と調和の象徴であったからである。そのエジプ

トで生活する「イスラエルの子ら」にとっても、先祖の神の名、あるいは先祖にまつわる伝承を知っていたとしても、それは名だけの神となっていたにすぎないと思われるからである。そこにこそ、イスラエルの子らの苦しみが集約されていたと言えるのではないか。そうした神信仰が、救いようのない苦渋の底に沈む原因なのである。

　意志と決断を表明しつつ顕現したその神が、**15節で「あなたがたの先祖の神、アブラハムの神、イサクの神、ヤコブの神であるヤハウェが、わたしをあなたがたのところに遣わされた」**と告知するよう、「**イスラエルの子らにあなたはこう言いなさい**」とモーセに命じている。すでに触れたが、「わたしはあろうとして、わたしはあろうとするのだ」と言われた神を客観的に表記するならば、それがヤハウェという３人称表現になるのである。そのことを、この命令が指し示している。従ってヤハウェという３人称表現は、「わたしはあろうとして、わたしはあろうとするのだ」と自己顕現する、その意志と決断を表明した神を指し示しているのであり、単なる神の呼称ではない。しかも、イスラエルの子らとの繋がりのある「アブラハムの神、イサクの神、ヤコブの神」という呼び名によって、名だけを知っていて正式に礼拝することのなかったその先祖の神が、今やエジプトから救い出すと宣言し、具体的に救済に向けて行動するということが明らかにされる。その神が、「〈わたしはあろうとする〉」即ち「ヤハウェ」であるというのである。共にあろうとするという形でモーセに顕現した神であるため、ヤハウェと共なるモーセの働きが神の救済の業を証しすることになる。それはイスラエルの子らにとっても同じく、神が民と共にあろうとしてくださる救済を意味するはずである。「**これが永遠にわたしの名であり、これが世々に続くわたしの呼び名である**」とあるのは、３人称表現のヤハウェが、そうした救済の意志を鮮明に表明した方として、それを自身の呼び名とする宣言である。この名の宣言は、自己紹介的にモーセに応答した顕現の言葉（3:14）と同じではない。神の名を問うたモーセに対する答えが、事実上はここにある。名を聞かれたので、ヤハウェが、それをすぐに教えたという構成ではないのである。名の啓示でなく、力点は神によるヤハウェとしての顕現、「わたしはあろうとして、わたしはあろうとするのだ」（3:14）というその意志の顕現にあるからである。この文脈構成は、

極めて意図的で意識的である。ヤハウェは、1人称表現でモーセに対し揺るぎない意志と決意をもって臨む神として顕現し、救済に取り組むことを宣言しているからである。そのように働きかける神の姿をヤハウェという3人称表現の呼び名として受けとめることが、いまや可能となった。そこにこそ、編集者のメッセージが込められているのである。ヤハウェとしての名は、単なる3人称表現での神の名という次元を大きく越えている。結果として、アブラハムの神、イサクの神、ヤコブの神であるヤハウェは、名を聞かされ知っているだけの神ではもはやありえないのである。意志を告知した神という意味でのみ、永遠にまた世々に続く神の呼び名であるとの告知が重みを持つ。モーセへの召命と共に、ヤハウェとイスラエルの間に新しい関係が生まれるのである。13節でモーセが尋ねた神の名は15節で答えられているので、14節が編集によって接合された結果であるとしても、見事な神の救済の意志の宣言となっていると言わざるをえない。

16節で、モーセに対する派遣命令が「**さあ行きなさい。そしてあなたはイスラエルの長老たちを集め、彼らに言いなさい**」という形で表現されている。長老たちを対象にした言葉、「**あなたがたの先祖の神、アブラハム、イサク、ヤコブの神であるヤハウェが、わたしに顕われて言われた**」は、神のメッセンジャーとして預言者がその口上を述べる際の類型にほぼ従っている。「**わたしはあなたがたを、そしてエジプトの地であなたがたに〔虐待が〕なされていることを、確かに顧みた**」というメッセージを、ヤハウェはモーセに語るように命じている。「確かに顧みた」の原語の動詞（パーカッド）には、「顧みる、訪れる、処罰する」等の意味があるが、神が審きを行なうために「訪れる」時にも用いられる言葉である。この動詞表現には不定詞絶対形が前に置かれているので、極めて強い表現となっている。ここでも、神ヤハウェの強い意志の表明が語られている。

17節にある「**カナン人、ヘト人、アモリ人、ペリジ人、ヒビ人、エブス人の地、乳と蜜の流れる地へ、わたしはあなたがたを導き上る**」と宣言する神の計画は、救済史的な約束と結びついている。モーセがイスラエルの子らを導き出すものの、それはヤハウェなる神が、自ら彼らを導き上る行為であるという。これは族長物語から継承される主題で、約束の地への帰還、約束の地への導き入れに相当する言葉であるが、土地を先住民の名と共に

言及する伝統は、約束の地で行なわれる先住民との戦いを前提とする申命記史家的な表象である。乳と蜜の流れる地へ導き上るという約束の地に関わる表象に、先住民族の名が接合されているからである（3:8）。編集作業の痕跡を物語るものである。

18節の「彼らはあなたの声に聞き従う」とする神ヤハウェの言葉は、これ以後の状況を暗示しているが、エジプトから脱出した後の場面ではそれが逆転されてしまう。そのことを、資料記者あるいは編集者、または編纂者はアイロニーを込めて語っているのかもしれない。実際に、この派遣命令を受けたモーセが、「『ヤハウェはお前などに顕われなかった』と言って、わたしの声に聞き従わないでしょう」（4:1）との告白を口にしているからである。「彼らはあなたの声に聞き従う」と宣言したヤハウェは、続けて「**そこであなたとイスラエルの長老たちは、エジプトの王のもとに行き、あなたがたは彼に言いなさい**」と、ファラオに口上として語るべき言葉をもモーセに授けている。「**ヘブライ人の神ヤハウェが、わたくしどもに顕われました**」と言わせようとする。この「ヘブライ人」という表記は、イスラエルの子らの自意識を暗示している。ファラオの前では、イスラエルの神なる表現は意味をなさないからである。イスラエルの子らという呼称は、資料記者の目から見れば当たり前であるが、モーセがエジプトのファラオと交渉するという状況を考えれば、「ヘブライ人」という呼称を使わざるをえなかったからである。なおこの呼称は、社会的に隷属下にある社会層を指す呼称であった可能性が高い（1:15）。エジプトで奴隷状態に置かれたイスラエルの子らが、支配者であるファラオと交渉する際の、ヘブライ人である自分たちの神ヤハウェが自分たちに顕われましたという口上は、歴史的なリアリティーを帯びていた当時の社会的状況を裏づける言葉である。このファラオとの交渉は、自分たちは二度と戻ってこないという決意での要請であり、神によるエジプトからの導き出しであるという、「**どうか今、わたくしどもに、3日の道のりを荒れ野に行かせてください**」という嘆願は、本意が伏せられた言葉となっている。イスラエルの子らは、約束の地を目指すからである。「**わたくしどもの神ヤハウェに、犠牲を献げさせてください**」という申し出も同じである。神に犠牲を献げるという点で普遍性を帯びているが、ここでは「わたくしどもの先祖の神に」でなく、

97

「わたくしどもの神ヤハウェに」とモーセに言わせている。宗教的共同体としての帰属意識が形成される原点となる言葉であることがこの言葉によって強く表明されているのである。共同体としての公的な祭儀が成立するならば、その共同体は単なる奴隷集団でないことになる。

19節で「しかし、強い手を用いなければ、エジプトの王はあなたがたが立ち去るのを許さないのを、わたしはよく分かっている」とヤハウェは言われる。つまり神ヤハウェは、エジプトの権力構造を熟知しているという言葉である。ゴシェンの地で強制労働に従事させているイスラエルの子らを、犠牲を献げるという目的で、その希望どおりに彼らを国外に出すほどエジプトの国家行政は甘くない（緒論参照）。

20節で、ヤハウェは「そこで、わたしはわたしの手を伸ばし、エジプトのただ中でわたしが行なうあらゆる驚くべき業をもって、これを打つ」と宣言している。「その後で、彼はあなたがたを立ち去らせることになろう」と、モーセに予告するのである。エジプトの地での様々な出来事をとおして、神ヤハウェはファラオの「現人神」としての権威を全面的に否定し、ファラオとは単なる王にすぎず、真の神の前では無力であることを明示するという。

21-22節では、ヤハウェは「エジプトの〔民の〕目の前で、わたしはこの民に恩恵を与える」として、「あなたがたが出て行くとき、あなたがたは空手で出て行くのではない。女は、その隣やその家の同居者から銀の装身具や金の装身具、また晴れ着を求め、あなたがたは〔それらを〕あなたがたの息子や娘の身につけさせなさい」とモーセに命じている。身につけるものは「あなたがたはエジプト〔の民〕から剝ぎ取るのだ」という（12:35–36）。神ヤハウェの介入が、人間の手を用いる形で表現されているのが分かる。装身具と訳した言葉の原語ケリーは、器や道具、楽器などを意味する言葉だが、子供たちの身につけさせなさいとあるので、装身具であったのではないかと思われる。銀と金の表記順序は、当時の銀本位制に基づくもの。これが金と銀の順序に逆転するのは、アケメネス朝ペルシア時代以降である。このことから、資料層の帰属が確かめられるかもしれない。伝承素材の古さが、ペルシア時代起源でないことを物語るからである。

本体に相当する「固辞するモーセに示されたしるし」(4:1–17) では、「モーセに示すしるし」(4:1–9) がその導入部分である。

4章1節で、「そうだとしても、彼らはわたしを信用せず、『ヤハウェはお前などに顕われなかった』と言って、わたしの声に聞き従わないでしょう」と、派遣命令を固辞するモーセがそこにいる (3:18)。神顕現の体験について、イスラエルの子らからは信用されないと彼は懸念を口にしている。その懸念については、預言者たちがしばしば共通して味わったもので、聴衆から預言者に突きつけられたあからさまな不信任である。資料記者あるいは編集者がモーセを預言者として描いていることは明らかであるが、神ヤハウェが介入されることを前提とした言葉であるため、イスラエルの子らが信用してくれないというモーセの懸念や心配は、神への不信に繋がる危険がある。そうであるならば、ファラオの前で同じようなメッセージを語ることも、事実上は不可能なはずである。

2–4節では、モーセに対し「**あなたの手にあるものは何か**」とヤハウェが問い、それに対し彼が「**杖です**」と答えるやり取りがある。手にあるものが何であるかを尋ね、3節で「**地面に投げてみよ**」というのは、神が杖というものを知らなかったという意味でなく、杖が蛇に変わる状況を説明する物語技法である。モーセ自身が、まずこのヤハウェなる神の言葉を信じることがここで求められている。3節に「**彼がそれを地面に投げると、それが蛇になった。それでモーセはその前から飛びのいた**」とあり、4節で「**あなたの手を伸ばして、その尻尾をつかんでみなさい**」と神は命じている。その蛇の尻尾をモーセが手にすると、杖に戻ったという奇蹟を物語っている。

奇蹟を示すということは、**5節**で「**彼らの先祖の神、アブラハムの神、イサクの神、ヤコブの神であるヤハウェがあなたに顕われたことを、彼らが信じるようになるためである**」と宣言するその神は、ある意味では、呪術に近いしるしを媒介にイスラエルの子らの不信を取り除こうとするのだろうか。言葉の仲保者である預言者的なモーセ像と、いわば呪術行為者としてのモーセ像との間に、微妙な揺れがあると思われるのはそのためである。呪術は、神強制であると宗教社会学的に規定されているからである。呪術を行使することで、神が定めた命運に変更や訂正がもたらされると考えら

れていた。このテキストは、神自身が呪術的とも言えるしるしを行なうのを容認しているようにも取れる。これは、エジプトの地で行なわれることになる様々なしるしと同じであろうか、という率直な疑問が残るであろう。だが、神が語られる言葉の成就に力点が置かれていることは、まぎれもない事実である。救済の業が、こうした呪術あるいは自然界に働きかけたしるしによって達成されるとすれば、モーセの選びは必要ないはずである。読者に多少の疑問を抱かせるような呪術的なしるしは、神の業に関する理解の揺れも含めて、この箇所の資料の帰属が問われるものであろう。しるしを行ないわば呪術行為者アロンを登場させるのと連動した、祭司文書に帰される編集作業である可能性が濃厚である。異なる視点が接合されているが、モーセの働きをめぐってそれが調和されているかどうかが問われるところである。

　6節では、「あなたの手をあなたの懐に入れてみなさい」とモーセに命じられている。「そこで彼は自分の手をその懐に入れた。そしてそれを引き出してみると、見よ、彼の手は重い皮膚病にかかり、雪のようになっていた」という。「重い皮膚病」と訳した原語のツァーラートは、かつては間違ってハンセン病と見なされていた。これは祭司によって、律法で規定されている、儀礼的に汚れていると見なされた重い皮膚病のことである（レビ14章）。そう見なされない皮膚病があったことも、また事実である。

　そこで神が、**7節**で改めてモーセに「あなたの手をあなたの懐に戻しなさい」と命じると、「そこで彼は自分の手をその懐に入れた。そしてそれをその懐から出してみると、見よ、もとの彼の皮膚に戻っていた」という。そこで展開される、重い皮膚病がもとの彼の皮膚に戻される奇蹟も、呪術的な見方を容認しているとも言えるが、これで神の言葉に対するモーセの不信が除かれたのであろうか。呪術そのものではなく、神の比類なき決意の言葉に接したことに叙述の力点があると思われるのは、モーセはしるしを見ても、召命を辞退するからである（4:10–13）。呪術的な奇蹟は、モーセを動かすには至らなかった。これらの呪術的な行為は、ファラオに仕えるエジプトの魔術師たちも同じ魔法を行なう場面が描かれることで、実は相対化されることになる。言葉による奇蹟と、呪術的とも言える奇蹟との間にある緊張関係は、編集作業の結果、後者が相対化されるという落としど

ころで、折り合っているようにも感じられる。

　8節で、「たとえ彼らがあなたを信用せず、最初のしるしが告げることに彼らが聞き従わなくても、第二のしるしが告げることを彼らは信用する」と語る際の、「彼ら」とはイスラエルの子らであり、長老たちである。神の目には、イスラエルの子らの神信仰もしるしを見なければ信じないということが想定されている（マタ 12:38–39）。モーセが語る神ヤハウェの意志と決断の告示や言葉による告示だけでなく、彼らはしるしを見なければ信じないという表明がそこにある。この場面で神ヤハウェがモーセに示したしるしは、先祖の神であるヤハウェがモーセに現れたという証言を、聴衆であるイスラエルの子らが信じるためであるという。だが何よりもモーセ本人が、顕現しているこの神の言葉をまず信じるためになされたものとも言える。呪術を信用するということ以上に、神がなす業をとおして預言者としての信頼を得るためのしるしに他ならない。編集の結果、そのことが強調されているはずである。実際に二つのしるしを見ても、モーセは派遣命令を拒んでいるからである。恐らく編集時に接合されたこの見方は、戒めや掟、いわゆる律法を重視する第Ⅲ部の見方とは微妙に食い違うものであるが、アロンの登場によってその揺れの幅がより大きくなるのである。出エジプト記は、こうした呪術的な技法でエジプトからの脱出が達成されるプロセスを描くものではない。モーセをとおして神ヤハウェが与える言葉がしるしをもたらし、現実の状況を変える、そうした奇蹟を描いているからである。ファラオにもたらす十の災いのしるしも、魔術的、呪術的な行為に力点を置いて語ろうとするものではない。メッセージが語られ、それが神の手によって実現されるというプロセスで語られている。

　9節では、「しかしこれら二つのしるしのどちらをも彼らが信用せず、あなたの声に聞き従わないなら、あなたはナイル川の水を汲んできて、乾いた地面にまきなさい」と命じている。だが「ナイル川から汲んできた水が、乾いた地面の上で血に変わる」というこの宣言は、実行されないで終わる。だがそこまでしなければイスラエルの民は、モーセを自分たちのところに遣わしたヤハウェなる神が、エジプトの苦境から救い出すという約束を信じない……、そのような不信仰の側面を強調しているのである。しるしはファラオに向けてなされる業であるばかりでなく、イスラエルの子らに向

けての業であることも前提としている。繰り返しになるが、そのしるしがモーセの心を神に向かわせたであろうか。またそれが、ファラオやイスラエルの民の心を神に向かわせるのであろうか。何がモーセを内側から動かし、行動へと向かわせたのか。そうしたことに注意を払いたい。

　以上の導入部分を受けて、続く「固辞するモーセへのヤハウェの怒り」（4:10–13）が《本体》の本体部分に相当する。

　「ああ、わが主よ、以前から、またあなたがあなたの僕に言葉をかけてくださったその後でも」とモーセが口にしている **10 節**の言葉は、ヤハウェが神として顕現してモーセに語りかけても、またしるしを見るという経験を与えられても、派遣命令に従うことはできないという辞退の表明である。モーセの口に置かれたこの言葉は、人間はしるしを見たくらいで神が行なおうとする業を信じることはできない、と表明しているようにも読める。資料記者が見ている人間の神信仰の限界、それを象徴的に物語っているのではないかと思われる。モーセも、普通の人間なのである。「**わたしは言葉にたけた男ではありません。口が重く、舌も重いわたくしですから**」という答弁をもって、エジプトに出向いてイスラエルの子らをその苦しみから救い出すという、そのヤハウェの派遣命令をモーセは断っている。それは預言者としての召命を固辞する台詞に他ならない。「言葉にたけた男」と訳出した原文は「言葉の人」。弁舌の人でないとして、「口も舌も重い」と釈明するその原語は形容詞のカーベードで、同語根の名詞カーボードは、「（神の）栄光」と訳される言葉である。モーセの釈明は、ヤハウェなる神への不信に繋がる言葉であるが、資料記者はアイロニーを込めて口も舌も重いとモーセに語らせている。それが、神の栄光の担い手になることをモーセが拒絶した場面となっているからである。

　11 節の「わたしはヤハウェではないか」との宣言は、モーセに「わたしはあろうとして、わたしはあろうとするのだ」（3:14）との、ヤハウェとして顕現した神の意志表明と通じるものがある。「**いったい誰が人間に口を与えたのか**」と問い糾しているのは、単にしるしを与える神としてではなく「**誰が口をきけないようにし、耳を聞こえないようにし、また目を見えるようにし、見えなくさせるのか**」と語り、召し出す人間の存在全体を

捉えていることを証言する言葉である。「わたしはヤハウェではないか」との宣言では、モーセを呼び出した時の神の言葉が繰り返されている。「わたしはあなたと共にあろうとする」（3:12）と表明した神の意志そのものが、モーセにとっての至上のしるしであるはずである。

12節で、改めて「さあ、行きなさい。わたしは、あなたの口と共にあろうとする」と語る神ヤハウェは、ここでも同じ動詞エフイェを用いてモーセの口と共にあろうとすると宣言し、「**あなたが語るべきことを、わたしがあなたに教える**」とモーセに言明するのである。ここでは、呪術的な奇蹟というしるしは全く背後に退いている。

救済の意志をもって顕現した神ヤハウェの召命を、モーセはそれでも辞退する。**13節**の「ああ、わが主よ、あなたが差し伸べられる御手をもって、どうか〔別の人を〕お遣わしになりますように」と彼が口にした言葉は、自分に向けられた神の召命を撤回し、誰か（他の人）を召し出して「御手をもって、どうかお遣わしになりますように」と願い出ているのである。今回の自分への召命をなかったことにして、別の手立てをお考えくださいとの申し入れに相当する。「どうか〔別の人を〕」と補いを入れたのは、そのためである。これは、単なる辞退表明で終わらない。ヤハウェとして顕現した神が相手だからである。

「アロンを随行させる指示」（4:14–17）が《本体》の帰結部分として続く。この本体に相当する「固辞するモーセに示されたしるし」そのものが、出エジプトの事業にアロンを伴わせることにするという編集の手が加えられていて、最終的にモーセはアロンと共にエジプトに帰還することになる。アロンを随行させモーセの隣に彼を配置させるという意図に基づき、編集段階で挿入されたものと見なしうるだろう。後述するように祭司資料あるいは祭司文書の関与が想定される。

14節にあるように、「**ヤハウェの怒り**」が「**モーセに向かって燃え上がり**」はヤハウェの召命を退けた結果を描くもので、擬人的表現で語られているのは、モーセによる辞退の弁が反逆そのものに等しいからである。こうした経緯を踏まえて、現在の出エジプト記では14節でアロンが登場する。このタイミングで、「**あなたの兄、レビびとであるアロンがいるではな**

103

いか」との問いかけの言葉が置かれている。モーセにとってアロンが兄弟でレビびとという位置づけについては、後に触れる（6:20 参照）。ミリアムは、モーセ誕生時にエジプトに滞在していたが、「**彼は今あなたに会うためにやって来ている**」と語るテキストによれば、アロンはそれまでどこにいたのかはよく分からない。ぎこちない表現である。それは、モーセとアロンの出会いを語るために人為的に組み立てられた編集技法の表れだからである。アロンについて、「**彼が弁舌にたけているのをわたしはよく分かっている**」との表明は、モーセ自身に向けられた召命の言葉とどこまで整合的であろうか。この場面の設定は、編集作業の結果と言わざるをえないほど唐突である。このような形でアロンを登場させるのは、意図的でありすぎるのではないか。それが率直な印象である。「**彼はあなたに会い、心から喜ぶだろう**」という言葉も編集者が加えた言葉で、なぜアロンが心から喜ぶのかはよく分からない。理由は何も明記されていないからである。

15節ではさらに一歩踏み込んで、「**あなたは彼に話をして、言葉を彼の口に託しなさい**」という。「**わたしは、あなたの口と、また彼の口と共にあろうとする。わたしは、あなたがたがなすべきことをあなたがたに教える**」という形で、モーセへの召命の言葉が拡張発展されている。そのことに疑問の余地はないであろう。派遣命令が「あなたがた」に拡大され、モーセだけでなくアロンを伴うことが、ここで宣言されているからである。かつて「あなたが語るべきことを、わたしがあなたに教える」（4:12）とモーセに表明したにもかかわらず、あなたがた 2 人に教えるとしてアロンを登場させるところに、派遣命令に関わる編集上の揺れが残されているように思われる。異なる伝承を接合したときの痕跡であることを、考慮しなければならないだろう。言葉をその口に託しなさいと命じる神の言葉は、神がヤハウェとしてモーセに言葉を託したのと同じように、これからはモーセがアロンに言葉を託すということを示す。そしてヤハウェは、改めてモーセの口と、またアロンの口と共にあろうとすると宣言するのである。

16節によると、モーセに対するヤハウェの派遣命令がここでは「**あなたがた**」と 2 人称複数形に転換している。加えて「**彼があなたに代わって民に語る。彼はあなたに代わって口になり、あなたは彼にとって神の代わりとなる**」と、神ヤハウェとモーセ、モーセとアロンの関係が類比的に語ら

れている。これなどは、明らかに意図的な編集作業の痕跡であり、モーセへの召命と派遣命令が、最終的にこのような形に拡張されているとしか言えない。

17節で、神ヤハウェは改めて「**あなたは自分の手にその杖を取り、それでしるしを行なうのだ**」とモーセに命じるところで、この単元が閉じられている。モーセが杖でしるしを行なう行為者であるかのような印象を与える点で、4:1以下と共に資料の帰属が問われなければならないし、どのような意図で編集の手が加えられたのかが問題となるであろう。その杖とは蛇に変えられた杖であり、それをもってしるしを行なうのだと命じるヤハウェの言葉は、呪術的なしるしを行なうための道具であることを示唆するので、それは預言者としてモーセを派遣しようとしたのとは違う、異なる観点を伝えているように思われる。

帰結に相当する「エトロに帰国を告げ、妻子と共にエジプトに」（4:18–31）においては、「エトロに帰国を告げエジプトに」（4:18–19）が導入部分である。

18節で「モーセは立ち去り、彼の舅であるエトロのもとに戻って」とあるように、モーセは山から下って来る。そして、「**どうかわたしを行かせ、エジプトにいるわたしの同胞のところに帰らせてください。彼らがまだ元気でいるかどうかを見届けさせてください**」と、エジプトへの帰国を願い出ている。エジプトに戻る決意を語るモーセに、エトロは「**平安（シャローム）のうちに行きなさい**」と語りかけ送り出している。ここで言うエジプトにいる同胞とは、誰を指しているのであろうか。「同胞」と訳した原語（アヒ）は、兄弟や親戚をも意味する。養子であったモーセであるが、自分を息子として引き取ったファラオの娘（養母）、あるいはモーセにとって血縁的な繋がりはない兄弟か姉妹の誰かがまだ存命である可能性はある。しかし出エジプト記の主題から言えば、同胞とはイスラエルの子らを意味する言葉である。

19節で、エジプトに向かうモーセに、「ミディアンで」ヤハウェは改めて「**あなたの命を狙っていた人々は、皆、死んだ**」と伝え、ファラオの死、恐らくラメセスⅡ世の死を知らせている。

この単元では、「モーセの危機を救うツィポラ」(4:20–26) が、帰結「エトロに帰国を告げ、妻子と共にエジプトに」(4:18–31) の本体部分に相当する。

20節で「**モーセは彼の妻と息子たちを連れてろばに乗せ、エジプトの地へと帰った。モーセは神の杖をその手に携えた**」とあり、モーセは妻と子供たち（18:3–4 参照）を連れてエジプトに帰還することが報じられている。そのことは、ヤハウェによる救済行為の出発となるのである。彼が家族を伴ってエジプトの地に帰ることは、家族もまた奴隷状態の生活に組み込まれることになる。モーセにとっても、自分の家族も含めたイスラエルの子らを救出しなければならないので、それは決意をもって召命に応えた出発であったはずである。モーセを死刑にしようとしていたファラオの死が彼に伝えられたものの、彼がどのような心境で旅立ったのかは語られていない。単なる日常の挨拶言葉であるとしても、このエジプトへの帰還に「平安」（シャローム）が祈り求められていることはよく分かる。困難な使命への出発であるからである。モーセは神の杖をその手に携えたとあるので、羊飼いの杖が神の杖となったのであるが、神に選ばれて派遣される指導者のしるしという主題（4:2–4）を継承しているのであろう。

帰還の途中で神がモーセに示したしるしについて、**21節**で「**エジプトに帰り着いたら、わたしがあなたの手に授けたすべてのしるしに目を留めよ。あなたはそれらをファラオの前で行ないなさい**」と、重ねてヤハウェは彼に命じている。モーセが杖でしるしを行なうことを命じた言葉であるが、ファラオの前で実際にしるしを行なうのはアロンに切り替わる（7:9–12）。ここにも、編集作業による接合の痕跡を見ることが許されるのではないか。「**わたしは彼の心を頑なにするので、彼は民を立ち去らせないであろう**」と語るヤハウェの言葉は、災いがエジプトに臨む度に繰り返されている（7:13, 22; 8:15; 9:12, 35; 10:20, 27; 11:10; 14:4, 8）。神がファラオの心を頑なにし、そのために民を去らせないという理解は、「現人神」とされていたファラオを念頭に置いた言葉で、エジプトを出国できるかどうかはファラオの絶対的権限に委ねられているようでありながら、その主導権は神ヤハウェの手にこそある、それを語ろうとしているのである。エジプト行政府

が、奴隷のように働かせている労働者を、彼らの要求に応じて解放するはずはないからである。そのような現実認識にも支えられている表現である。ファラオは、エジプトに災いが下されるために用いられているにすぎない。それを示そうとしているのである。

22 節の「ヤハウェはこう言われる」は、すでに触れたように使者の口上を示す定型的な類型で、預言者がメッセージを語り伝えるときに使う表現である（例えば、エレ 27:16a; 28:2b, 11, 13, 16; アモ 1:3, 6, 9, 11, 13; 2:1, 4, 6; 7:17 等を参照）。この言葉に続けて、預言者は、神の 1 人称を用いて聞き手に神の言葉であるメッセージを通告するのである。この類型が使われていることから、モーセは神ヤハウェが遣わした預言者〔言葉の仲保者〕であることを物語る。この 22 節では、杖を用いたしるしは問題となっていない。「**イスラエルはわたしの息子、初子である**」は、イスラエルは初子であり、その初子を導き出すという意志をヤハウェが宣言しているものである。初子についての規定がエジプト脱出時に語られているが（13:1–16）、それとの関連で、異なる資料記者あるいは最終編纂段階の編集者の手が加えられていることを想定すべきかもしれない。

23 節では、ファラオの応答がすでにここで予見され、神は「**あなたに対して、わが子を立ち去らせ、わたしに仕えさせよとわたしは命じたのに、あなたはそれを立ち去らせることを拒んだ。見よ、わたしはあなたの息子、あなたの初子を殺す**」と表明している。以下に続く出来事を先取りした形で（12:1–34）神が宣言している言葉であるが、ファラオの初子を殺すとは、ファラオの長子を殺すという宣言で、神が自らの初子であるとするイスラエルと対極に置かれている。この初子の犠牲により、ファラオはイスラエルの子らにエジプトからの出立を許可するのである（12:31）。出立したイスラエルの子らに、モーセを通じて神は改めて初子について「すべての初子をわたしのために聖別しなさい。イスラエルの子らの間で最初に胎を開くものはすべて、人も家畜も、わたしのものである」と語っている（13:2）。初子をめぐる生か死かという二者択一は、申命記主義者のあるいは申命記史家的な発想であるが、ここでは初子を神のために聖別すべき存在としているのが分かる。

24 節によれば、「途中、野営地でヤハウェはモーセと出会い、〔初子とし

107

て生まれた〕彼を殺そうとされた」という。23節でのファラオの初子を殺すという宣言を受けた直後の文脈構成となっているので、モーセ自身にも向けられた警告であると理解するのが自然であると思われる。それゆえ「〔初子として生まれた〕」と補いを入れた。これに続く**25節**では「ツィポラは石のナイフを手に取り、息子の包皮を切り取り、それを彼〔モーセ〕の両足につけて彼女は『あなたはわたしにとって血の花婿です』と言った」という場面が描かれている。ここでは、モーセの初子である息子にツィポラが割礼を施してそれをモーセの両足につけ、モーセを自分にとって血の花婿ですと宣言したというのがひとつの理解である。このエピソード全体が、エジプトに帰還するモーセの物語とは二次的な関連しかないように思われたため、編集作業の結果ここに挿入されたと見なされてきた。モーセは、ただ単にエジプトのファラオに、その初子を殺すというヤハウェの警告を伝えるだけのために帰って行ったのではない。モーセは、呪いの使者としてエジプトに赴いたのでもない。そのことを編集者は物語っているのではないだろうか。モーセはヤハウェに遣わされた人であるが、神の選びにそぐわないと神が判断した場合、派遣命令は神の側から撤回される。モーセは召命を受け派遣命令を受けたにもかかわらず、固辞し辞退した人物である。編集者のモーセの描き方は預言者の召命と同じで、選ばれた人がその選びを棄却される場合もあることを示唆している（エレ 15:17–21）。過越の祭りとは異なる次元で、ツィポラが石のナイフを手に取り、息子の包皮を切り取り、それをモーセの両足につけて「あなたはわたしにとって血の花婿です」と告白している。両足と訳したように、複数形であるがゆえにここにユーフォミズムを読み取って男性性器と解釈するのは無理である。初子の産みの親であるツィポラのいのちをかけた訴えを、ヤハウェは受け入れたのである。語られているエピソードは、モーセ自身が初子であることと関連していると思われる。モーセが無割礼の状態であったからという解説があるが、それは物語全体から見れば無理である。彼は、レビびとである母親のもとで三ヶ月過ごしているからである（2:2）。

26節で、「ヤハウェは彼を放した。彼女はその時、その割礼のゆえに血の花婿と言ったのである」と説明されている。モーセに派遣命令を与えた神が、なぜエジプトに向かうモーセのいのちを奪おうとされたのか。この出

来事について、その理由は明記されていない。「ヤハウェは」の部分を「ヤハウェの使い」と読み替えている七十人訳の写本もあるというが、モーセも初子であることと、この出来事が関係しているのではないかと思われる。割礼と初子の関係から見て、過越の祭りの規定（12:43–49）が先取りされているのかもしれない。過越の祭りに参与するイスラエルの子らでない構成員に、割礼を施すことをヤハウェが命じているからである（12:44）。ファラオの初子を殺すと宣言された神は、イスラエル側の初子にも、厳しい姿勢で臨むことを宣言していることになる。モーセも例外ではない。そのことを暗示していると思えるのである。ツィポラが息子に割礼を施し、それをモーセの足につけて「あなたはわたしにとって血の花婿です」と告白した行為は、割礼と初子の聖別とを関連づけているものであろう。割礼のゆえに血の花婿と宣言したため「ヤハウェは彼を放した」という点も、割礼をめぐる初子の理解を表わしたものであるが、神ヤハウェの意図については触れられていない。召命に際してモーセが示した不信仰あるいは不従順の罪が、ツィポラによって贖われ、彼が危機から救われたという可能性は捨てきれない。その原因説明の一つであると思われる。

「モーセとアロンをとおしてヤハウェを信じたイスラエルの子ら」（4:27–31）が、締め括りの帰結部分をなしている。

27節によれば、「ヤハウェはアロンに言われた」とあり、「**荒れ野に行って、モーセに会いなさい**」と命じている。アロン本人にとって、先祖の神とモーセに顕現したヤハウェとの区別が付いていたのかについては、何も語られない。モーセがアロンに会うのは、荒れ野であるという。だが続いて「**神の山でモーセに会い、彼に口づけした**」とあるのは、明らかに編集作業によって異なる伝承の接合がなされている痕跡を示す。この場面は、後に神の山で繰り広げられる2人の振る舞いの違いを、暗示するものとなっているからである（32:1–29）。

28節では「**モーセは、自分を遣わされたヤハウェのすべての言葉と、自分に命じられたすべてのしるしをアロンに伝えた**」とある。簡潔に2人の出会いが語られている。アロンはこの時初めて、モーセをとおしてヤハウェなる神のことを知りえたはずである。

29節の「モーセはアロンを伴い行き」という表現は、モーセがエジプトに向かうことに焦点があり、アロンは随行者の立場であることを示す。「行き」の動詞は3人称男性単数だが、主語が形の上でモーセとアロンであるため、文法的に不合理になるのだが、原文にある「モーセとアロン」の「と」に相当するワウは「伴って、と共に」と訳しうる接続詞（申27:1, 9）と見なしうる。モーセが自分に命じられたすべてのしるしをアロンに伝えたのは、神ヤハウェの意志と決断がモーセをとおして実行されることを強調しているのである。「**彼らはイスラエルの子らの長老たちすべてを集めた**」で「集めた」と訳される動詞は、3人称男性複数であるため、モーセとアロンによる共同作業であることを示す。

30節で「**アロンは、ヤハウェがモーセに語られたすべての言葉を語り、民の前でしるしを行なった**」とあるとおり、ここではアロンが弁舌の人として機能し、かつしるしを行なっている。モーセはアロンにすべてを任せているようであるが、アロンに対する「彼〔アロン〕があなた〔モーセ〕に代わって民に語る。彼はあなたに代わって口になり、あなたは彼にとって神の代わりとなる」（4:16）との指示が、ここで具体化されている。アロンが登場する場面を構成したのと同じ編集者が、モーセの代理人のような形でアロンの活躍に触れ、彼をモーセの隣に配置している。それは、編集作業による接合技術の痕跡以外の何ものでもない。

31節で「**民は信じた**」のは、アロンが行なった杖によるしるしを見たからであろうか。民は信じないのではないかとモーセが抱いた懸念（4:1）は、結果的にここでは見事に外れている。編集者は、アロンの立ち位置をこのような形で与えているのである。「**ヤハウェがイスラエルの子らを顧みてくださったこと、また彼らの苦しみを見定めたことを聞き**」とあるように、ヤハウェとして顕現した神がモーセに語ったそのメッセージをアロンから聞いて、「**彼らは伏して〔ヤハウェを〕拝した**」というのである。アロンが行なった杖によるしるしを見て、神がかりだと信じたのではない。ここでも、しるしと言葉による告知との間に微妙な揺れが感じられる。

【解説／考察】

　羊飼いになっていたモーセの召命経験が、この段落の中心であることに疑問の余地はない。羊飼いは、古代メソポタミアの世界でも指導者のイメージとして定着していたと思われる。『ハンムラピ法典』の序文では、マルドゥクが「牧者の職」を自分に授けたとのことがハンムラピによって宣言されているので、王が自らを羊飼いと自認していたことが分かっている（ベッカー 1989; クレンゲル 1980）。羊飼いとしてのこのモーセのイメージは、資料記者にとって自明のことであったと思われる。エジプトのゴシェンで遊牧民としての生活を送っていたイスラエルの子らを導き出す使命を与えられたモーセと、羊飼いのイメージは重なるからである。羊飼いであるモーセに、イスラエルの神がヤハウェとして顕現したところから出エジプトに向けての救済が始まったのである。モーセに顕現した神ヤハウェは、「わたしはあろうとして、わたしはあろうとするのだ」（3:14）と、神としてその意志を明示し、かつ「わたしはあなたと共にあろうとする。あなたにとって、わたしがあなたを遣わすしるしがこれである」（3:12）と語った自己啓示に、救済を行なうその決意が示されている。

　イスラエルの民がモーセを指導者として受け入れるのかどうかという問題関心から、この神ヤハウェの顕現を彼らが受け入れるのかどうかという問いをもって読むことが求められている。それは、ファラオの場合もイスラエルの子らの場合も同じである。彼らはいずれも、モーセを媒介に神ヤハウェの告知の前に立つからである。

　宗教的な指導を受ける側の一般の民にとって、苦境を脱するための指導者としてモーセとアロンを受け入れるのは、われわれが考えるほど容易なことではないだろう。呪術は「神強制」であると宗教社会学的に規定されているので（ヴェーバー 1976）、民の前でしるしを行なったアロンについてはカリスマを持っている人物として人々に受け入れられる可能性は高い。だがモーセの場合はどうであろうか。ヤハウェがモーセに顕現して彼に語られたと聞かされた民は、モーセを個人的に〔預言者として〕信頼するというよりも、神が自分たちを顧みてくださっているという希望を持ちえたので、伏して〔ヤハウェを〕拝したと理解すべきかもしれない。預言者的

な人間が、常に民の尊崇を得たわけではないからである（アモ 7:10–17; エレ 11:21; 15:10–11; 20:7–10 等参照）。預言者的なカリスマについては、その託宣がはずれた場合（申 18:18–22）、容易に信頼関係が失われたからである（関根 1952; 浅野 1955; ネエル 1971; フォン・ラート 1982; コッホ 1990, 2009; ヘッシェル 1992; 木田 1996; ヴェーバー 1996;『古代イスラエル預言者の思想的世界』1997; ブレンキンソップ 1997; 鈴木 1999 参照。なお申命記史家における預言者理解については、Steck 1967 等を参照のこと）。

出エジプト記の中心的な主題は「わたしはあなたと共にあろうとする」と宣言したヤハウェの神としての顕現であり、その臨在のあり方にある。その神から召命を受けたモーセが、言葉の仲保者即ちヤハウェの預言者としての位置づけを得ていることが、歴史的リアリティーの根幹にある。モーセが語る神のメッセージに従うのかどうかにおいて、イスラエルの子らの信仰が試されているのである。これは、預言者的な伝統を念頭に置いた描き方である。

モーセとアロンの（カリスマ的）指導者としての2人の地位は、いまだ確立されていない。「民は信じた」という評価は、自分たちの先祖の神が自分たちを顧みてくださるということを信じたのであり、モーセその人を信じたという意味ではないだろう。ファラオとの交渉によって自分たちの生活の状況が改善されない場合、イスラエルの民が2人を、特にモーセを見放す可能性のあることを、すでに暗示していると思われる。それはヤハウェとして顕現された神の意志を退けることであり、その不信はヤハウェに対する反逆となる。このことは、エジプトを脱出した後の、荒れ野での試練であからさまとなる。

出エジプト記は、強い意志をもって救済を行なう神を証言しているが、神はモーセを選び、彼を遣わそうとされた。そのモーセに語りかけた神の言葉こそが、現代の「われわれ」に向けた言葉でもある。それを読み取るべきことを、テキストは語っている。

⑵ ファラオとの交渉と十の災い（5:1–12:36）

【翻訳】

《導入》出国を求めるモーセとアロン（5:1–7:7）

ファラオとの交渉の始まり

5章

¹ その後、モーセとアロンは入って行って^a、ファラオに言った。「イスラエルの神ヤハウェはこう言われた。『わが民を立ち去らせ、荒れ野でわたしのために祭りを行なわせよ。』」² ファラオは言った。「わたしがその声に聞き従い、イスラエルを立ち去らせなければならないヤハウェとは、いったい誰なのか。わたしはヤハウェを知らない。またイスラエルを立ち去らせることもしない。」³ 彼らは言った。「ヘブライ人の神がわたくしどもに顕われました。どうかわたくしどもに3日の道のりを荒れ野に行かせてください。そして、神が疫病か剣でわたくしどもを襲うことのないように、わたくしどもの神ヤハウェに犠牲を献げさせてください。」⁴ エジプトの王は彼らに言った。「なぜお前たち、モーセとアロンは、民をそのなすべき労役から引き離させるのか。お前たちの強制労働に戻るがよい。」⁵ そしてファラオは言った。「見よ、今やこの地に民は数を増している^bのに、お前たちは彼らにその強制労働を休ませようとしている。」⁶ その日、ファラオは民を追い使う監督とその人夫頭に命じて言った。⁷「お前たちは、この民には、煉瓦を作らせるための藁を今までのように与えるな。彼らを行かせ、自分たちで藁を集めさせよ。⁸ そして彼らが今まで作っていた煉瓦の数量を彼らに課し、それを減らさせてはならぬ。彼らは怠け者なのだ。だから彼らは『わたくしどもを行かせ、わたくしどもの神に犠牲を献げさせてください』と言ってわめくのだ。⁹ その者たちへの重労働がよりきつくなれば、彼らはそれに従事し、偽りの言葉^cなどに目を向けることはなくなる。」¹⁰ 民を追い使う監督とその人夫頭は出て行って、民に告げて言った。「ファラオはこう申された。『お前たちに与える藁はない。¹¹ お前たちは行って、自分で見つけたところからその藁を集めよ。お前たちの重労働から、決まっている分量^dは減らされない。』」¹² 藁用の切り株を集めるため、民はエジプト全土に散った。

¹³ 追い使う監督たちはせき立てて言った。「藁があったときと同じように、日ごとに決まっている分量を作るお前たちの労役を、成し遂げよ。」¹⁴ ファラオの追い使う監督が任命したイスラエルの子らの人夫頭たちは、打ち叩かれた上に、言われた。「なぜお前たちは、昨日も今日も、今までと同じ決められた煉瓦を成し遂げなかったのか。」¹⁵ そこでイスラエルの子らの人夫頭たちは入って行って、ファラオに叫び求めて言った。「なぜあなた様は、あなた様の僕たちにこのようなことをなさるのですか。¹⁶ 煉瓦のための藁が、あなた様の僕たちには与えられていません。それでもわたくしどもには、煉瓦を作れと命じておられます。ご覧ください、あなた様の僕たちは、打ち叩かれています。それが[e]あなた様の民に責めを負わせているのです。」¹⁷ 彼は言った。「怠け者よ。『自分たちを行かせ、ヤハウェに犠牲を献げさせてください』などと言うお前たちは、怠け者だ。¹⁸ すぐに行って、働け。藁はお前たちには与えられない。しかも〔決まった〕煉瓦の量[f]をお前たちは納めなければならない。」¹⁹ 「お前たちは、日ごとに決まっているお前たちの煉瓦の分量を減らしてはならない」と言われて、イスラエルの子らの人夫頭たちは自分たちが苦境にあることを悟った[g]。²⁰ 彼らがファラオのところから退出してきたとき、彼らを迎えるため立っていたモーセとアロンに出会った。²¹ 彼らはモーセとアロンに[h]対し、「ファラオとその僕たちの目にあなたがたがわたしどもの匂いを臭いものに変えてしまい、わたしどもを殺すため彼らの手に剣を与えたことを、ヤハウェがあなたがたに顕われて、〔あなたがたを〕お裁きになるように」と言った。²² モーセはヤハウェに立ち帰って、言った。「わが主よ、なぜあなたはこの民を酷い目にあわせるのですか。いったいなぜ、わたしを遣わされたのですか。²³ わたしがあなたの名において語るためファラオのもとに行った時から、彼はこの民を酷い目にあわせています。あなたは、あなたの民をちっともお救いにはなりません。」

6 章

¹ ヤハウェはモーセに言われた。「今こそあなたは、わたしがファラオに行なうことを、見るであろう。彼は、〔わたしの〕強い手によって彼らを立ち去らせ、〔その〕強い手によって[i]彼らをその地から立ち退かせることになる。」

a: 原語は動詞「行く」であるが、ナイル川の水辺でファラオに語る場合と区別されていて（8:16; 9:13）、ファラオの王宮に参内し退出する意味が込められている（5:20; 7:10, 26; 8:25, 26; 9:1, 33; 10:1, 3, 6, 18; 11:8）。

b: サマリア五書は「この地の民よりも増えている」。七十人訳は「この地」を省いて訳出。

c: 七十人訳は「無駄口」。

d:「決まっている分量」の原語ダーバールは「言葉、約束」を意味し、命じられたことに相当する。

e: 動詞主語は3人称女性単数。該当する女性名詞は「煉瓦」か「苦役」のみ。もしこの言葉を名詞に読み替えるならば、「過ちを犯しているのはあなたの民」となる。七十人訳は動詞を2人称男性単数（ファラオ）に読み替え「〔あなたは〕ご自分の民を不当に扱っておられます」とする。

f: 原文は「割り当て、分量」。

g: 原文の動詞は「見た」。

h: 原文は「彼ら」。

i: 七十人訳は「高く掲げた腕の中で」。

契約に基づく救済の実現に向けて

6:2 神はモーセに告げて、彼に言われた。「わたしはヤハウェである。³ わたしはアブラハム、イサク、そしてヤコブにはエル・シャッダイ*ᵃ*として顕われたが、ヤハウェというわたしの名を、わたしは彼らに知らせなかった。⁴ またカナンの地、彼らがそこに寄留していた土地を与えるため、わたしは彼らとわたしの契約を立てた*ᵇ*。⁵ わたしはまた、エジプト人が働かせているイスラエルの子らの呻き声を聞いて、わたしはわたしの*ᶜ*契約を思い起こした。⁶ それ故、あなたはイスラエルの子らに言いなさい。『わたしはヤハウェである。わたしはエジプトの強制労働のもとからあなたがたを導き出す。彼らの重労働からあなたがたを救い出し、伸ばされた腕*ᵈ*をもって、大いなる審きをもってあなたがたを贖う。⁷ そしてわたしはあなたがたをわたしの民として受け入れ、わたしはあなたがたの神となる。あなたがたは、わたしがあなたがたをエジプトの強制労働のもとから導き出す、あなたがたの神ヤハウェであることを知る。⁸ わたしは、アブラハム、イサク、そしてヤコブにそれを与えると手を上げ〔て誓っ〕た土

地へ、あなたがたを導き入れ、その地をわたしはあなたがたに相続として与える。わたしはヤハウェである。』」⁹モーセはそのとおりイスラエルの子らに語り伝えたが、彼らは無気力になっており^e、厳しい重労働のゆえに、モーセに聞かなかった。

¹⁰ヤハウェはモーセに語って言われた。¹¹「入って行って^f、イスラエルの子らをその地から立ち去らせるように、エジプトの王ファラオに語りなさい。」¹²モーセはヤハウェの前に語って言った。「ご覧ください。イスラエルの子らはわたしに聞こうとしませんでした。どうしてファラオがわたしに聞くでしょうか。わたしは無割礼の唇〔の者〕です^g。」

¹³ヤハウェはモーセとアロンに語り、エジプトの地からイスラエルの子らを導き出すため、イスラエルの子らとエジプトの王ファラオについて^h、〔なすべきことを〕彼らに命じた。

    a: この神名「シャッダイ」に言及している箇所を参照のこと（創 17:1; 28:3; 35:11; 48:3; 民 24:4; エゼ 10:5 等）。七十人訳では「わたしの神」あるいは「神」と訳出し、「シャッダイ」を省いて「わたしは彼らの神だから、アブラハム……に顕現した」となっている。

    b: 契約締結に「切る」（創 21:27, 32; 31:44 等）でなく「立てた」（クームの使役形）を使うのは祭司文書によるとされている（創 6:18; 9:9, 11, 17; 17:7, 19, 21 等）。

    c: 七十人訳は「おまえたちの契約を」。

    d: 七十人訳は「高く掲げた腕の中で」。

    e: 原語は「息（ルーアハ）の短さ」で「気力を失って」の意。ルーアハは、「霊、風、気分」をも意味する。

    f: 原文の動詞は「行く」の命令形だが、ファラオの宮廷に出向くことを念頭に訳出。

    g: 七十人訳は「わたしはロゴスのない人間なのです」。秦剛平訳は「わたしは訥弁なのです」。

    h: 七十人訳は「エジプトの王ファラオに対して、イスラエルの子らをエジプトの地から送り出すよう、2 人に命じた」。

モーセとアロンの家系・レビ部族

6:14 彼らの父祖の家の頭たちは、次のとおりである[a]。イスラエルの長子ルベンの子らは、ハノク、パル、ヘツロン、カルミで、これらがルベンの氏族である。15 シメオンの子らは、エムエル、ヤミン、オハド、ヤキン、ツォハル、そしてカナンの女による子シャウル、これらがシメオンの氏族である。16 レビの子らでその家系に従った名前は、次のとおりである。ゲルション、ケハト、メラリで、レビの生涯は137年であった。17 ゲルションの子らは、氏族によれば、リブニとシムイである。18 ケハトの子らは、アムラム、イツハル、ヘブロン、ウジエルである。ケハトの生涯は133年であった。19 メラリの子らは、マフリとムシで、これらがその家系に従ったレビの氏族である。20 アムラムは自分の叔母[b]であるヨケベドを妻に迎えた。彼女は彼にアロン、モーセ[c]を産んだ。アムラムの生涯は137年であった。21 イツハルの子らは、コラ、ネフェグ、ジクリである。22 ウジエルの子らは、ミシャエル、エルツァファン、シトリである。23 アロンはアミナダブの娘でナフションの姉妹であるエリシェバを妻に迎えた。彼女は彼にナダブ、アビフ、エルアザル、イタマルを産んだ。24 コラの子らは、アシル、エルカナ、アビアサフで、これらがコラの氏族である。25 アロンの子エルアザルは、プティエルの娘たちの中から妻を迎えた。彼女は彼にピネハスを産んだ。これらが、その氏族に従ったレビびとの父祖の頭たちである。26 ヤハウェが彼らに命じてイスラエルの子らをその〔氏族の〕群れ[d]に従ってエジプトの地から導き出したのは、このアロンとモーセである。27 彼らが、イスラエルの子らをエジプトから導き出すためにエジプトの王ファラオに語った者で、それがモーセとアロンである。

a: ここではルベン、シメオン、レビのみが挙げられ、他の部族については不問に付されている。

b: 七十人訳は「父の兄弟の娘」と読み替えている。つまり従姉妹と見なしている。

c: サマリア五書と七十人訳はこの後に「彼らの姉ミリアム」をつけ加えている（民 26:59）。

d: 原語はツァーバーの複数形で「軍勢、軍団、集団、群れ」を意味するが、イスラエルの子らにはまだ軍事組織や自律組織もない状態。アマレクとの戦い

でそれが露呈する（17:8 以下）。

モーセとアロンの役割分担

6:28 ヤハウェがエジプトの地でモーセに告げられたその日、29 ヤハウェはモーセに告げて言われた。「わたしはヤハウェである。あなたは、わたしがあなたに告げるすべてのことをエジプトの王ファラオに語りなさい。」30 モーセはヤハウェの前に言った。「ご覧ください。わたしは無割礼の唇〔の者〕です [a]。どうしてファラオがわたしに聞くでしょうか。」

7 章

1 しかしヤハウェはモーセに言われた。「見よ、わたしはファラオに対してあなたを神とした。あなたの兄アロンはあなたの預言者となる。2 わたしがあなたに命じるすべてのことをあなたが〔アロンに〕語り、あなたの兄アロンがファラオに語る。そして彼は自分の国からイスラエルの子らを立ち去らせる。3 わたしはファラオの心を強情にする [b]。わたしのしるしとわたしの奇蹟を、わたしはエジプトの地に増し加える。4 しかしファラオはあなたがたに聞かない。わたしはエジプトにわたしの手を下し、わたしの群 [c]、わたしの民イスラエルの子らを、大きな審きをもってエジプトの地から導き出す。5 わたしがエジプトにわたしの手を伸ばし、そのただ中からイスラエルの子らを導き出すとき、エジプト人はわたしがヤハウェであることを知る。」6 ヤハウェが彼らに命じたとおりにモーセはアロンを伴って行ない [d]、そのとおりに彼らは行なった [e]。7 彼らがファラオに語ったとき、モーセは 80 歳、アロンは 83 歳であった。

a: 同じ表現については 6:12 参照。

b:「頑なにする」（4:21; 7:13; 8:15; 9:2, 12, 35; 10:20, 27; 11:10 他）とは異なるカーシャーがここでは使われている（13:15 も同じ）。動詞カーシャーの使役形は「厳しくひどく」するの意で、強情にさせることを表わす。イスラエルの民の場合は「頑なな民」とした（32:9; 33:3, 5; 34:9 参照）。

c: 6:26 の脚注参照。

d: 動詞は 3 人称男性単数であり、主語はモーセなので、「アロンを伴って」と

訳出。

e: 動詞は3人称複数形で、モーセとアロンが行なったことを表わす。

《本体》ファラオに示される十の災いと過越における初子の死 (7:8–12:30)

アロンのしるしに対抗する魔術師のしるし

^{7:8} ヤハウェはモーセとアロンに語って、言われた。⁹「ファラオがあなたがたに語って『お前たちでしるしを*ᵃ*行なってみせよ』と言ったなら、あなたはアロンに*ᵇ*『あなたの杖を取れ』と言い、ファラオ*ᶜ*の前にそれを投げさせなさい。それが蛇になる。」¹⁰ モーセはアロンを伴いファラオのもとに入って行って、ヤハウェが命じたとおり彼らは行ない、アロンはファラオと彼の従者たち*ᵈ*の前にその杖を投げた。するとそれは蛇になった。¹¹ ファラオもまた賢者、呪術師を呼び寄せた。彼らエジプトの魔術師たちも、自分たちの秘術をもって同じように行なった。¹² それぞれが自分の杖を投げると、それらは蛇になった。しかしアロンの杖が彼らの杖をのみ込んでしまった。¹³ だがファラオの心は頑なになり、彼らに聞こうとしなかった。ヤハウェが語られたとおりである。

a: 七十人訳は「しるしか不思議な業を」。
b: 七十人訳は「おまえの兄アロンに」。
c: 七十人訳は「や彼の廷臣たち」を加えている。
d: 七十人訳は「彼の廷臣たち」で、以下も同じ。

ファラオへの十の災いの告知
その一・血の水による災い

^{7:14} ヤハウェはモーセに言われた。「ファラオの心は頑なで*ᵃ*、この民を立ち去らせることを拒んだ。¹⁵ 翌朝、ファラオのもとに行きなさい。見よ、彼は水辺に下りてくる。彼に会うために、あなたはナイル川の岸辺に立ちなさい。あなたは、蛇に変わったその杖をあなたの手に取り、¹⁶ 彼に言いなさい。『ヘブライ人の神ヤハウェがわたしをあなたのもとに遣わして言われた。「わたしの民を立ち去らせ、荒れ野でわたしに仕えさせなさい」と。しかしご覧ください。あなたは、ここに至るまで聞き入れませんでした。¹⁷ ヤハウェはこう言われた。

「あなたはこのことで、わたしがヤハウェであることを知る。見よ、わたしはわたしの手にある杖でナイル川 [b] の水を打つ。すると水は血に変わる。[18] ナイル川にいる魚は死ぬ。ナイル川は悪臭を放ち、エジプト人はナイル川の水を飲むのを嫌がるようになる。」』」

[19] またヤハウェはモーセに言われた。「アロンに [c] 言いなさい。『あなたの杖を取り、エジプトの水という水の上に、川という川の水、ナイル川の支流という支流の水、沼地という沼地の水、すべての水たまりの水の上に、あなたの手を差し伸べて、血に変えさせよ』と。こうしてエジプト全土で、木々や石〔地〕においてさえも血に変わる [d]。」[20] モーセとアロンは、ヤハウェが命じたとおりに行なった。彼は杖を振り上げて、ファラオとその従者たちの目の前でナイル川の水を打った。ナイル川の水はことごとく血に変わった。[21] ナイル川の魚は死に、ナイル川は悪臭を放ち、エジプト人は、ナイル川の水を飲むことができなくなった。血は、エジプトの全土に溢れた。[22] エジプトの魔術師たちも秘術をもって同じことを行なった。ファラオの心は頑なで、彼らに聞こうとしなかった。ヤハウェが語られたとおりである。[23] ファラオは顔を背けて王宮に戻り、このことにもその心を留めなかった。[24] エジプト人は皆、水を求めて [e]、ナイル川の周りを掘った。彼らは、ナイル川の水を飲むことができなかったからである。[25] ヤハウェがナイル川の水を打たれてから、丸 7 日がたった。

  a: 原語は形容詞カーベードで「重い、にぶい、頑固」の意。「頑なにする」(ハーザク) と訳を揃えてある。動詞使役形で表現している場合については 8:11 の脚注参照。

  b: 原文は「ナイル、川」だが、ここでは敢えて「ナイル川」としてある。

  c: 七十人訳はここでも「おまえの兄アロンに」。

  d: 七十人訳も結果として「血が生じた」としている。

  e: 原文は「飲もうと」。

 その二・蛙による災い

[7:26] ヤハウェはモーセに言われた [a]。「ファラオのもとに入って行き、彼に言いなさい。『ヤハウェはこう言われた。「わたしの民を立ち去らせ、わたしに仕えさせなさい。[27] もしあなたが立ち去らせることを拒むなら、見よ、わたしはあ

なたの領域内すべてを、蛙をもって打つ。²⁸ するとナイル川は蛙で群がり溢れ、上がって来てあなたの家の中に、あなたの寝室の中に、あなたの寝台の上、あなたの従者たちや民の家の中にも、あなたのかまどやあなたのこね鉢の中にも入りこむ。²⁹ あなたのところに、あなたの民のところに、またあなたのすべての従者たちのところに、蛙は這い上がっていく。」』」

8 章

¹ ヤハウェはモーセに語って、言われた。「アロンに ᵇ 言いなさい、『あなたの杖をもってあなたの手を、ナイル川の支流という支流の上に、沼地という沼地の上に差し伸べなさい。そして蛙をエジプトの地に這い上がらせなさい』と。」² アロンがエジプトの水の上にその手を差し伸べると、蛙が這い上がり、エジプトの地を覆った。³ しかし魔術師たちも秘術をもって同じことを行ない、エジプトの地に蛙を這い上がらせた。⁴ そこでファラオはモーセとアロンを呼び寄せて、命じた。「ヤハウェに祈り求め ᶜ、わたしとわたしの民のもとから蛙を取り除いてくれ。そうすればわたしは民を立ち去らせ、ヤハウェに犠牲を献げさせる。」⁵ モーセはファラオに答えた。「何時、わたくしがあなたとあなたの従者たち、あなたの民のために祈り求め、あなたとあなたの王宮から蛙を取り除き、ナイル川だけにいるようにさせればよいのか、わたくしにお知らせください。」⁶ 彼が「明日だ」と言ったので、モーセは答えた。「あなたのお言葉のとおりに〔なります〕。それによって、あなたがわたくしどもの神ヤハウェのような神がいないことを、お知りになるためです。⁷ 蛙はあなたのところから、あなたの王宮、またあなたの従者たちのところから、あなたの民のところから取り除かれ、ナイル川だけに留まるでしょう」と。⁸ モーセはアロンを伴ってファラオのもとから退出した ᵈ。モーセは、ファラオにもたらした蛙のことで、〔取り除いてくださいと〕ヤハウェに叫び求めた。⁹ ヤハウェはモーセの言葉のとおりになされた。そして蛙は死んで、家からも、庭からも畑からもいなくなった。¹⁰ 彼らはそれらを山また山と積みあげた。その地は悪臭を放った。¹¹ しかしファラオは一息つけたのを見て、その心を頑なにさせ ᵉ、彼らに聞こうとしなかった。ヤハウェが語ったとおりである。

    a: 七十人訳はここから 8 章が始まる。ヘブライ語本文とは節の数え方が違うこ

b: 原文は「祈願する」。七十人訳はここでも「おまえの兄アロンに」。
c: 七十人訳では「わたしのために」が加えられている。
d: 動詞は3人称単数なので主語はモーセ。モーセの後に続くワウを「共に、伴って」と訳出すべき（16:6参照）。
e: 動詞カーベードの使役形で「重くする、栄光で満たす」の意。自らに栄光を帰して慢心し、思いを頑なにさせる状態になるとの意味が込められている（8:28; 9:7, 34; 10:1; 14:17参照）。9:17のファラオの「高ぶり」についても参照されたい。

その三・ぶよによる災い

8:12 そこでヤハウェはモーセに言われた。「アロンに ^{a} 言いなさい、『あなたの杖を差し伸べて、地の塵を打ち叩き、それがエジプト全土で ^{b} ぶよ ^{c} となるように』と。」 ^{13} 彼らは ^{d} そのように行ない、アロンは彼の杖を持ってその手を差し伸べ、地の塵を打ち叩いた。するとそれが ^{e} 人と家畜にはぶよとなっ〔て生じ〕た。エジプト全土ですべての地の塵がぶよとなった ^{f} 。 ^{14} 魔術師たちも秘術をもって同じことを行なってぶよを出そうとしたが、できなかった。それが人と家畜には塵がぶよとなっ〔て生じ〕た〔ので〕 ^{15} 魔術師たちはファラオに言った。「それは ^{g} 神の指〔によるもの〕です。」しかしファラオの心は頑なで、彼らに聞こうとしなかった。ヤハウェが語られたとおりである。

a: 七十人訳は「アロンに告げるのだ」で、「おまえの兄アロン」という言い方をしていない。
b: 七十人訳ではここに「人間や四つ足の動物たちの中で、そしてエジプト全土で」と加えている。
c: 七十人訳の邦訳者秦剛平は、ギリシア語のスクニペスを「毛虱」と訳出し、ヨセフス（1999）に従って「虱」と取る。
d: 七十人訳は「そこでアロンは」と、アロン1人の行為として描いている。
e: 12節の3人称男性単数と異なり、ここでの動詞の主語は14節の場合も3人称女性単数で「なった、生じた」となるが、「塵」も「ぶよ」も男性名詞なので、主語は抽象的に「そのことが、それが」と想定せざるをえない。15

節を見よ。
　f 原文の動詞の主語は、12節と同じ3人称男性単数。
　g 原文の動詞の主語は、3人称女性単数で、13, 14節の場合と同じ。

その四・虻による災い

8:16 ヤハウェはモーセに言われた。「朝早く起きて、ファラオの前に立ちなさい。見よ、彼は水辺に下りてくる。あなたは彼に向かって言いなさい。『ヤハウェはこう言われた。「わたしの民を立ち去らせ、わたしに仕えさせなさい。17 もしあなたがわたしの民を立ち去らせないなら、見よ、わたしはあなたとあなたの従者たちに、あなたの民に、あなたの家々に虻*a*を遣わす。エジプトの家々を、また彼らがその上に住む大地も虻で満たす。18 しかしわたしは、今日わたしの民がそこに留まっているゴシェンの地を特別に扱う*b*。そこには虻がいないようにする。この地のただ中で*c*、わたしがヤハウェであることを*d*あなたが知るためである。19 わたしの民とあなたの民との間に、わたしは贖い〔の壁〕を*e*設ける。明日、このしるしが現れる*f*。」』」20 ヤハウェがこのように行なわれたので、ファラオの王宮や彼の従者たちの家、エジプト全地におびただしい数の虻が入って来た。大地は虻の前に荒れ果てた。21 ファラオはモーセとアロンを呼び寄せて、命じた。「行って、この地でお前たちの神に犠牲を献げるようにせよ。」22 モーセは言った。「そのように行なうことは、正しくありません*g*。エジプト人の忌み嫌うものを、わたくしどもの神ヤハウェに犠牲として献げることになるからです。もしわたくしどもが、エジプト人の忌み嫌うものを彼らの目の前で犠牲として献げるなら、彼らはわたくしどもを石打ちにしないでしょうか。23 わたくしどもの神が*h*わたくしどもに命じたように、わたくしどもは3日の道のりを荒れ野に行き、わたくしどもの神ヤハウェに犠牲を献げなければなりません。」ファラオは言った。「わたしはお前たちを立ち去らせる。そしてお前たちの神ヤハウェに荒れ野で犠牲を献げるがいい。ただ遠くまで行かないように。そしてわたしのためにも祈り求めるように*i*。」25 モーセが答えた。「ご覧ください。わたくしはあなたのところから退出し、ヤハウェに*j*祈り求め、明日、虻がファラオとその従者たちのところから、またその民のもとから取り除かれます。ただ、ヤハウェに犠牲を献げるために民を立ち去らせはしないと、ファラオ〔なる方〕が再び欺くことがありませんように。」26 モーセは

ファラオのもとから退出し、ヤハウェに祈り求めた。²⁷ ヤハウェはモーセの言葉のとおりに行なわれ、ファラオとその従者たち、その民から虻を取り除かれたので、一匹も残らなかった。²⁸ しかしファラオはその心を頑なにさせ、今回もまた彼は民を立ち去らせなかった。

  a: 七十人訳は「犬蠅」。
  b: 原文は「分離させる」。
  c: 「全地にわたしのようなものはいない」（9:14）を参照。
  d: 七十人訳はこの後に「全地の主であることを」を加えている。
  e: 七十人訳は「区切り」と読み替えて訳出。9:4 の「区切り」を参照。
  f: 七十人訳は「地の上に」を加えている。
  g: 原語はクーンのニファル態（受動形）で、「定められた、堅く立てられた」の意。儀礼的に正しくないとの意味と取る。
  h: 原文は「彼が」。
  i: 七十人訳は「主に祈願するように」。
  j: 七十人訳は「神に」。

その五・疫病による災い（家畜）
9 章

¹ ヤハウェはモーセに言われた。「ファラオのもとに入って行き、あなたは彼に告げよ。『ヘブライ人の神ヤハウェはこう言われた。「わたしの民を立ち去らせ、わたしに仕えさせよ。」』² もしあなたが立ち去らせるのを拒み、なおも彼らを引き止めるならば、³ 見よ、ヤハウェの手が野にいるあなたの家畜に、馬の群れ、ろばの群れ、らくだの群れ、牛 ᵃ、小家畜の上に臨んで、非常に重い疫病となる ᵇ。⁴ しかしヤハウェは ᶜ、イスラエル ᵈ の家畜とエジプトの家畜の間に特別に区切りを設け、イスラエルの子らが所有している家畜はすべて一頭も死ぬことはない ᵉ。⁵ ヤハウェは、時を定めて言われた。明日ヤハウェはこのことをこの地に行なわれる。」⁶ 翌日、ヤハウェはこのことを行なわれたので、エジプト人の家畜はすべて死んだが、イスラエルの子らの家畜はすべて一頭も死ななかった。⁷ ファラオは〔人を〕遣わした。すると見よ、イスラエルの ᶠ 家畜は一頭たりとも死んではいなかった。しかしファラオの心は頑なになり ᵍ、こ

の民を立ち去らせなかった。

- a: 原語バーカルは集合名詞で、牛と訳出。雄牛ショールについては 20:17 参照。
- b: 七十人訳は「非常に大きな死が臨む」。
- c: 七十人訳は「わたしは……区切りを設ける」とヤハウェの1人称表現で訳出。
- d: 七十人訳は「イスラエルの子ら」。
- e: 原文にはダーバール「言葉、出来事」が使われているが、否定辞ローと共に、「決して……ない」の意味となる。
- f: 七十人訳やシリア語訳、アラム語訳等は「イスラエルの子らの」としている。
- g: 原文の動詞は 8:11 のような使役動詞でなく、普通の能動動詞で、主語は「心」。

その六・腫れ物による災い

9:8 ヤハウェはモーセとアロンに言われた。「あなたがたはかまどの煤をあなたがたの両手でいっぱい取り、モーセがそれをファラオの前 ᵃ で天に向かってまき散らしなさい。⁹ それは、エジプト全土を覆う細かな塵 ᵇ となり、エジプト全土で、人と家畜に膿の出る腫れ物が生じる。」¹⁰ そこで彼らはかまどの煤を取り、ファラオの前に立ち、モーセはそれを天に向かってまき散らした。すると膿の出る腫れ物が、人にも動物にも生じた。¹¹ 腫れ物が魔術師たちにもまたすべてのエジプト人にも生じたので、魔術師たちは、この腫れ物のためにモーセの前に立つことができなかった。¹² しかしヤハウェがファラオの心を頑なにされたので、ファラオは ᶜ 彼らに聞かなかった。ヤハウェがモーセに語られたとおりである。

- a: 七十人訳は「と彼の従者たちの前で」を加えているが、10 節では「ファラオの前」。
- b: 原語のアーバクは「塵」の意であるが、8:12 の「塵」アーファールと異なる言葉なので、表現を変えてある。
- c: 原文は「彼は」。

その七・疫病による災い（人）

9:13 ヤハウェはモーセに言われた。「朝早く起きて、ファラオの前に立ちなさ

い。そしてあなたは彼に言いなさい。『ヘブライ人の神ヤハウェはこう言われた。「わたしの民を立ち去らせ、わたしに仕えさせなさい。¹⁴ 今度こそ、わたしはあなたの心に対し、またあなたの従者たち、あなたの民に、あらゆる災いを送る。全地にわたしのようなものはいないことを、あなたが知るためである。¹⁵ 今、わたしはわたしの手を差し伸べて、あなた自身とあなたの民を疫病で ᵃ 打つからである。そうすればあなたは、この地から抹殺される。¹⁶ しかしながら、次のことのゆえに、わたしはあなたを生かしておいた ᵇ。わたしの力をあなたに示し、わたしの名を全地に告げ知らしめるためである。¹⁷ あなたはまだ、わたしの民に対して高ぶり、彼らを立ち去らせようとしない。

　　　a: 七十人訳は「死をもって」。
　　　b: 原文の動詞は「立てておいた、(地位に)つかせておいた」。

その八・雹による災い

⁹:¹⁸ 見よ、明日の今頃、エジプトにおいて、その礎が据えられた日から今までかつてなかったほど、はなはだ激しい雹を降らせる。¹⁹ それ故、今、人を遣わして、あなたの家畜とあなたが所有する野にいるすべてのもの、人も、野にいて家屋の中に連れ戻されていない家畜も、すべて避難させるがよい。それらの上に雹が降って死んでしまう。」』²⁰ ファラオの従者たちのうち、ヤハウェの言葉を畏れた者は、自分の従者たちと家畜とを家屋の中に連れ戻させた。²¹ しかしヤハウェの言葉を心に留めなかった者は、自分の従者たちとその家畜とを野に残しておいた。
²² ヤハウェはモーセに言われた。「あなたの手を天に向かって差し伸べなさい。そうすればエジプト全土で、人や家畜、エジプト全土の野に生えているすべての草の上に雹が生じる。」²³ そこでモーセは、自分の杖を天に向かって差し伸べた。ヤハウェは雷鳴と雹を放ったので、地に稲妻が走った ᵃ。こうしてヤハウェはエジプト全土に雹を降らせたのである。²⁴ 雹が生じ、その中を稲妻が走りめぐった ᵇ。その雹は、国が存在するようになった時以来、エジプト全土ではこれまでなかったような、はなはだ激しいものであった。²⁵ 雹は、エジプト全土で野にいたすべてのもの、人から野の獣まで残らず打った。雹はまたすべての野の草を打ち、野にあるすべての木を打ち砕いた。²⁶ ただ、イス

ラエルの子らがいるゴシェンの地には、雹は生じなかった。²⁷ ファラオは〔人を〕遣わし、モーセとアロンを呼び寄せて、彼らに言った。「ヤハウェは正しく、今回はわたしが過ちを犯した。悪いのは、わたしとわたしの民だ。²⁸ ヤハウェに祈り求めてくれ。神の雷鳴と雹はもうたくさんだ。わたしはお前たちを立ち去らせよう。これ以上留まらなくてもよい。」²⁹ モーセは彼に言った。「わたしがこの町を出ましたら、わたしはヤハウェに向かってわたしの両手を広げ〔て祈り〕ましょう。雷鳴は止み、雹 ᶜ はもう生じないでしょう。地はヤハウェのものであることを、あなたが知るためです。³⁰ しかし、あなたもあなたの従者たちも、まだヤハウェなる神の前に畏れるには至っていないことを、わたしは知っています。」³¹ 亜麻と大麦は打ち倒された。大麦は穂がついたばかり ᵈ で、亜麻はつぼみ〔の時期〕であったからである。³² 小麦と裸麦は打ち倒されなかった。これらは穂〔の出る時期〕が遅いからである ᵉ。³³ モーセはファラオのもとから、その町から退出し、彼はヤハウェに向かって自分の両手を広げ〔て祈っ〕た。すると雷鳴と雹は止み、雨は地に注がれなくなった。³⁴ ファラオは、雨と雹、雷鳴が止んだのを見て、再び過ちを犯し、彼もその従者たちも、その心を頑なにさせた。³⁵ ファラオの心は頑なになり、イスラエルの子らを立ち去らせることはしなかった。ヤハウェがモーセをとおして語られたとおりである。

  a: 七十人訳は「火は大地を駆けめぐった」。
  b:「稲妻」の原文は「火」。七十人訳は「雹の中に燃え上がる火」が見えたとなっている。
  c: 七十人訳は「雹や雨は」。
  d: 原語アービーブは「穂の出る頃」の意で、それが月の名になっている。
  e: 七十人訳は「季節はずれだったからである」。

その九・ばったによる災い
10 章
¹ ヤハウェはモーセに言われた。「ファラオのもとに入って行きなさい。彼の心と、彼の従者たちの心を頑なにさせたのは、わたしである。それは、これらのわたしのしるしをその ᵃ ただ中にもたらすためである。² それは、エジプトでわ

たしがあしらったこと、わたしがそこにもたらしたわたしのしるしについて、あなたがあなたの息子、あなたの孫の耳に告げ知らせるためで、あなたがたはわたしがヤハウェであることを知る。」³ モーセはアロンを伴いファラオのもとに入って行き［b］、彼らは彼に言った。「ヘブライ人の神ヤハウェはこう言われた。『いつまであなたは、わたしの前にへりくだるのを拒むのか。わたしの民を立ち去らせ、わたしに仕えさせなさい。⁴ もし、あなたがわたしの民を立ち去らせるのを拒むならば、見よ、明日あなたの領域にばったを来させることにする。⁵ それは地の面を覆い、人は地〔の面〕を見ることができなくなる。ばったは、雹の被害を免れて、あなたがたに残されたものを食い尽くし、あなたがたのために野に生えているすべての木を［c］食い尽くす。⁶ あなたの王宮にも、あなたのすべての従者たちの家にも、またすべてのエジプト人の家々にもばったが満ちる。それは、あなたの先祖も、あなたの先祖の先祖も、この土地にいるようになった日から今日まで、見たことのないものである。』」そこで彼は［d］身を翻してファラオのもとから退出した。⁷ ファラオの従者たちは、彼に進言した。「これはいつまでわたくしどもにとって罠となるのでしょうか。あの者たちを立ち去らせ、彼らの神ヤハウェに仕えるようにさせてください。エジプトが滅びようとしていることを、あなた様はまだご存じないのです。［e］」⁸ モーセとアロンはファラオのもとに引き戻され、ファラオは彼らに言った。「行って、お前たちの神ヤハウェに仕えるがよい。行くのは、誰と誰か。」⁹ モーセは言った。「わたくしどもの若い者も年配者も共にまいります。わたくしどもの息子も娘も、またわたくしどもの小家畜や牛も共にまいります。わたくしどもにとってのヤハウェの祭りだからです。［f］」¹⁰ ファラオは［g］彼らに言った。「わたしがお前たちとその子供らを立ち去らせるとき［h］、ヤハウェがお前たちと一緒にいるとでも言うのか。見よ、お前たちの前には災いがある。¹¹ だから、男たち〔だけ〕が行ってヤハウェに仕えるがいい。それが、お前たちが求めていたことのはずだ。」そしてファラオは自分の面前から［i］彼らを追い払った。

¹² ヤハウェはモーセに言われた。「ばったについては、あなたの手をエジプトの地の上に差し伸べなさい。ばったはエジプトの地に飛来し、この地のすべての草［j］、あの雹が残した［k］すべてのものを食い尽くす。」¹³ モーセがその杖をエジプトの地の上に［l］差し伸べると、ヤハウェはその地に、その日一日中、夜を徹して東風［m］を吹かせた。そして朝になり、東風はばったを運んできた。¹⁴ ば

ったはエジプト全土に飛来し、エジプトの全領域におびただしい数のばったが舞い降りた。これほどの数のばったは、これより前にはなかったし、これから先もないだろう。 ^{15} ばったは地の面を覆い尽くした。地は暗くなり^n、雹が残した地の草と木の実をすべて食べ尽くした。木にも野の草にも^o、エジプト全土に、緑のものは何も残らなくなった。 ^{16} ファラオは急いでモーセとアロンを呼び寄せて、言った。「わたしはお前たちの神ヤハウェに対し、またお前たちに対して過ち^{p}を犯した。 ^{17} どうか今、もう一度だけ、わたしの過ちを赦してもらいたい。そしてお前たちの神ヤハウェに祈り求めて、この度の死だけはわたしから取り除いてくれるように。」 ^{18} モーセはファラオのもとから退出し、ヤハウェに祈り求めた。 ^{19} ヤハウェが非常に強い西風に^{q}変えられたので、風はばったを運び去り、それらを葦の海に^{r}吹き飛ばしたので、エジプトの全領域にばったは一匹も残らなくなった。 ^{20} しかしヤハウェがファラオの心を頑なにされたので、彼はイスラエルの子らを立ち去らせなかった。

a: 七十人訳は「彼らの」。

b: 動詞は3人称単数形で、主語はモーセひとりであるが、アロンを伴って入って行ったことを表わす。節の後半では動詞は複数形になっている。

c: サマリア五書は「(すべての) 地の草、すべての木の実」を加えている (10:15 参照)。

d: 原文のまま。モーセのことでアロンは触れられていない (10:3, 8, 10–11 参照)。シリア語訳は「彼ら」。

e: 七十人訳は「エジプトが滅びかかっているのをご覧になりたいのですか」。

f: 七十人訳は「われわれの神・主の祭だからです」。

g: 原文は「彼は」。

h: 七十人訳は「おまえたちの女と子供たちも送りださねばならぬのか？」。

i: 原文は「彼はファラオの面前から彼らを追い払った」であるが、こなれた表現にしてある。

j: サマリア五書と七十人訳は「すべての木の実」を加えている。

k: 七十人訳はここに「木々の果実を」を加えている。

l: 七十人訳は「天に向かって」を加えている (10:22 参照)。

m: 七十人訳は一貫して「南風」。

> *n*: 七十人訳は「地は荒れ果てた」。
> *o*: サマリア五書はここでも「木の実にも」を加えている。
> *p*: 原語は「罪」。神ヤハウェの前に自分の罪を認めたのでなく判断を誤ったという認識を表わす。
> *q*: 七十人訳は「海からの激しい風に」。
> *r*: 七十人訳は「エリュトラ海に」。

その十・暗闇による災い

10:21 ヤハウェはモーセに言われた。「あなたの手を天に向かって差し伸べなさい。エジプトの全土に暗闇が生じ、闇は〔地に〕触れる*a*。」 22 モーセはその手を天に向かって差し伸べた。するとエジプトの全土に漆黒の暗闇*b*が3日にわたって生じた。23 人は互いに見ることもできず、3日の間、それぞれ自分の場所から立ち上がることもできなかった*c*。しかしすべてのイスラエルの子らには、その居住地に光があった。24 〔3日の後〕ファラオはモーセ*d*を呼び寄せて、言った。「行って、ヤハウェに*e*仕えるがよい。ただお前たちの小家畜や牛は残しておけ。お前たちの子供らは*f*お前たちと一緒に行くがいい。」 25 モーセは答えた。「わたくしどもの手にいけにえと全焼の供犠も、あなたが与えてくださりさえすれば、〔それをもって〕わたくしどもはわたくしどもの神ヤハウェに〔犠牲を〕献げます。26 ですから、わたくしどもの家畜もわたくしどもと一緒に行きます。蹄一つ残ることはありません。わたくしどもの神ヤハウェにお仕えするため、わたくしどものものの中から選び取らなければなりません。その場所に行き着くまで、わたくしどもが一体何をもってヤハウェにお仕えすればいいのか、わたくしどもには分からないからです。」 27 ヤハウェはファラオの心を頑なにされたので、彼は立ち去らせようとはしなかった。28 ファラオはモーセに命じた。「わが前から消え失せろ。二度とお前はわたしの顔を拝みに来るな。わたしの顔をお前が拝むときには、お前は死ななければならない。」 29 そこでモーセは言った。「あなたが言われたとおり、わたしは二度とあなたのお顔を拝見することはありません。」

> *a*: 動詞は3人称単数男性形で「さわる」。主語は「闇」(男性名詞)しか考えられない(〔地に〕を補ったことについては10:23の注解を参照)。

b: 七十人訳は「真っ暗になる激しい嵐（のときのような）闇が生じた」。

c: 七十人訳は「三日の間、だれも自分の兄弟を見ることができず、だれも自分の寝台から立ち上がれなかった」。

d: 七十人訳とラテン語訳は「とアロン」を加えている。

e: 七十人訳は「おまえたちの神・主に」。

f: 七十人訳は「女と子供たちは」。12:37 参照。

過越の準備とエジプトでの初子の死
11 章

¹ ヤハウェはモーセに言われた。「ファラオとエジプトに、わたしはもうひとつ打撃を加える*ᵃ*。その後、彼はあなたがたを立ち去らせる。彼が立ち去らせるそのときは、あなたがたをここから完全に立ち退かせる。² あなたは民の耳に告げなさい。そして、男は隣の男から、女は隣の女から、それぞれ銀の装身具と金の装身具を*ᵇ*求めさせなさい。」³ エジプト人の目の前で、ヤハウェがその民に恩恵を与えられるのである。またファラオの従者たち*ᶜ*とその民の目に、モーセその人はエジプトの地で極めて偉大〔な人物〕に映った*ᵈ*。

⁴ モーセは〔ファラオの従者たちに*ᵉ*〕言った。「ヤハウェはこう言われた。『真夜中頃に、わたしはエジプトのただ中に到来する。⁵ エジプトの地にいるすべての初子*ᶠ*、その玉座に就いているファラオの初子から挽き臼の後にいる女奴隷の初子まで、家畜の初子もまた、すべて死ぬ。⁶ かつてなかったような、またこれからも二度と起こらないような大いなる叫び声が、エジプト全土に起こる。』⁷ しかしすべてのイスラエルの子らに対しては、人間から家畜に至るまで、犬がうなり声を立てる*ᵍ*ことはない。ヤハウェがエジプトとイスラエルの間に、特別な区切りを設けているのをあなたがたが知るためである。⁸ これらのあなたの従者たちは、皆わたしのもとに下って来て、彼らはわたしにひれ伏して言うだろう、『あなたとあなたの足もとにいる*ʰ*すべての民は、どうか立ち去ってください』と。その後で、わたしは立ち去る。」こうしてモーセは*ⁱ*、怒りに燃えてファラオのもとから*ʲ*退出した。

⁹ ヤハウェはモーセに言われた。「ファラオはあなたがたに聞かない。エジプトの地に、わたしの奇蹟が増し加わるためである。」¹⁰ モーセとアロンは、*ᵏ*これらすべての奇蹟*ˡ*をファラオの前で行なった。しかしヤハウェはファラオの心を

頑なにされたので、彼はイスラエルの子らをその地から立ち去らせなかったのである。

12章

¹ エジプトの地でヤハウェはモーセとアロンに語って、言われた。² 「この月をあなたがたにとって月々の初めとしなさい。あなたがたにとって、それがその年の月々の最初の月となる。³ あなたがたはイスラエルの ᵐ 全会衆 ⁿ に向かって語り、言いなさい。『今月の10日、人はそれぞれ皆、父の家ごとに小家畜 ᵒ を一匹、即ち家族ごとに小家畜を一匹ずつ確保しなければならない。⁴ その家族が一匹の小家畜〔を食べる〕には少なすぎる場合、自分の家のすぐ近くの隣人と共に、人数に合わせて確保し、その小家畜について、人がそれぞれ食べる量をあなたがたは見積もらなければならない。⁵ 小家畜は、傷のない１歳の雄でなければならない。羊か山羊 ᵖ の群れから、あなたがたは確保しなければならない。⁶ この月の14日まで、それはあなたがたのところに取り分けておかれなければならない。イスラエルの会衆の全集団が、夕暮れから夕暮れの間〔のたそがれ時〕にそれを屠らなければならない。⁷ 彼らは血を取り、自分たちが中でそれを食べる家々の入り口の二つの柱とかもいに塗らなければならない。⁸ そしてその夜に、彼らは肉を火であぶって食べなければならない。また苦菜を添えて、種入れぬパンを彼らは食べなければならない。⁹ あなたがたは肉を生のまま、あるいは煮て食べてはならない ᑫ。足や内臓と頭が一緒の状態のまま ʳ 火であぶらなければならない。¹⁰ あなたがたは、翌朝までそれを残しておいてはならない ˢ。翌朝まで残ったものを、あなたがたは火で焼却しなければならない。¹¹ 次のようにして、あなたがたはそれを食べなければならない。あなたがたは、腰に帯を締め、両足にサンダルを履き、杖を手にしたまま、それを急いで ᵗ 食べなければならない。それはヤハウェのための過越である。¹² その夜、わたしはエジプトの地を通り過ぎる。そして、人から家畜に至るまで、エジプトの地にいるすべての初子を、わたしは打つ。またエジプトのあらゆる神々にわたしは審きを下す ᵘ。わたしはヤハウェである。¹³ あなたがたがいる家に〔塗って〕ある血が、あなたがたのためのしるしとなる ᵛ。その血を見て、わたしはあなたがたを過ぎ越す ʷ。エジプトの地をわたしが打つとき、滅ぼすものの ˣ 一撃はあなたがたに臨まない。¹⁴ この日は、あなたが

たにとって記念となる。あなたがたはこの日、ヤハウェのための祭りを祝わなければならない。またあなたがたの幾世代にわたって、この永遠の掟を、あなたがたは祝わなければならない。

¹⁵ 7 日の間、あなたがたは種入れぬパンを食べなければならない。最初の日に、あなたがたは、あなたがたの家からパン種を取り除いておかなければならない。最初の日から 7 日目までの間に、パン種の入ったものを食べた者は、イスラエルからその命を断たれるからである。¹⁶ 最初の日に聖なる集会があり ʸ、7 日目にも、聖なる集会があなたがたのためになければならない。それらの日には、いかなる仕事 ᶻ もなされては ᵃᵃ ならない。ただしすべての人〔や家畜〕ᵃᵇ に食べてもらう ᵃᶜ ため〔の仕事〕、それだけはあなたがたのためになされてよい。¹⁷ あなたがたは種入れぬパンの祭りを ᵃᵈ 守らなければならない。丁度この日に、あなたがたの群れを ᵃᵉ、わたしがエジプトの地から導き出した ᵃᶠ からである。あなたがたの幾世代にわたって、あなたがたは、この日、永遠の掟を守らなければならない。¹⁸ 最初の月の 14 日の夕方に、あなたがたは種入れぬパンを食べなければならない。その月の 21 日の夕方まで〔そうしなければならない〕。¹⁹ 7 日の間、あなたがたの家にパン種があってはならない ᵃᵍ。パン種の入ったものを食べた者はすべて、寄留者であれ、その土地に生まれた者であれ、イスラエルの会衆からその命を断たれるからである。²⁰ あなたがたは、パン種の入ったあらゆるものを食べてはならない。あなたがたが住むどのような場所ででも、あなたがたは種入れぬパンを食べなければならない。』」

²¹ モーセはイスラエルの長老たちを呼び寄せて、彼らに言った。「あなたがたは、自分たちの氏族ごとに、あなたがたのための小家畜を引いてきて、取ってその過越〔のいけにえ〕を屠りなさい。²² そしてあなたがたはヒソプの束を取り、鉢の中にあるその血に浸し ᵃʰ、鉢の中にあるその血でかもいと入り口の二本の柱に触れなさい ᵃⁱ。そしてあなたがたは誰も、朝までその家の入り口から外に出てはならない。²³ エジプトを打つためにヤハウェが通り過ぎる。〔その時〕かもいと入り口の二本の柱に塗ってある血をご覧になり、ヤハウェはその入り口を過ぎ越し、滅ぼすものが ᵃʲ あなたがたの家を打つために入ることを、〔彼は〕許さない。²⁴ あなたがたは、このことをあなたとあなたの子供たちの掟として、永遠に守らなければならない。²⁵ またヤハウェが ᵃᵏ あなたがたに語られたように、あなたがたに与える地にあなたがたが入ったとき、あなた

Ⅰ・2・(2) ファラオとの交渉と十の災い (5・1—12・36) 翻訳

133

がたはこの儀式 ^{al} を守らなければならない。^{26} あなたがたの子供たちがあなたがたに尋ねて、『あなたがたにとってこの儀式は何なのですか』と言うとき、^{27} あなたがたは、『これがヤハウェへの過越のいけにえである。ヤハウェがエジプトで、エジプト人を打たれたときに、ヤハウェがイスラエルの子らの家々を過ぎ越して、われわれの家をお救いくださったのである』と答えなければならない。」すると民は跪き、彼らはひれ伏した。^{28} イスラエルの子らは、戻っていき、ヤハウェがモーセとアロンに命じたとおりに行なった。彼らはそのとおりに行なっ〔て準備をし〕た。

^{29} 真夜中になって、ヤハウェはエジプトの地のすべての初子を打たれた。その玉座に就いているファラオの初子から牢屋につながれている捕虜の ^{am} 初子に至るまで、また家畜のすべての初子も〔打たれた〕。^{30} ファラオは夜中に飛び起きた。彼と彼のすべての従者たち、すべてのエジプト人も〔夜中に飛び起きたの〕である。大きな叫び声がエジプト〔中〕に ^{an} 上がった。死者が出なかった家は一軒もなかったからである。

  a: 原文の動詞は「もたらす」の意。
  b: 七十人訳は「衣服を」を加えてある。12:35 参照。
  c: 七十人訳は「ファラオの前で、そして彼の廷臣たち全員の前で」。
  d: 原文は、「極めて偉大であった」であるが「ファラオの従者たちとその民の目に」を受けるので、意訳してある。
  e: 10:28–29 でのやりとりから、従者たちにファラオに伝えるようにと語ったもの。従者たちへの言葉遣いやその後のモーセの振る舞いを参照のこと。
  f: 原語は男性名詞。4:23 の脚注を参照。
  g: 原文では「その舌をとがらせる」。
  h: 七十人訳は「あなたが率いるあなたの民も」。
  i: 原文では「彼は」。
  j: 原文のまま。「ファラオの前から」ではない。
  k: 七十人訳はここに「エジプトの地で」を加えている。
  l: 七十人訳は「しるしと不思議な業のすべてを」。
  m: 七十人訳は「イスラエルの子らの全会衆」。12:6 も同じ。
  n: 原語はエーダー。類似の概念であるカーハル「集団」（12:6）と区別してある。

o: 原語はセで、小羊か小山羊を指す（12:5）。

p: 羊の原語はケベス、山羊はエズでいずれも複数形。小家畜の原語セはどちらか一方を指す。

q: 申 16:7 では「煮て食べなければならない」。

r: 原文では「その足と内臓の上にあるその頭」。

s: 七十人訳はここに「おまえたちは、その骨をこなごなに砕いてはならない」を加えている（12:46）。

t: 同じ語は申 16:3 やイザ 52:12 に見られる。

u: 七十人訳は「すべての神々に対して復讐する」。

v: 七十人訳は「おまえたちがそこにいるという家族の上のしるしとなる」。

w: 七十人訳は「わたしはその血を見て、おまえたちを守る」。

x: 原語は名詞（12:23）であるが、分詞形に取れば「滅びをもたらす」で「滅びへの一撃」となる。

y: 七十人訳は「第一の日は聖なる（日）と宣言される」。

z: 七十人訳は「どんな奉仕的な仕事であれ、してはならない」。

aa: 原語はニファル態の動詞で受動の意味。

ab: 原語はネフェシュで「人、魂、命」等を意味する（12:19 の「命」も同じ）。

ac: 原語はここでもニファル態で「食べられる」という受動の意味。七十人訳は「すべての者によってなされねばならぬ仕事、ただこれだけは、おまえたちのためになされる」。

ad: 七十人訳は「おまえたちはこの戒めを守らねばならない」。

ae: 原語はツァーバー（6:26; 7:4; 12:51 参照）。

af: 七十人訳は「導き出す」。

ag: 原文は「見られてはならない」。

ah: 七十人訳は「戸口の傍らの血の一部を浸し」。

ai: 原語には「打ちつける」という意味が含まれるので、しっかりと塗りつける行為を表わす。

aj: 七十人訳は「死神が」。

ak: 原文は「彼が」。

al: 原語のアボダーは、この文脈では儀式であるが（12:25–26; 13:5; 29:17; 30:16; 39:40）、作業（35:21, 24; 36:1, 3, 5; 38:21; 39:32, 42）あるいは重労

働（1:1; 2:23; 5:9, 11）と訳し分けてある。

am: 七十人訳は「女の捕虜の初子」。

an: 七十人訳は「エジプトの国中に」。

《帰結》 イスラエルの子らの出国を命じるファラオ（12:31-36）

12:31 その夜のうちに、彼は ^a モーセとアロンを呼び寄せて、言った。「お前たちは、立って、わたしの民のただ中から出て行くがいい。お前たちもイスラエルの子らも。お前たちは、行って、お前たちが語っていたようにヤハウェに ^b 仕えるがいい。³² またお前たちが訴えていたように、お前たちの小家畜も牛も連れて行くがいい。わたしをもお前たちは祝福しなければならない。」³³ エジプト人は、民をせき立てて、急いでこの地から立ち去らせた。「われわれは皆死んでしまう」と彼らが思ったからである^c。³⁴ 民は、まだ発酵していないその生地を、それぞれの衣服でくるまれた自分たちのこね鉢ごと、その肩に担いだ。³⁵ イスラエルの子らはモーセが命じたとおり行ない、エジプト人から銀の装身具と金の装身具また晴れ着を求めた。³⁶ ヤハウェがエジプト人の目の前で、この民に恩恵を与えたので、彼らはその求めに応じた。彼らはエジプト人から剥ぎ取った。

a: 七十人訳、シリア語訳、ラテン語訳は「ファラオは」。

b: 七十人訳は「おまえたちの神・主に」。

c: 七十人訳は「と言っていたのである」。

【形態／構造／背景】

「ファラオとの交渉と十の災い」（5:1–12:36）は、大きく三つに分けて構成されていると見ることができる。導入に相当するのが「出国を求めるモーセとアロン」（5:1–7:7）で、いわば交渉の始まり。本体に相当するのが「ファラオに示される十の災いと過越における初子の死」（7:8–12:30）で、十の災いがエジプトに下される経緯と共に初子の死が語られている。帰結に相当するのが、交渉の終わりを示す「イスラエルの子らの出国を命じる

ファラオ」(12:31–36) である。

　三区分として見ることができるならば、交渉の始まりを語る導入と、その帰結である末尾でファラオが出国を許可する場面とが、全体の枠をなすことになる。その間にある交渉経緯を伝える部分が、本体である。

　導入とした「出国を求めるモーセとアロン」(5:1–7:7) の冒頭で、モーセとアロンがファラオに対して交渉を開始する場面が描かれている。この冒頭の交渉のプロセスは告知（通告）が主であるが、この場面には災いというしるしを伴う型（パターン）が見られない。神が自分たちに顕われたという表現が、「イスラエルの神ヤハウェ」と「ヘブライ人の神」という具合に重複している (5:1–3)。この最初の交渉が、イスラエルの子らへの重圧として跳ね返ってきたことに触れている (5:6–9)。彼らの要請を拒絶するファラオは、イスラエルの子らに対する圧迫をさらに厳しくする処置を行なうからである。

　この後でファラオ側に対し人夫頭たちが直訴する場面が出てくる。だが、唯一この場面だけモーセとアロンがファラオに告げるために登場しない (5:10–19)。ファラオのもとから出てきた人夫頭を彼ら2人が迎える形で、モーセとアロンの存在が触れられている (5:20–21)。その人夫頭に、モーセに対する不平を言わせている。それによると、その原因はモーセへの神の顕現であるという (5:21)。

　モーセに対するヤハウェの顕現に疑問が付されるやり取りがなされた後で、父祖の神との契約を遂行する旨の宣言を、改めてヤハウェがモーセに語って聞かせている (6:2–8)。神ヤハウェはファラオに語るようモーセに命じるが、唇に割礼のない自分にファラオが聞くでしょうか、とモーセは疑問を投げかけている（モーセ召命時の応答 4:10–13 を参照）。

　このやり取りの後で、いわば文脈を切り裂く形でモーセとアロンの家系、レビの家系についての言及が挿入されている。ルベン、シメオン、レビの部族に触れるだけで、他の諸部族には触れていない。力点はアロンの家系に触れることにあり、モーセの息子たちについての言及もない。アロンの系図をレビの一族として正当化する観点で、挿入されたものであろう。その系図も、アロンの子らの中でアロンからエルアザル、ピネハスへの系譜が強調されている。民数記で報じられる（民 16:1 以下）モーセとアロンに

対する祭司コラ一族の反乱は祭司文書の手に帰されるが、レビの一族であるその事件の関係人物名もここで列挙されている。祭司文書の関与を想定してよいだろう。

　系図の末尾にはモーセとアロンの役割分担が明記され、モーセがファラオに対して神、アロンがモーセの預言者となるという。神とモーセ、モーセとアロンの関係が、モーセとファラオ、アロンとファラオの関係へと移し替えられている。

　この導入に相当する部分に一連の編集の手が加えられているのは、どう見ても明らかであると思われる。レビの家系についての言及で、特にアロン系祭司の系譜に触れていることから、幕屋の設営に力点を置いていた祭司文書の編集段階、あるいは最終編纂段階で全体を調整する目的でこの部分が加えられたものと思われる。

　続いて、本体に相当する「ファラオに示される十の災いと過越における初子の死」（7:8–12:30）の部分には、交渉の経緯を型（パターン）に従って述べる傾向が認められる。この型に即してみると、これまでヤハウェ資料あるいは祭司文書とされてきた箇所では、組み立てに微妙な違いがあることが分かる。特にモーセとアロンの関係が、その役割から見れば微妙に揺れているのが見て取れるからである。すでに明らかにされている論点を参照しつつ、型そのものを比較することができるであろう。型の構成は、以下に示すような基本的な組み立て要素からなると思われる。

〈基本の型〉
　導入部分　ファラオに語れという神からの命令
　　　　イ）導入句
　　　　ロ）命令本体とその理由
　本体部分　ファラオへの告知とその後の展開
　　　　イ）神の言葉の告知（参内と退出）
　　　　ロ）災いをもたらす所作と言葉の成就
　　　　ハ）執り成しの嘆願とその結末（参内と退出）
　帰結部分　ファラオの応答
　　　　イ）理由・ファラオの頑なな心

ロ）帰結・立ち去らせるのを拒絶

　ヤハウィストによる報知は、（Ⅰ）血の水による災い、（Ⅱ）蛙による災い、（Ⅳ）虻による災い、（Ⅴ）疫病による災い（家畜）、（Ⅶ）疫病による災い（人）、（Ⅷ）雹による災い、（Ⅸ）ばったによる災いと、（Ⅹ）暗闇による災い、（Ⅺ）初子の死の部分が該当するとされている。初子の死については、通常は十番目の災いとされるが、本書では十一番目の災いと見なしている。

　他方、祭司文書の事例は、杖による蛇のしるし（序に相当）、（Ⅰ）血の水による災い、（Ⅱ）蛙による災い、（Ⅲ）ぶよによる災い、（Ⅵ）腫れ物による災いの部分が該当するとされている。特に（Ⅰ）血の水による災いと（Ⅱ）蛙による災いの二例は、二つの資料が接合されている形で編集されていると思われる。

　そこで代表的な構造を提示し、その構成を相互に比較することにしたい。資料の編集、接合作業等で、基本の型がどのような形で増補拡張されていくかを見るために、構造的に最も簡潔な例を最初に掲げておきたい。

〈パターン J–1（ヤハウェ資料・〔Ⅳ〕虻による災い）　8:16–28〉
　導入部分　ヤハウェがモーセに語れと命じる　16a 節
　　イ）導入句　16aα 節
　　ロ）命令本体　16aβ 節
　本体部分　モーセによるファラオへの告知とその後の展開　16b–27 節
　　イ）「ヤハウェはこう言われた」（登場と退出）　16b–19 節
　　ロ）ヤハウェによる言葉の成就　20 節
　　ハ）モーセに対する嘆願とその結末（登場と退出）　21–27 節
　帰結部分　ファラオの応答　28 節
　　イ）理由・ファラオの頑なな心　28a 節
　　ロ）帰結・立ち去らせるのを拒絶　28b 節

　この型（パターン）では、モーセは宮廷に参内するのではなくナイル川の川辺での対面という方式を取っている。また「ヤハウェはこう言われた」

とモーセが語るのは、虻を遣わすヤハウェの告示で、それに続くのが「ヤハウェがこのように行なわれたので」という様式である。モーセ本人による所作は記されていない。またファラオがモーセを呼び寄せる場面では、「とアロン」が後に挿入されている（8:21aα）。以下に続く応答はモーセによるもので、執り成しの祈りを捧げるのもモーセひとりである（8:25–27）。

　このJ–1のパターンと比べて、この基本の型がより拡張されているのがJ–2のパターンである。

〈パターンJ–2（ヤハウェ資料・〔Ⅶ〕疫病による災い（人）、〔Ⅷ〕雹による災い）9:13–35〉
　導入部分　ヤハウェがモーセに語れと命じる　13a節
　　　イ）導入句　13aα節
　　　ロ）命令本体　13aβ節
　本体部分　モーセによるファラオへの告知とその後の展開　13b–34節
　　　イ）「ヘブライ人の神はこう言われた」（参内と退出）
　　　　　　　　　　　　　　　　　　　　　13b–14, 15–19, 20–21節
　　　ロ）モーセによる所作と言葉の成就　22–26節
　　　ハ）モーセに対する嘆願とその結末（参内と退出）
　　　　　　　　　　　　　　　　　　27〔+アロン〕–34節
　帰結部分　ファラオの応答　35節
　　　イ）理由・ファラオの頑なな心　35a節
　　　ロ）帰結・立ち去らせるのを拒絶＋ヤハウェの言葉の確証　35b節

　「ヤハウェはこう言われた」でなく、「ヘブライ人の神ヤハウェはこう言われた」となっており（9:13b）、災いを下す際に「次のことのゆえに、わたしはあなたを生かしておいた……」等の理由づけが加えられている（9:16–17）。しかも、避難させよと警告を与えている（9:18–19）。これを受けて「ヤハウェの言葉を畏れた者」（9:20）が、従者と家畜を避難させたというエピソードが加えられ、拡張されている。

　この型の例では、モーセに対し「あなたの手を天に向かって差し伸べなさい」と神は命じ、モーセはそれに従う（9:22–23）。こうして災いが、ヤ

ハウェの言葉通りに成就する。ファラオの執り成しの嘆願も一歩踏み込んで、「ヤハウェは正しく、今回はわたしが過ちを犯した」（9:27）と告白をさせている。末尾の帰結部分も、「ヤハウェがモーセをとおして語られたとおりである」（9:35）という表現をもって締め括っている。

次に祭司文書によると思われるパターン P-1 を掲げておきたい。

〈パターン P-1（祭司文書・〔Ⅲ〕ぶよによる災い）　8:12–15〉
導入部分　ヤハウェがモーセに語れと命じる　　12a 節
　　イ）導入句・命令とその理由　12aα 節
　　ロ）言葉本体・アロンに言いなさい　12aβ 節
本体部分　ファラオへの告知とその後の展開　12b–15a 節
　　イ）（参内と退出）————
　　ロ）アロンによる所作と言葉の成就　12b–14 節
　　ハ）その結末　15a 節
帰結部分　ファラオの応答　15b 節
　　イ）理由・ファラオの心が頑ななため　15bα 節
　　ロ）帰結・立ち去らせるのを拒絶＋ヤハウェの言葉の確証

15bβ 節

このぶよによる災い（Ⅲ）は、災いが最も短く語られている場面である。祭司文書に帰されている型（パターン）によれば、ヤハウェはアロンに語ることを命じ、しるしを起こさせる所作をアロンに行なわせている（8:13）。この単元では、冒頭の杖を用いたしるしの場面（序）で登場した魔術師たちが、同じ秘術を試みるが実現できず（8:14）、「それは神の指〔によるもの〕です」と彼らに告白させている（8:15a）。

この単元よりも、より拡張されたものとして、パターン P-2 の例を取り上げてみたい。腫れ物による災い（Ⅵ）が祭司文書に帰されている。

〈パターン P-2（祭司文書・〔Ⅵ〕腫れ物による災い）　9:8–12〉
導入部分　ヤハウェがモーセとアロンに語り命じる　8–9 節
　　イ）導入句　8aα 節

ロ）命令本体　8aβ–9 節
　本体部分　モーセとアロンによる告知とその後の展開　10–11 節
　　　イ）ファラオの前に立つモーセとアロン（参内と退出）　10aα 節
　　　ロ）モーセによる所作と言葉の成就　10aβ–b 節
　　　ハ）その結末　11 節
　帰結部分　ファラオの応答　12 節
　　　イ）理由・ファラオの心　12a 節
　　　ロ）帰結・立ち去らせるのを拒絶＋ヤハウェの言葉の確証　12b 節

　この単元では、ヤハウェはモーセだけに語るのでなく、モーセとアロンに語りかけている（9:8a）。災いのしるしとなるかまどの煤を集めるのは2人であるが、それをファラオの前で「天に向かってまき散らした」のはモーセである（9:10a）。だが、2人ともファラオの前に立っているという。また、結末部分には「魔術師たちは、この腫れ物のためにモーセの前に立つことができなかった」とあり、ファラオによる嘆願の場面は省かれている。

　次に、ヤハウェ資料と祭司文書がそれぞれ組み合わされたと思われる型（パターン）を見てみたいと思う。それによって編集時の接合技法が見えてくると思えるからである。

〈パターン JP（複合型・〔II〕蛙による災い）　7:26–8:11〉
　導入部分　ファラオに語れというモーセへの命令　26a 節
　　　イ）導入句　26aα 節
　　　ロ）命令本体とその理由　26aβ 節
　本体部分　ファラオへの告知とその後の展開　26b–8:10 節
　　　イ）神の言葉の告知（参内と退出）　26b–29 節
　　　ロ）アロンによる災いをもたらす所作と言葉の成就　8:1–3
　　　　（a）導入句　1a 節
　　　　（b）命令本体　1b 節
　　　　（c）アロンによる所作と言葉の成就　2 節
　　　　（d）魔術師たちは実現できず　3 節

ハ）モーセへの嘆願とその結末（参内と退出）　4–10 節
帰結部分　ファラオの応答　8:11
　　イ）理由・ファラオの心　11aα 節
　　ロ）帰結・聞くのを拒否＋ヤハウェの言葉の確証　11aβ–b 節

　この単元の中に、「ヤハウェはモーセに（語って）言われた」が 2 回出て来る（7:26aα; 8:1）。後者はモーセに対し、「アロンに言いなさい」とヤハウェが命じている（8:1a）。災いをもたらす所作を実行するのは、アロンである（8:2–3）。ファラオが執り成しの嘆願をするのは、「モーセとアロンを呼び寄せて、命じた」（8:4）と 2 人に命じる形を取っている。基本的にこれは祭司文書の資料記者による組み立てであるが、後代の挿入による編集の痕跡が明確に見て取れる（8:1–3）。
　応答するのはモーセひとりであるが（8:5–7）、「モーセはアロンを伴ってファラオのもとから退出した」（8:8a）のように、アロンの存在を見事に組み込んでいる。だが執り成しをするのはモーセひとりであり（8:8b）、「ヤハウェはモーセの言葉のとおりになされた」（8:9a）となっている。
　ヤハウェ資料では、一部の挿入を除き、基本の型に従う形でモーセひとりの業として伝承されていた。それが、祭司文書の手によってアロンの関与が組み込まれ、アロンに語れとヤハウェがモーセに命じる文脈を作り上げている。ヤハウェ資料を土台に増補拡張した接合編集技法が、ここから分かるはずである。
　これら一連の災いの中で、型（パターン）を逸脱している例がある。それが第七の災いである（9:13–17）。二つの災いが結合されている状態から、加えられたと思われる疫病による災い（人）を取り出すことができる。

〈パターンから外れている例（〔Ⅶ〕疫病による災い（人））　9:13–17〉
導入部分　ヤハウェがモーセに語り命じる　13–17 節
　　イ）導入句　13aα 節
　　ロ）命令本体とその理由　13aβ–17 節
本体部分　モーセとアロンによる告知とその後の展開　―――――
　　イ）ファラオの前に立つモーセとアロン（参内と退出）

　　　　ロ）モーセによる所作と言葉の成就
　　　　ハ）その結末
　　帰結部分　ファラオの応答 ─────

　実際に十の災いが下される経緯を型（パターン）に従って考察するならば、均一の形で常に構成されていないことは明らかである。第五の災い（家畜）と第七の災い（人）は重複しているようでも、個別の災いとして語られている。後者は型から外れた形態を伝えている。従って、部分的に編集の手が加えられていると見なさなければならない。神からの命令は主としてモーセに語られるが、中にはアロンに語れという指示も含まれる（8:1b）。だが、それをファラオに告知する際の語り手が常にモーセであるとは限らず、モーセとアロンの場合もある（5:1, 3; 7:2）。またしるしが実現される際に、実際に杖を使う行為等はアロン1人に命じられる場合もあり（7:19; 8:1, 12）、モーセとアロンが共同で行なう場合もある（7:6, 10, 20; 10:8; 12:3, 28）。ファラオが撤回を求めるために呼び出す相手がモーセだけのこともあり（8:26; 9:33; 10:18, 24, 28; 11:8 (?)）、モーセとアロンの場合もある（8:4, 8, 21; 9:27; 10:8, 16; 12:31）。十の災いが下されることになるが、九番目の災いのため、ファラオはこれ以降、モーセとアロンに会うことを拒絶するに至る（10:28）。

　最後の十一番目にあたる災いは、過越に関係する初子の犠牲がファラオの従者たちをとおしてファラオに警告される（11:1–8）。この災いのゆえにファラオはイスラエルの子らの出国を許可するのであるが、ヤハウェはモーセに対しイスラエル側の準備として過越のいけにえと種入れぬパンを食べること、過越のために血を入り口の柱に塗ること等が、過越の祭りの掟であるとして伝えている（12:1–28）。準備のなかったエジプト人の間で初子が犠牲となったことが、過越の結果として語られている（12:29–30）。

　「イスラエルの子らの出国を命じるファラオ」（12:31–36）とした帰結部分は、交渉が実を結ぶ形でイスラエルの子らの出国をファラオが命じたことが語られている。その際に、ファラオは「お前たちは、行って、お前たちが語っていたようにヤハウェに仕えるがいい」（31節）と命じ、モーセに向かって「わたしをもお前たちは祝福しなければならない」（32節）と

ファラオに発言させている。これは、「現人神」とされたファラオの存在そのものを否定する言葉となっている。

【注解】

5章1節の「イスラエルの神ヤハウェはこう言われた」は、預言者による告知の類型そのままである（使者の口上の様式）。告知の内容は、「**わが民を立ち去らせ、荒れ野でわたしのために祭りを行なわせよ**」である。ファラオの宮廷で、このような口上で語られる預言の受け入れ体制ができていたのかどうかについては、疑問の余地なく、そのような体制は存在しなかったと言わなければならない。ファラオは、エジプトでは「現人神」とされていた人物である。そのファラオに別の神のメッセージを届けるという設定は、古代イスラエルの文化世界であれば起こりうることであるが、預言者が機能できていた告知の空間については、エジプトの文化世界では全く知られていない。イスラエル的な言葉の預言者を受け入れる余地はなかったと言うべきで、モーセのような預言者も呪術師の１人くらいにしか見られなかったはずである。ファラオの面前で、それも恐らく高官たちの面前で、指導者として振る舞えたのが神官あるいは呪術師、魔術師、占い師くらいでしかなかったからである。ヨセフは夢解きの占い師として、ファラオの面前に召し出されたことが知られている（創 41:14–36）。彼は、その業をとおしてエジプトの高官になったのである（創 41:37–44）。

2節では、「**ファラオは言った。『わたしがその声に聞き従い、イスラエルを立ち去らせなければならないヤハウェとは、いったい誰なのか。わたしはヤハウェを知らない。またイスラエルを立ち去らせることもしない』**」という形式でファラオ自身の言葉を引用しているが、モーセとアロンが実際にファラオのすぐ目の前に立って、親しくこの言葉を聞いたのかどうかは疑問である。少なくとも宮廷に参内する者は、まず高官の前にひれ伏さなければならないからである（創 42:6）。その声に聞き従い、イスラエルを去らせなければならないヤハウェとは、いったい誰なのか、と応答するファラオであるが、「現人神」とされた存在であるがゆえに、彼は誰からの命令も受けることはない。人は容易に近づけない存在だったことは、想定さ

れてよいであろう。高官の前にひれ伏すことは〔外交辞令として〕容認できたとしても、「現人神」にひれ伏す行為は異教崇拝の形を取らざるをえない。現実的に言えば、モーセといえども直接ファラオに語りかけることはできなかったはずである。ファラオの面前に召し出されても、ファラオの顔を拝みに来るという表現で言い表わされており、例外なくそれはファラオの前にひれ伏すこと（神礼拝の形式でファラオに会うこと）が前提とされているからである（出 10:28–29）。従って、ファラオがモーセとアロンと直接に言葉を交わし、親しく彼らに応答するという場面は、編集者が想定した場面であり、実際に彼らがファラオの前に立ったとは考えられない。現実的なファラオの宮廷内の状況を考えるならば、テキストが語っている交渉の現場は、もとよりファラオを「現人神」と認めていない資料記者あるいは編集者が想定した限りでの面談の場面でしかない。この状況設定そのものは、意図的な編集の結果だと言わなければならない。だがエジプトの宮廷内での行政的な判断や指導については、歴史的なリアリティーを留めていると言える。イスラエルを立ち去らせなければならないというセリフに、イスラエルというアイデンティティーが使われている。これは資料記者によるもので、エジプト側にそのような認識があったわけではない。ヤハウェなど知らないし、またイスラエルを去らせることもしないという応答が暗示しているのは、ファラオの前に高官が立ち、ファラオの言葉を取り次ぐのがエジプト宮廷のしきたりであったという事実で、それがここで想定されるべき状況である（創 42:6–7, 23; 45:1; 47:1–10 等参照）。つまり、ファラオの言葉として伝えられているものが、現実的には高官が口にした言葉であったにせよ、ファラオの意志、即ちエジプト行政府の意志を言い表わしている言葉なのである。

　同じことは **3 節**にある、「**ヘブライ人の神がわたくしどもに顕われました。どうかわたくしどもに 3 日の道のりを荒れ野に行かせてください**」という要求も、直接ファラオの前で親しく訴えた言葉とは考えにくい。現実的には、高官に訴えた言葉が引用されていると理解すべきであろう。敢えて神の名を口にすることなくヘブライ人の神が自分たちに顕われましたとモーセとアロンが〔高官に〕語るのは、ヤハウェと明言した部分と重複していて、明らかに編集作業の痕跡を示している（5:3 と 5:5–19 での「わたくしども」

を使った表現を参照)。その声に聞き従い、「イスラエルを立ち去らせなければならないヤハウェとは、いったい誰なのか」というファラオ側の応答に示されているように、エジプト当局にとって未知の神であるため、「ヘブライ人の神がわたくしどもに顕われました」の方が当局の人間には分かりやすいはずである。イスラエル側が、「**神が疫病か剣でわたくしどもを襲うことのないように、わたくしどもの神ヤハウェに犠牲を献げさせてください**」と、儀礼的な観点で要請をした事情もよく分かるのではないだろうか。従って「ヤハウェとは、いったい誰なのか」と問い直す場面構成が、編集作業の結果を如実に物語る。われわれは、ヨセフ物語からこのエジプトにおける宮廷内の作法や統治体制についてある程度は知らされている。ヨセフのような高官を例外としても(創 42:6–8; 43:17–25, 44:14–17; 45:1–2)、通訳をとおしてしかファラオとは言葉を交わすことができなかったからである。資料記者もそうした状況を想定しながら、モーセによる交渉の場面を語っているのである(7:10 の「ファラオと彼の従者たちの前に」という表現に注目したい)。交渉の現場を再現しているのは、資料記者あるいは編集者の構想によると言えるであろう。だからと言って、問題設定が軽く見積もられているのではない。モーセをファラオの前にひれ伏せさせることを避けつつ、預言者の機能をモーセに負わせ、ファラオに直接的に語らせるという場面設定を導入しているからである。この問題意識は鮮烈である。このような場面設定をすることで、「現人神」であるとされたファラオの神性を否定し、彼は単なる人間、王という単なる交渉相手、神の言葉を通告すべき対象と見なしているからである。そこには、彼らの明白な思想〔神学〕が前提とされているのである。

　4節にある「エジプトの王は彼らに言った。『**なぜお前たち、モーセとアロンは、民をそのなすべき労役から引き離させるのか。お前たちの強制労働に戻るがよい**』」という表現から、ファラオが下した直接的な命令という観点で読む人もいるかもしれない。現実的には、ファラオの命を受けた高官が応答している状況を、繰り返しここで強調しておきたい。ファラオ側の認識では、ヘブライ人の宗教的な要望に応える必要など全くないことを示す。

　5節のファラオの言葉、「**見よ、今やこの地に民は数を増しているのに、**

お前たちは彼らにその強制労働を休ませようとしている」もまた、自分に仕えている高官をとおしてファラオが彼らに意向を伝えているにすぎないと考えられる。「彼らは怠け者なのだ。だから彼らは『わたくしどもを行かせ、わたくしどもの神に犠牲を献げさせてください』と言ってわめくのだ」(5:8) と、ファラオの宮廷がイスラエルの子らを見ていることを物語る。奴隷状態に置かれた、民の現実を象徴するやりとりである。常に使者が口上を述べる様式でモーセが語っているのは、高官をとおしてであれ、ファラオに告知しているからである。またヤハウェも、「ヤハウェはこう言われた」(5:1) という様式でファラオに告知するようモーセに命じている。エジプト宮廷での作法について熟知していた資料記者は、異教崇拝の儀礼的な応接の場面を意識的に避けて描きながら、ヤハウェが、モーセとアロンを介して「現人神」とされたファラオとも対峙していることを表現している、そのように考えるべきであろう。今やこの地に民は数を増しているのにという警戒心は、すでに触れたように、ゴシェンの地を統治し防衛するというエジプト側の懸念を反映している (1:10)。「この地の民よりも増えている」とのサマリア五書の読み方が、それを裏づけている。

6節に、「その日、ファラオは民を追い使う監督とその人夫頭に命じて言った」とあるように、ファラオがその意向を明らかにし、それを聞いた高官が監督とその人夫頭に命じる。これが、ファラオの宮廷での現実的な状況であったと思われる。それでもこの箇所からも、ファラオ側の姿勢として、モーセやアロンの指導者としての特質や、ヤハウェの使者としての立場や役割を全く無視していたことは明白に伝わってくる。

7節の「お前たちは、この民には、煉瓦を作らせるための藁を今までのように与えるな。彼らを行かせ、自分たちで藁を集めさせよ」という行政命令は最もオリジナルな資料層に属していると考えられるが、ファラオ自身がこのような奴隷労働の細かなことについて熟知していたとは考えられない。当時の煉瓦は日干し煉瓦が普通であり、粘土の中に藁を加えることで強度が増したのである。従って、藁は不可欠であった。

8節の、3人称複数形による「そして彼らが今まで作っていた煉瓦の数量を彼らに課し、それを減らさせてはならぬ。彼らは怠け者なのだ。だから彼らは『わたくしどもを行かせ、わたくしどもの神に犠牲を献げさせてくださ

い』と言ってわめくのだ」という表現も、ファラオが直接的にモーセとアロンに語りかけた言葉ではないだろう。高官が、彼らの要請を却下するため更なる重労働を命じた言葉と取るべきであろう。

9節の「**その者たちへの重労働がよりきつくなれば、彼らはそれに従事し、偽りの言葉などに目を向けることはなくなる**」に見られるように、預言者的なメッセージの口上は全く無視され、偽りの言葉とまで見られている。その状況は、資料記者あるいは編集者が想定した交渉場面からも生き生きと伝わってくる。問題意識の鋭敏さが、交渉場面のリアリティーを支えているのである。

10節で、「民を追い使う監督とその人夫頭は出て行って、民に告げて言った」とあるように、モーセとアロンの姿はこの場面から消えている。ファラオの高官からの指示を受けて民を追い使う監督とその人夫頭が、行政上の処置を勧告するという。ここで言及されている「民を追い使う監督」とはエジプトの役人で、「その人夫頭」とは、その役人の下に徴用されている者たちのこと。後述するように、人夫頭は同じヘブライ人の中から選ばれていることは間違いない（5:15, 20–21）。「**ファラオはこう申された。『お前たちに与える藁はない』**」と、命令を伝えている。この部分に、出エジプト記の諸資料層の最古のものがあるという考えがあるのは分からないではない。モーセもアロンも登場せず、この場面では彼らは何の役割も果たしていないからである。すでに触れたように、異なった伝承を伝える資料層を相互に接合させた編集者の技法を、ここに読み取るべきではないだろうか。最古の層があるとしても、それが何を物語っているのかは、全体のモーセに託された使命から読み解かれるべきだからである。「ファラオはこう申された」という語り口は、モーセの語り口と類似している。ヤハウェとファラオを、対極に置いている表現方法である。

それを受けて、**11節**で「**お前たちは行って、自分で見つけたところからその藁を集めよ。お前たちの重労働から、決まっている分量は減らされない**」と通告させている。物語全体に複数の編集者あるいは資料記者の手が加わっていることに疑問の余地はないが、ファラオから発せられた言葉が、高官を媒介に末端の行政担当民を追い使う監督とその人夫頭へと伝えられ、「お前たち」という形で、イスラエルの子らに通告されている様子が見て

とれる。

12節によれば「藁用の切り株を集めるため、民はエジプト全土に散った」とあり、ここでもモーセとアロンは何の役割も担っていないことが読み取れる。素材となった伝承が存在することに注意を喚起しておきたい。繰り返しになるが、編集された全体から見るならば、モーセとアロンが担っている役割は何ら軽減されていないと考えるべきであろう。ゴシェンの野にいたイスラエルの子らは、「藁用の切り株」を求めて、耕作している農夫たちを訪ねて回ることになったのである。

13節にある、「追い使う監督たちはせき立てて言った。『藁があったときと同じように、日ごとに決まっている分量を作るお前たちの労役を、成し遂げよ』」という行政命令は、エジプトの役人から出されたもので、「イスラエルの子らに強制労働を課して虐待するため、彼らはその上に労務監督を置いた」(1:11) ことを受けている。

14節には、業務を委託されていた者たちが登場する。「ファラオの追い使う監督が任命したイスラエルの子らの人夫頭たちは、打ち叩かれた上に、言われた。『なぜお前たちは、昨日も今日も、今までと同じ決められた煉瓦を成し遂げなかったのか』」と。人夫頭たちは、イスラエルの子らである。ノルマとしての規定の分量を拠出できなかったので、彼らは打ち叩かれたのである。負うべき責任を果たしていないとして、人夫頭が処罰されたという。役人が直に労働の監督をするのでなく、使っている労働者と同族の人夫頭を徴用することで、煉瓦の数量の確保に責任を負わせ、不満や苦情を封印していたのである（イエス時代に、ローマ帝国が行なった徴税人による税の徴収方法を参照）。

15節によれば、ファラオの宮廷に出向いて訴えるのはモーセやアロンではない。「そこでイスラエルの子らの人夫頭たちは入って行って、ファラオに叫び求めて言った。『なぜあなた様は、あなた様の僕たちにこのようなことをなさるのですか』」と訴えているのも、現実的に言えばファラオの面前ではありえない。この場面では、追い使う監督たち、つまり役人を飛び越えてファラオに仕えている高官の前にひれ伏して叫び求め、懇願しているからである。いわゆる「現人神」ファラオは高官たちや数千人の役人の頂点にいた人物であり、「なぜあなた様は」と彼らが直に語りかけるこ

とのできる対象ではなかったからである。ファラオが、強制労働に服している人夫頭の嘆願を直に聞くことは現実的にありえない。高官の前で訴えたことは、ファラオに取り次がれるため、彼らは直に訴えるような言葉遣いで叫んでいるのである。彼らは高官をファラオの身代わりと見なして、彼らに訴えることができたのである。後にイスラエルの子らも、脱出後の荒れ野でモーセに対して同じように神に訴えている。

16節での「煉瓦のための藁が、あなた様の僕たちには与えられていません。それでもわたくしどもには、煉瓦を作れと命じておられます。ご覧ください、あなた様の僕たちは、打ち叩かれています」という言葉は、過酷な条件で労働に駆り出されている者たちの叫びである。煉瓦製作のための藁は、これまではエジプト側から提供されていたことを意味する。イスラエルの子らは、それを使って一定量の煉瓦を作り、納めるように求められていたのである。原文のままであれば、「**それがあなた様の民に責めを負わせているのです**」となる。動詞「処罰している、責めを負わせている」の主語が3人称女性形であるため、主語を想定して訳出しなければならない。「それが」は労役（女性名詞）であるかもしれないが、煉瓦（女性名詞）の場合もあるので、煉瓦のために「打ち叩かれている」ことが示唆されていると理解したい。民に責めを負わせているのですという言葉は、処罰されていることを意味する。もしその原語を名詞に読むならば、「過ちを犯しているのはあなたの民」と理解できる。だが人夫頭が訴える言葉として、「過ちを犯しているのはあなたの民」と訴えているとするならば、追い使う監督の指導が誤っているという理解となる。七十人訳に従って「ご自分の民を不当に扱っておられます」と、読むべきなのかもしれない。打ち叩かれた彼らが、民を追い使う監督を告発して「過ちを犯しているのはあなたの民」と訴えたとすれば、人夫頭が訴える言葉としては相応しいとは思えない。またファラオを告発するような、「ご自分の民を不当に扱っておられます」という読み替えも状況に合わないように思われる。人夫頭が「現人神」のファラオを名指しで告発することにでもなれば、状況はもっと悪くなるはずであり、最悪の場合、その「現人神」を侮蔑した咎で死罪となる危険も免れえないからである。

17節で、「怠け者よ。『自分たちを行かせ、ヤハウェに犠牲を献げさせて

ください』などと言うお前たちは、怠け者だ」と、訴えが突き返されている。

続けて **18節**で、「すぐに行って、働け。藁はお前たちには与えられない。しかも〔決まった〕煉瓦の量をお前たちは納めなければならない」との命令が、高官から発せられている。それを受けた人夫頭は、どう対応したであろうか。

19節で、「イスラエルの子らの人夫頭たちは自分たちが苦境にあることを悟った」という。彼らが苦境にあることを悟ったのは、エジプトの役人に立ち向かうことなどできないことが分かったからである。「悟った」の原語ヤーダー「知る」については、すでに触れた（2:25参照）。つまり、重労働の過酷さがこうして始まったのである。それまでの奴隷としての労働は他の奴隷の労働と比べて大きな差があるわけでなく、ごく並のものであったことは想定されてよいだろう。最古の資料層ではイスラエルの子らの人夫頭たちが交渉を担当していると見なされてきたが、モーセとアロンが担当者として登場する構図の中に、それが編集作業の結果として差し込まれている。その微調整は、どのようになされているのか。

20節によると、「彼らがファラオのところから退出してきたとき、彼らを迎えるため立っていたモーセとアロンに出会った」という。「彼らがファラオのところから退出してきたとき」の表現からみて、「ファラオの前から」となっていないことに留意すべきであろう。人夫頭たちに交渉が任されていたという古い伝承が存在していた可能性はあるが、労働をめぐる交渉がモーセとアロンによる交渉の図式へと繋がれているのが分かる。異なる伝承を編集する際の、見事な接合技法である。

21節で、「彼らはモーセとアロンに対し、『ファラオとその僕たちの目にあなたがたがわたしどもの匂いを臭いものに変えてしまい、わたしどもを殺すため彼らの手に剣を与えたことを、ヤハウェがあなたがたに顕れて、〔あなたがたを〕お裁きになるように』と言った」という。「わたしどもの匂いを臭いものに変えてしまい」という言葉から、監督と彼ら人夫頭たちとの作業をめぐるこれまでの関係が崩壊してしまったことが知られる。自分たちを殺すためエジプト人の手に剣を与えたことと見なし、ヤハウェが2人に顕われてお裁きになるようにと、モーセが語った言葉に原因を帰している。すべてはモーセとアロンの責任だと主張しているのである。

22節で、「モーセはヤハウェに立ち帰って、言った。『わが主よ、なぜあなたはこの民を酷い目にあわせるのですか』」と、モーセがヤハウェに訴えている場面が描かれている。そこでモーセは、「いったいなぜ、わたしを遣わされたのですか」とヤハウェに訴え出ているのである。

モーセは、かつて同胞から同じような言葉を投げつけられたことがある（2:14）。モーセに顕われたヤハウェがお裁きになるようにという言葉を、同胞である人夫頭から投げつけられたため、このモーセの祈りは、自分の召命と神の派遣命令は何だったのですかという反問になりうる。そこに神義論的な問いかけがあるのであるが、それが逆に微妙な響きを留めている。モーセは、「わたしはあなたと共にあろうとする。あなたにとって、わたしがあなたを遣わすしるしがこれである」（3:12）という言葉を神ヤハウェから受けているからである。圧倒的なしるしとしてモーセが経験した召命の出来事は、このような苦境においてもあらゆる希望の源泉であったはずである。モーセの反問は、ひとつ間違うとヤハウェの導きへの不信ともなりかねない言葉である。このようなモーセの姿を描く場面を挿入したのも、逆にモーセの召命が大きな鍵を握っていることを示すための編集技法ではないかと思われる。ファラオから高官への指示があり、高官から民を追い使う監督への業務命令が下され、彼らから人夫頭たちへ命令が発せられたのである。その逆に、今度は人夫頭たちから民を追い使う監督へ、高官へと訴えがなされたが拒絶され、ファラオのもとから退出するときに出会ったモーセとアロンに訴え、ヤハウェが顕われて、〔あなたがたを〕お裁きになるようにと言い、モーセはヤハウェに祈り求めるいう、対極化された構図がここにある。モーセは高官に会うために宮廷に出向くのではなく、つまりファラオのもとに出向くのではなく、彼はヤハウェに立ち帰って祈りを献げ、訴えているからである。最終編纂者によると思われる複数の伝承の接合技法が、ここに見られるのではないだろうか。こうして、場面はモーセ（とアロン）によるファラオとの交渉へと移るが、ファラオを神格化して見ていない資料記者あるいは編集者は、それと同時にモーセも神聖な存在として見てはいない。そのことは明らかであると思われる。

23節で、「わたしがあなたの名において語るためファラオのもとに行った

時から、彼はこの民を酷い目にあわせています。あなたは、あなたの民をちっともお救いにはなりません」と語る場面では、モーセの内面的、精神的な揺れを伝えている。動詞「救う」の不定詞絶対形と未完了動詞に否定辞を用いる強い表現でヤハウェに迫っている言葉であるため、自分の進退が窮まってしまったという気持ちをモーセは抱いたのである。その様子が、よく分かるのではないだろうか。

　6章1節に「今こそあなたは、わたしがファラオに行なうことを、見るであろう。彼は、〔わたしの〕強い手によって彼らを立ち去らせ、〔その〕強い手によって彼らをその地から立ち退かせることになる」とあるが、イスラエルの子らを立ち退かせる「彼」は、ファラオである。「わたしがファラオに行なうことを、見るであろう」という主文があるため、ヤハウェの強い手によって結果的にファラオはイスラエルの子らを立ち去らせ、立ち退かせることになるというのである。改めてヤハウェがモーセの召命と派遣命令を再確認し、今こそヤハウェの導きをファラオが見るであろうという。そして、それに従わざるをえないファラオの行為を具体的に伝えている。「しかし、強い手を用いなければ、エジプトの王はあなたがたが立ち去るのを許さないのを、わたしはよく分かっている」と宣言した神は、「そこで、わたしはわたしの手を伸ばし、エジプトのただ中でわたしが行なうあらゆる驚くべき業をもって、これを打つ。その後で、彼はあなたがたを立ち去らせることになろう」と宣言するのである（3:19-20）。このようにモーセに宣言したヤハウェこそが、それをそのとおりに実行される神なのである。ヤハウェは自ら彼らをその国から立ち退かせることができるはずなのに、ここではファラオにそれをさせる形で言及している。神に値しないファラオが、暴力的な手を使ってイスラエルの子らを排除する表現として読む可能性も含まれるが、以降に展開される十の災いとしるしを念頭に置くならば、ヤハウェの強い手によって「これを打つ」ことで、結果的にファラオがイスラエルの子らを立ち去らせるに至る、と取るのが自然である。神による救済方法が、直接的でなく、人をとおして神が働くことを暗示している箇所である。

　2-3節で、ヤハウェは改めて契約に言及する。改めてヤハウェが顕現

する形で「神はモーセに告げて、彼に言われた」とあり、「わたしはヤハウェである」(6:2, 6, 8) との宣言が描かれる。この宣言は、神がヤハウェとしてモーセに顕現したときの宣言に通じるものである (3:14–15)。モーセに顕現し、新しい名前を伝えたヤハウェは、ここで「わたしはアブラハム、イサク、そしてヤコブにはエル・シャッダイとして顕われたが、ヤハウェというわたしの名を、わたしは彼らに知らせなかった」とモーセに伝えている。第一に、ヤハウェとしての顕現は父祖たちにでなく、モーセその人に初めて名を明かし顕現したことが強調されている。第二に、「エル・シャッダイ」という名において父祖たちに顕われたというのであるが、エル・シャッダイは具体的な土地の聖所と密接な結びつきを持った神でなく、父祖たちに顕現した神の古い呼称だとされている。ヤハウェという名を彼らに知らせなかったというのは、モーセに最初に顕現しイスラエルの子らをエジプトから救い出そうとしている、その神の意志を証言しているからである。この「エル・シャッダイ」への言及は、資料記者に何らかの思惑があってのことであろう（ラテン語訳のヴルガータが全能の神〔創 17:1 Deus omnipotens〕と訳出して以来、それが近代語訳〔der allmächtige Gott, God Almighty, 全能的上帝、全能の神〕に引き継がれている）。ヤハウェがエル・シャッダイとして彼らと契約を立てたという場合 (6:4)、資料記者（恐らく祭司文書）の目には、契約を締結する神として父祖に顕現した神であることが前提とされている。神の名の宣言自体は、イスラエルの宗教史、伝承史にとっても意味のある告知であるに違いないが、古い伝承が素材として用いられている可能性もある。だがエル・シャッダイなる名が、なぜこの場面でヤハウェの口から告知されたのかについてはよく分かっていない。謎である。

　4節で、「またカナンの地、彼らがそこに寄留していた土地を与えるため、わたしは彼らとわたしの契約を立てた」と言及されている契約は、「アブラハム、イサク、そしてヤコブに」約束の地を与えるという内容であった。ヤハウェという名で顕現した神は、モーセに対しカナンの地、彼らがそこに寄留していた土地を彼らに与えるため、と言葉を重ねている。

　5節で、「わたしはまた、エジプト人が働かせているイスラエルの子らの呻き声を聞いて、わたしはわたしの契約を思い起こした」と語る。「呻き声

を聞いて」という前提が語られているが、「思い起こした」（2:24）の原語ザーカルは「記憶する、心に留める」の意で、単に忘れていたことを思い出したという意味ではない。恐らく、神ヤハウェが契約を想起したという意味である。「わたしの契約」という表象は、特別な意義を帯びている。いわゆる双務契約でなく、ヤハウェが恩寵として特別に与えた契約という意味合いが強いからである。

6節では、改めてヤハウェがモーセに「イスラエルの子ら」に言うように命じ、「わたしはヤハウェである。わたしはエジプトの強制労働のもとからあなたがたを導き出す。彼らの重労働からあなたがたを救い出し、伸ばされた腕をもって、大いなる審きをもってあなたがたを贖う」と宣言している。「わたしはヤハウェである」との宣言は、祭司文書の特徴であるとされている。神聖法集で告知される、ヤハウェの自己啓示と同じだからである（レビ 18:5, 6, 21; 19:12, 14, 16, 18, 28, 30, 32, 37; 21:12; 22:2, 3, 30, 33; 26:2 等参照）。同じ神聖法集の中でも、この簡潔な宣言は、「わたしはあなたがたの神ヤハウェ」（レビ 18:2, 30; 19:3, 10, 25, 31, 34; 20:7; 22:30; 23:22, 43; 25:17, 38; 26:13）と区別して使われている。その他にも、「あなたがたの神ヤハウェであるわたしは聖なるものである」（レビ 19:2）のような顕現様式もある。エジプトの重労働のもとから導き出すという表象は、出エジプトの神としてヤハウェが顕現した宣言とは微妙に異なる（20:2）。動詞「導き出す」は同じであるが、「奴隷の家」という表象は使われないで、ここでは「強制労働のもとから」となっている。「彼らの重労働から……救い出し」とあるように、ここでの救済は重労働からの解放に焦点が当てられている。「伸ばされた腕をもって、大いなる審きをもってあなたがたを贖う」という言葉も、恐らく最終的な編集段階で添えられた言葉だと思われる。大いなる審きが、いわゆる十一番目の災いである初子の犠牲を暗示しているからである（12:29–30）。神ヤハウェの言葉として、これから示される業を語るというところに力点があるように思われるからである。

7節で、「そしてわたしはあなたがたをわたしの民として受け入れ、わたしはあなたがたの神となる」とヤハウェは言う。これはご自身の契約を思い起こした神が、改めて宣言している言葉である。この神の意志がヤハウェとしての顕現と結びつくものであり、それが出エジプト記の資料記者あ

るいは編集者が伝えようとするメッセージである。歴史的救済行為をとおして、「あなたがたをエジプトの強制労働のもとから導き出す、あなたがたの神ヤハウェであることを知る」という。この「知る」は、ただ知識として知るということでなく、歴史的な出会いを契機に、経験の世界を媒介しつつ神の契約に与ることを意味している。イスラエルの子らは約束の地を取得することが「わたしはヤハウェである」と宣言された神の導きであることを悟り、経験に基づく信仰としてそれを告白するに至るという意義がそこに込められている。申命記史家的な構想と極めて接近しているように思われる。そうであるとすれば、最終的に申命記史家的な編纂段階での接合作業によって現在のテキストが構成されたことになるだろう。

　この契約を受けて**8**節で、「わたしは、アブラハム、イサク、そしてヤコブにそれを与えると手を上げ〔て誓っ〕た土地へ、あなたがたを導き入れ、その地をわたしはあなたがたに相続として与える」といわれる。この約束の成就に向けての神ヤハウェの言葉は、モーセ五書全体に関わる宣言としてここに組み入れられているのが分かる。その締め括りに、「わたしはヤハウェである」との自己啓示の言葉を添えている。資料記者の帰属を確定することも大切であるが、ここでは、編集あるいは編纂の結果としてこのようなメッセージが構成されている点を問題にしたい。

　9節で、モーセはそれを「イスラエルの子らに語り伝えたが」、「彼らは無気力になっており、厳しい重労働のゆえに、モーセに聞かなかった」とある。「無気力になっており」と訳した原語は「息（ルーアハ）の短さ」で、霊や気において忍耐力のないことを言い、まさに無気力になっている状態のため、モーセを信頼しなかったことを意味する。重労働のゆえにいらだっていた彼らがモーセに聞かなかったのは、ファラオの場合もイスラエルの子らの場合も、それを語るように伝えた神のメッセージを信じないためであった。結果的にモーセの言葉に従わず、聞かなかったことを言い表わしている。

　契約そのものについてモーセに伝えた後、**10**節で改めてヤハウェはモーセに命じ、**11**節で「入って行って、イスラエルの子らをその地から立ち去らせるように」ファラオに語れと言う。モーセに対し、宮廷に向かいファラオに告知せよというのである。

だが **12 節**でモーセは、「イスラエルの子らはわたしに聞こうとしませんでした」と訴え、それを根拠に彼は「どうしてファラオがわたしに聞くでしょうか。わたしは**無割礼の唇**〔の者〕です」と反問している。「口が重く、舌も重いわたくしですから」（4:10）というモーセの訴えはシナイ山で召命を固辞したときの気持ちを伝えるものであったが、それが変わっていないことを示している。無割礼の唇という概念は、祭司文書の表現である。この場面では、モーセに対するヤハウェの怒りは表明されていない（4:11 参照）。

13 節で改めてヤハウェは「モーセとアロン」に命じ、「エジプトの地からイスラエルの子らを導き出すため」という目的を明示し、「イスラエルの子らとエジプトの王ファラオについて、〔なすべきことを〕彼らに命じた」という。「について」は前置詞エルであるが、動詞「彼らに命じた」の人称接尾辞（「彼ら」）はモーセとアロンを指すため、「イスラエルの子らとエジプトの王ファラオに命じた」という意味にはならない。

6:14 から続く系譜は、すでに指摘したとおり、イスラエルの子ら全十二部族の系譜ではない。祭司文書記者の意図は、恐らくレビの家系を述べ、アロン一族の系譜を確認することにあるのであろう。その上で、モーセとの関係づけを行なうためであると思われるが、資料記者あるいは編集者の手が加わっていることは明らかである。13 節までの物語の流れを中断させて、14 節で「彼らの父祖の家の頭たちは、次のとおりである」とリストを掲げるからである。部族毎のリストを掲げる際に、極めて偏った列挙の仕方をしているのも事実である。**14–15 節**にかけて、「**イスラエルの長子ルベンの子らは、ハノク、パル、ヘツロン、カルミで、これらがルベンの氏族である。シメオンの子らは、エムエル、ヤミン、オハド、ヤキン、ツォハル、そしてカナンの女による子シャウル、これらがシメオンの氏族である**」と、十二部族の長子ルベンと続くシメオンに触れているが、ユダやその他の部族は言及されない。モーセとアロンに関わるレビの伝承に触れることが、その目的だからである。荒れ野でモーセとアロンに反逆を企てるのが、ルベンの孫であるエリアブの子ダタン、アビラム、そしてペレトの子オン（民 16:1–2）であるが、それも祭司文書記者の念頭にあるものと思

われる。

16節で、「レビの子らでその家系に従った名前は、次のとおりである。ゲルション、ケハト、メラリで、レビの生涯は137年であった」とあるのは、生涯年数を明記する祭司文書特有の表現である（以下、ルベンの子孫と、シメオン、レビの子孫の同じリストは創46:8–11参照）。「137年」という数字は、3名の人生年数の合算である可能性もあるが、この言葉が象徴する意味はよく分かっていない。

17節で、レビの子孫「ゲルション、ケハト、メラリ」（代上6:1–15）について、「ゲルションの子らは、氏族によれば、リブニとシムイである」とあり、**18節**で「ケハトの子らは、アムラム、イツハル、ヘブロン、ウジエルである。ケハトの生涯は133年であった」という。この生涯年齢の数字も、祭司文書特有の言及方法である。**19節**では「メラリの子らは、マフリとムシで、これらがその家系に従ったレビの氏族である」として、孫の代までは列挙していない。部族の系譜については、限定的に言及するのみである。生涯年齢についての言及は、出エジプト記のこの箇所のみである。創世記における祭司文書の年齢記述と同じく（創5:1以下）、隠された意味があるのであろう。

20節のリストでは、「アムラムは自分の叔母であるヨケベドを妻に迎えた。彼女は彼にアロン、モーセを産んだ。アムラムの生涯は137年であった」と、まっすぐにアロン、モーセに達する系譜を伝えようとしている（4:14参照）。民26:59によると、ミリアムが彼らの姉として列挙されている。叔母との婚姻については、レビ18:12–13では厭うべき性関係に数えられているが、このレビ記の神聖法集では、かつて存在したレヴィラート婚（義兄弟婚）も禁止されている（18:16; 20:21）。祭司文書の時代の基準と、古い伝承あるいは古い時代の慣習との間に乖離があることは分かっているが、後の七十人訳の時代になると叔母であるヨケベドを「父の兄弟の娘」つまり従姉妹と解しているのは、基準をめぐる確かな理解があったからだと思われる。

21節で言及される「イツハルの子らは、コラ、ネフェグ、ジクリ」の「コラ」は後に、徒党を組んでモーセに反逆する人物である（民16:1–35参照）。祭司文書によれば、このような幕屋設営後に起こった同じレビび

との一族の間で行なわれた祭司職をめぐる派閥抗争が歴史的に存在したことを暗示している（民16章；代上24–26章等参照）。資料記者あるいは編集者か最終編纂者が生きていた頃の時代状況が、モーセの時代に遡る形で投影されていると見うるであろう。その意味でも、モーセとアロンの関係づけが問われなければならない（後述のトピック参照）。

22節では、「ウジエルの子らは、ミシャエル、エルツァファン、シトリである」として、「ケハトの子ら」への言及を終えている。

23節では、「アロンはアミナダブの娘でナフションの姉妹であるエリシェバを妻に迎えた。彼女は彼にナダブ、アビフ、エルアザル、イタマルを産んだ」と、アロンの子孫に言及する（出28:1;民3:2;代上5:29）。その中で、ナダブとアビフについては、規定に反した炭火を香炉に入れて香を焚いたため、彼らは主の御前から出た火によって断たれたという（レビ10:1–2;民3:4）。アロンの子らで幕屋に仕えるのは、エルアザル、イタマルである（レビ10:6, 12, 16;民3:2–4）。

24節で「コラの子らは、アシル、エルカナ、アビアサフで、これらがコラの氏族である」と、21節で言及されたコラの子孫が言及されている。彼らは、荒れ野放浪中にモーセとアロンに反逆を企てることで知られている（民16章）。モーセとアロンに関わる者たちのリストは、様々な意味を込めてここに掲げられているのである。編集作業の痕跡と言わざるをえない。

25節に、「アロンの子エルアザルは、プティエルの娘たちの中から妻を迎えた。彼女は彼にピネハスを産んだ。これらが、その氏族に従ったレビびとの父祖の頭たちである」とあり、アロン―エルアザル―ピネハスという系譜が確認される。このアロン系祭司の系譜では、エルアザルからピネハスへと継承される点に力点が置かれているので、モーセとアロンの関係を併記するときに重要な情報として、編集上ここに置かれた可能性がある。エルアザル（「神は助け給う」の意）はアロンと共にレビびとの代表者となり（民3:32）、実質的に幕屋に仕える祭司として幕屋全体の管理者となる（民4:16; 17:2, 4; 19:3）。またアロンの亡き後、彼はその後継者となる（民20:25–26, 28; 27:2; 31:13他）。特筆すべきは、モーセ亡き後、このエルアザルとモーセの後継者となるヨシュア（申3:28; 31:7–8, 14; 34:9）が、イス

ラエル十二部族に土地を分割させる責任を共に負っていることである（ヨシュ 14:1; 17:4; 19:51; 21:1 等）。祭司文書では、エルアザルが祭司職において最高の責任者となっている。この伝統は土地の分割を伝える申命記史書でも確認できるので、アロンに繋がるレビびととしての祭司階級の位置づけに、エルアザルが大きな影響力を持ったことが推定される。他方でイタマル（「椰子の木のオアシス」の意）は、幕屋設営における実務的な責任者、設営資材の記録を担当する者として登場してくる（出 38:21; 民 4:28, 33; 7:8）。ピネハス（エジプト語で「黒人」の意）はエルアザルの息子、アロンの孫としてその要職を継承することになる。際立っているのは、モーセの一行が荒れ野を放浪するときに起こった事件に彼が登場する箇所である（民 25:6–15）。シッティムに滞在していた際に、モアブの娘たちの誘いに応じて、ペオルのバアルを慕って犠牲を献げる者が出るという事件が発生している。その時、イスラエルの群れの中に 1 人のミディアン人の女性を連れ込んだ人物を、ピネハスがその 2 人とも槍で突き刺したのである（民 25:7–8）。また、約束の地に入る段階でルベン部族とマナセの半部族がヨルダン川の向こう側、ギレアドの地に独自に祭壇を築いた際に、十二部族が分裂するというその危機にピネハスが使者として立てられている（ヨシュ 22:10–34）。彼が、エジプト名のまま伝承されている理由はよく分かっていない。歴史的なリアリティーを示す例でもある。

26 節で、「ヤハウェが彼らに命じてイスラエルの子らをその〔氏族の〕群れに従ってエジプトの地から導き出したのは、このアロンとモーセである」とリストを締め括っている。

27 節にある「彼らが、イスラエルの子らをエジプトから導き出すためにエジプトの王ファラオに語った者で、それがモーセとアロンである」は、編集時に挿入された言葉に相違ない。冒頭から読んできた読者に対して、「このアロンとモーセである」と改めて確認する必要はないはずであるが、レビびとの系譜を挿入した段階で、そこで言及されている系譜に含まれている「このアロンとモーセ」が「それがモーセとアロンである」と、冒頭から読んできた読者に再確認を迫る言葉である。そのため、編集時に祭司文書記者によって挿入された言葉であると言えるのではないか。

28節で、「ヤハウェがエジプトの地でモーセに告げられたその日」として言及するのは、生涯年齢に言及する場合と同じく、恐らく儀礼上の伝統的解釈に基づく祭司文書記者に見られる特有の編集句である。

29節でもヤハウェがモーセに命じた言葉が、再度確認されている。「わたしはヤハウェである。あなたは、わたしがあなたに告げるすべてのことをエジプトの王ファラオに語りなさい」を受けて、モーセは同じように**30節**「わたしは無割礼の唇〔の者〕です。どうしてファラオがわたしに聞くでしょうか」と繰り返し答えている（6:12）。28–30節もまた、レビびとの系譜を加えたのと同じ時の編集挿入句であろう。

7章1節では、モーセとアロンの役割分担が明記される。「わたしはファラオに対してあなたを神とした。あなたの兄アロンはあなたの預言者となる」との位置づけは、4:14以下でのアロンを導入する紹介文よりも、より明確な形で役割の分担に触れている。当初の役割分担では、モーセが口べたであるという理由でアロンが語り手になる想定であった。しかしここでは、モーセとアロンの役割について一歩踏み込んだ連携へと展開されている。

これは**2節**の「わたしがあなたに命じるすべてのことをあなたが〔アロンに〕語り、あなたの兄アロンがファラオに語る」という、役割分担の上での微妙な進展を示す。ファラオに対してモーセを神としたとあるのは、「現人神」とされているファラオに対して、モーセを対峙させ、ファラオは神でなく、真の神はヤハウェのみであると語っているのである。「そして彼は自分の国からイスラエルの子らを立ち去らせる」とヤハウェが告げているのも、ファラオを国の行政上の指導者としてしか見なしていないことを示す。これも、編集上の接合作業の痕跡であると見なすことは可能である。

3節にある「わたしはファラオの心を強情にする」という表現も、「現人神」でなく単なる人間にすぎないことをあからさまに言っているのである。「わたしのしるしとわたしの奇蹟を、わたしはエジプトの地に増し加える」というヤハウェの言葉は、ファラオを相対化した上で語る言葉となっている。

追加のしるしを行なった上で、**4節**で「しかしファラオはあなたがたに

聞かない」と、ファラオがモーセとアロンに従わないことを想定している。「わたしはエジプトにわたしの手を下し、わたしの群れ、わたしの民イスラエルの子らを、大きな審きをもってエジプトの地から導き出す」という宣言における「わたしの群れ、わたしの民イスラエルの子ら」との言及は、新しい要素を加えた表現である。「エジプトに……手を下し」とあるのは、様々な災いを下すという宣言であると同時に、それが大きな審きとなることをいう（6:6）。レビの氏族について言及し、改めてモーセとアロンの役割分担を命じた後で繰り返されているヤハウェの宣言であるため、それが編集時の意識的な挿入であることを裏づけている。

　5節で、「わたしがエジプトにわたしの手を伸ばし、そのただ中からイスラエルの子らを導き出すとき、エジプト人はわたしがヤハウェであることを知る」と言われる。イスラエルの子らの救済が、エジプト人に対してもヤハウェが臨在する啓示になるとの宣言である。エジプト人が真の神はファラオでなくヤハウェであることを知ることが、果たして彼らの救済になるかどうかは明言されていない。しかしファラオの「現人神」としての権威が失墜することは、暗示されている。そこに、編集者の意図が反映していると言える。だがこの問題は、すでに触れたとおりイスラエルの子らにも関わる課題である。歴史的救済行為をとおして、イスラエルの子らにとって「あなたがたをエジプトの強制労働のもとから導き出す、あなたがたの神ヤハウェであることを知る」（6:7）という救済が、ヤハウェの臨在によって実現されるはずなのである。それが契約として語られている限り、荒れ野での反逆や神を試みることは、本来はありえないことである。

　6節の「ヤハウェが彼らに命じたとおりにモーセはアロンを伴って行ない、そのとおりに彼らは行なった」は原文通りで、動詞は3人称男性単数で、その主語が「モーセとアロン」となっている。「と」は繋辞でなく、「伴って」を意味する前置詞と理解しうるからである（4:29の脚注参照）。簡潔に言えば、モーセが主体となってファラオとの交渉を行なったことを言う。形の上では2人がファラオとの交渉に携わったことになっている。これは繰り返しになるが、編集による接合技法の一つである。

　7節の「彼らがファラオに語ったとき、モーセは80歳、アロンは83歳であった」は祭司文書に特有な表象で、年齢を明記することで時代的な接

点を設けている。これも、レビびとの系譜を掲げる意図と連動している。

7:8から始まる本体に相当する、「ファラオに示される十の災いと過越における初子の死」(7:8–12:30) において、モーセとアロンによる本格的な交渉が再開される。最初の交渉のエピソード (5:1 以下) は言葉によるものであったが、ここではそれと重複しているようでありながらも、しるしをもって交渉する点で違っている。

8節で、「ヤハウェはモーセとアロンに語って、言われた」とあるように、事前にモーセに指示を与えようとするのであるが、ヤハウェが語りかける相手はモーセとアロンである。

9節では、具体的に「ファラオがあなたがたに語って『お前たちでしるしを行なってみせよ』と言ったなら、あなたはアロンに『あなたの杖を取れ』と言い、ファラオの前にそれを投げさせなさい。それが蛇になる」と指示している。モーセはアロンに命じ、アロンがしるしを行なうという役割分担が、ここでは貫かれている。ファラオがしるしの提示を求めるのは、イスラエルの子らの指導者として「ヘブライ人の神がわたくしどもに顕われました」(5:3) と報告した彼らに、神の啓示を受けたというそのことを証明せよと命じているようなものである。呪術的な力がカリスマ性を証拠立てるという観点は、あくまでエジプト側の理解に基づくもの。エジプトという異教世界の文化を前提としながら語っているのであり、ヤハウェが、率先して呪術における競争に加われと命じているのではない。資料記者はエジプトが呪術の国であることを前提としつつ、そうした異教文化を想定しながら神ヤハウェの前ではすべては見通されていると証言しているのである。モーセをヤハウェからの使者（預言者）として認知させ、ファラオの頑なな心を打ち砕くことに焦点が合わされている。

10節にある「モーセはアロンを伴いファラオのもとに入って行って、ヤハウェが命じたとおり彼らは行ない」という表現は、モーセが主体でありアロンを伴って交渉している場面を想定している。「アロンはファラオと彼の従者たちの前にその杖を投げた」とあるのも、役割分担を忠実に反映している。実際にアロンがファラオの前でこの奇蹟を実現させたように資料記者は伝えているが、モーセを預言者、神ヤハウェのメッセージを伝え

る人間として位置づけている限り、ファラオに神の代理人としてメッセージを通告するのがイスラエル的な慣わしである。だが異教世界であるエジプトでは、事情は異なる。繰り返しになるが、預言者が王の前に起立しうる空間は全くなかったからである。現実に謁見する場合、モーセといえども「現人神」と信じられているファラオの前にひれ伏すことになったはずである。資料記者は「従者たちの前に」という言葉を添えて、慎重に場面を描いている。他方「アロンはあなたの預言者となる」（7:1）という指示がなされたが、ここではアロンはしるしを行なう人間であり、言葉の仲保者ではない。このようなモーセとアロンの役割分担は、祭司文書記者による編集作業の他、最終的な編纂段階における接合作業に帰されなければならない。「**するとそれは蛇になった**」のは、呪術が成功したことを力説するものではない。しるしはエジプト側から求められたので、事前にヤハウェから与えられた指示のとおり、アロンが杖を投げたにすぎない。従ってここでも、ヤハウェの言葉が成就したことに焦点が合わされているのである。

11節で、「あなたの預言者となる」（7:1）と言われた交渉の担い手であるアロンのしるしに対し、「**ファラオもまた賢者、呪術師を呼び寄せた。彼らエジプトの魔術師たちも、自分たちの秘術をもって同じように行なった**」という。しかも**12節**で「**それぞれが自分の杖を投げると、それらは蛇になった**」という描写は、呪術師の業を物語る。アロンは、ここではエジプトの魔術師と同列に扱われている。「**しかしアロンの杖が彼らの杖をのみ込んでしまった**」という表象から、背後に働いている神ヤハウェの力の優位を示すことに力点があるようでありながら、ヤハウェなる神の実力を呪術で競わせているという発想はない。呪術に相当するような奇蹟で、イスラエルの子らの解放が行なわれるのではないからである。アロンが行なった呪術的なしるしは、エジプト側から求められたという点で相対化されている。呪術的なカリスマに対する相対化〔批判〕が編集者の意図に含まれているのかもしれない。資料層の相違や編集作業の痕跡を留めながらも、物語の流れからすればそのような理解が成り立つのである。

13節にある「**だがファラオの心は頑なになり、彼らに聞こうとしなかった**」は、ファラオとの交渉を伝える型（パターン）によれば、その締め括

り部分に相当する（7:13, 14, 22; 8:11, 15, 28; 9:34 参照）。「ヤハウェがファラオの心を頑なにされたので」（4:21; 7:3; 9:12; 10:20, 27; 11:10 等参照）という言及はここにはない。ファラオが、自分で心を頑なにしたことが語られている。そして、「**ヤハウェが語られたとおりである**」という言葉で締め括っている（7:13, 22; 8:11, 15; 9:12, 35 等参照）。

7:14 から、十の災いが、順次モーセによって告知される。交渉を伝える型（パターン）によれば、通常は帰結部分で触れられるものが、最初の災いを伝える部分では冒頭で触れられている。その言葉を受けてヤハウェは、モーセに命じファラオのもとに行かせている。

最初の災いは、「血の水による災い」（7:14–25）で、**14節**の「**ヤハウェはモーセに言われた**」から理解されるように、神からの指示を受けるのはモーセである。「ファラオの心は頑なで、この民を立ち去らせることを拒んだ」という言葉は、帰結部分でなく冒頭で言及されているので、型（パターン）に忠実に従っているわけではない。アロンが投げた杖のしるしが、不調に終わった帰結を受けて、物語っていると考えられる。

そこで**15節**で、「**翌朝、ファラオのもとに行きなさい。見よ、彼は水辺に下りてくる**」とモーセに命じている。これは王宮内でなく、早朝にファラオが水浴びのために水辺に下りて来ることを前提とした指示である（7:23 を見よ）。繰り返しになるが、宮廷内での交渉があるとすれば、ファラオの前に立つのでなく「現人神」の前にひれ伏すことが儀礼的に求められる。「現人神」とされたファラオが水浴びをすることを伝えることで、彼が単なる人間にすぎないことを揶揄しているのかもしれない。通常は言葉を取り次ぐファラオの高官をとおして、モーセはヤハウェの言葉を通告すると考えられるのではあるが、ここではそのような儀礼的なしきたりとは関係のない、私的な空間での対面を語ろうとしている。水辺でファラオに語る場面を描いているこの部分は、古い伝承に属するものであると言えるかもしれない。資料記者あるいは最終的な編集段階での編纂者は、このような古い型を伝える伝承を組み入れて、最終的に十の災いの告知を組み立てているのである。ここでは、「**蛇に変わったその杖をあなたの手に取り**」とモーセに命じているので、前の単元で描かれた杖を使ったしるしの顛末

を前提にしている。祭司文書の記者による関与がここに想定されることがあるとしても、古い伝承が接合されていると見るべきであろう。

16節で、「ヘブライ人の神ヤハウェがわたしをあなたのもとに遣わして言われた。『わたしの民を立ち去らせ、荒れ野でわたしに仕えさせなさい』」と神の告知を告げたにもかかわらず、「あなたは、ここに至るまで聞き入れませんでした」（5:4 参照）と最初の交渉が振り返られている。恐らく古いオリジナルな交渉場面を伝える伝承が、ここで用いられて回顧されているものと思われる。

17–18節で、「ヤハウェはこう言われた。『あなたはこのことで、わたしがヤハウェであることを知る』」と預言者が口にする使者の口上の類型を用い、ファラオに向かってモーセに語らせている。「**見よ、わたしはわたしの手にある杖でナイル川の水を打つ**」での「わたし」とは、文脈から言えばモーセが自ら杖でナイル川の水を打つと予告しているものと思われるが、「わたしはわたしの手にある杖でナイル川の水を打つ」においては、モーセが預言者としてヤハウェの1人称表現でヤハウェ自身が打つと宣言しているのである。従ってモーセが代行して行なう行為から、呪術的な意味合いが薄められ、神が行なう奇蹟であることを語ろうとしている。ここではヤハウェとモーセとの間のやりとりに限定されていて、アロンには触れられていない。

「**水は血に変わる。ナイル川にいる魚は死ぬ。ナイル川は悪臭を放ち、エジプト人はナイル川の水を飲むのを嫌がるようになる**」という現象は、ナイル川に発生する赤潮であると説明されることがある。資料記者は、単にそのような自然現象を念頭に置くだけで語っているのではないであろう。語っているのは、神ヤハウェがしるしをもって災いをエジプトの地にもたらしているという事態であり、そこにこそすべての力点が置かれている。赤潮のお陰で「わたしがヤハウェであることを知る」と、主張しているのではない。モーセに語る命令は、すべて神ヤハウェの1人称表現で「わたしが」と明記されていることに改めて注意を向けておきたい。杖でナイル川の水を打つ結果として、水が血に変わるのは、呪術的行為の結果を語っているようでありながら、実は焦点は結果そのものに置かれている。それはヤハウェの言葉の成就である。

19節で、ヤハウェはモーセに対して「アロンに言いなさい。『あなたの杖を取り、エジプトの水という水の上に、川という川の水、ナイル川の支流という支流の水、沼地という沼地の水、すべての水たまりの水の上に、あなたの手を差し伸べて、血に変えさせよ』」と命じている。しるしの実行者はアロンに移されている。それも杖でナイル川の水を打つのでなく、水の上に手を差し伸べる行為に変えられている。祭司文書が関与している痕跡そのものと言える。モーセについて、呪術の行為者として描くことを慎重に避けているようにも読める。こうした役割分担に、行為責任の分担も考慮されていると言わなければならないだろう。資料記者あるいは編集者によって、モーセの位置づけとアロンの役割設定に微妙な揺れがあるのは、このような事実があるからである。前半の14節から18節が恐らくオリジナルな単元（ヤハウェ資料）であるとされ、後半部分の19節から25節を祭司文書記者に帰すのが一般的であるが、最終編纂段階で両者が繋げられていることは否定できないように思われる。編集による異なる伝承あるいは資料の接合作業の痕跡が、ここにあると言えるからである。結果的に、全体として見れば、最初の災いを伝える単元はモーセがファラオに通告しアロンが実行する型（パターン）になっている。

20節で、「モーセとアロンは、ヤハウェが命じたとおりに行なった」とあり、「彼は杖を振り上げて、ファラオとその従者たちの目の前でナイル川の水を打った」とある。「手を差し伸べて」ではなく、実は「彼は杖を振り上げて、ファラオとその従者たちの目の前でナイル川の水を打った」ときの「彼」とは、アロンでなくモーセの可能性がある（後述）。アロンは、手を差し伸べて実行したのである。水が血に変わるための所作が統一されていないが、結果として「ナイル川の水はことごとく血に変わった」という。

21節によれば、「ナイル川の魚は死に、ナイル川は悪臭を放ち、エジプト人は、ナイル川の水を飲むことができなくなった。血は、エジプトの全土に溢れた」という。

22節の帰結部分に相当する箇所では、「エジプトの魔術師たちも秘術をもって同じことを行なった。ファラオの心は頑なで、彼らに聞こうとしなかった。ヤハウェが語られたとおりである」と締め括られている。ファラオの心が頑なになったことの要因として、エジプトの魔術師たちも秘術を用

いて同じことを行なったことが語られている。ここでも呪術的な競合が想定され、イスラエル側の独自性はエジプト側からは相対化されている。接合作業を行なった編集者が、その前の単元（7:8–13）を前提としていることは明らかであるように思われる。

23節で、「ファラオは顔を背けて王宮に戻り、このことにもその心を留めなかった」とあるように、モーセとの会見はナイル河畔であったことがはっきりと前提にされている。ファラオ側の応答の言葉が記されていないのも、場面構成からすれば自然である。

24節で、「エジプト人は皆、水を求めて、ナイル川の周りを掘った。彼らは、ナイル川の水を飲むことができなかったからである」と顛末が語られる。この民の叙述は、ファラオの応答と対極化されて描かれている。資料記者あるいは編集者の目から見れば、「現人神」とされたファラオは民のいのちを救うことができないという現実を物語っている。ナイル川の神が非神話化され、その神格が否定されている。そこにも編集上の意図があると言える。

25節で、「ヤハウェがナイル川の水を打たれてから、丸7日がたった」と7日のサイクルを想定しているので、安息日を重視する資料記者の手になるものかもしれない。あるいはそれを重視する最終編纂段階で、添えられた注記であるかもしれない。

7:26 から、第二の災い「蛙による災い」（7:26–8:11）が語られる。**26節**で「ヤハウェはモーセに言われた」とあり、「ファラオのもとに入って行き、彼に言いなさい」と命じている。ここではナイル川の河畔でなく、宮廷内に入っていくことを前提としている。「**ヤハウェはこう言われた**」は、預言者が神の使者としてそのメッセージを語るときの語り方である。託宣としてのメッセージである「**わたしの民を立ち去らせ、わたしに仕えさせなさい**」は、最初の告知と同じであるが、より簡潔なものになっている（5:1 参照）。

27節では、「もしあなたが立ち去らせるのを拒むなら、見よ、わたしはあなたの領域内すべてを、蛙をもって打つ」と、モーセをとおしてヤハウェは宣言しそれを実行させるというのである。

28-29節によると「するとナイル川は蛙で群がり溢れ、上がって来てあなたの家の中に、あなたの寝室の中に、あなたの寝台の上、あなたの従者たちや民の家の中にも、あなたのかまどやあなたのこね鉢の中にも入りこむ。あなたのところに、あなたの民のところに、またあなたのすべての従者たちのところに、蛙は這い上がっていく」とあるので、しるしは単なる呪術や魔術の結果でなく、神による業の現われ、ヤハウェの言葉の成就として位置づけられている。29節の「あなたのところに……蛙は這い上がっていく」は蛙の習性に委ねているように見えるが、神が言われたとおりのしるしの実現を物語るものである。神はモーセを用いてこの災いを実現させるのであるが、蛙も用いられているのである。

　8章1節にあるように、ここでもモーセに命じ「アロンに言いなさい、『あなたの杖をもってあなたの手を、ナイル川の支流という支流の上に、沼地という沼地の上に差し伸べなさい』」と、アロンにしるしの実現を委ねている。「そして蛙をエジプトの地に這い上がらせなさい」と、使役動詞命令形で表現していることからそれが分かる。これは祭司文書に帰される編集技法とされてきた。

　2節では「アロンがエジプトの水の上にその手を差し伸べると、蛙が這い上がり、エジプトの地を覆った」とあり、アロンがしるしを起こさせる際の実行者となっている。

　3節にあるように、「しかし魔術師たちも秘術をもって同じことを行ない、エジプトの地に蛙を這い上がらせた」という。この時点で、現場にいるファラオや彼の従者たちには、背後に神ヤハウェが働いていることが見えていないのである。彼らには、呪術や魔術の力の競争と映っていたはずである。この実行者がモーセでなくアロンに帰せられているところに、資料記者の意図があるのではないだろうか。

　4節で新たな展開を見る。「ファラオはモーセとアロンを呼び寄せて、命じた」という。この場合も、高官を通じて指示を与えたことは言うまでもないだろう。「ヤハウェに祈り求め、わたしとわたしの民のもとから蛙を取り除いてくれ。そうすればわたしは民を立ち去らせ、ヤハウェに犠牲を献げさせる」という応答を、引き出したからである。「ヤハウェに祈り求め」とファラオに発言させているのは資料記者であるが、モーセとアロンの業

がエジプトの魔術師たちによる秘術とは違っていることを示すと同時に、勝負がついたという結末でなく、「ヤハウェに祈り求め」ることを依頼させていることで、ファラオが「現人神」ではないことを立証しているのである。蛙が這い上がり、エジプトの地を覆ったことを伝え聞き、全土に災いが到来した事実をファラオが認めたからである。エジプトにおけるファラオは、すべての秩序といのちの源である神の化身と信じられていたが、その自然の秩序を維持させることができなかったことが露わになったのである。ファラオの要請はモーセとアロンが呪文を唱える呪術者であると認めているような言葉であり、ヤハウェの使者として容認しているわけではない。

　5節でモーセは、「何時」祈ればいいのかとファラオに応答している。しるしがもたらした事態が、「祈り」によって変えられることを示唆しているやりとりであるが、モーセが口にする祈りと、ファラオが考えている祈りとは天地の違いがあるだろう。祈りを、呪文を唱えるような呪術的な技法とファラオが考えている限り、両者の認識の違いは歴然としている。ファラオは、ヤハウェを知るに至っていないからである。モーセに、「**何時、わたくしがあなたとあなたの従者たち、あなたの民のために祈り求め、あなたとあなたの王宮から蛙を取り除き、ナイル川だけにいるようにさせればよいのか、わたくしにお知らせください**」と資料記者は発言させている。ファラオにヤハウェの存在を知らしめることが、エジプトからの出立に繋がるからである。この応答で、モーセはヤハウェに祈り求めることの意味を知らしめようとしている。呪文でなく、ヤハウェの意志によって現実が変えられることをモーセは伝えている。現実が変えられる時間に触れるのは、そのためである。

　6節でファラオが、「**明日だ**」と祈る時間について命じている。これは懇願している言葉ではない。彼に仕える高官に命じた言葉で、ファラオは王であり「現人神」として振る舞っているので命令口調になっているのである。「現人神」が事態の収束を命じること自体がこっけいで、アイロニーを込めて、資料記者がファラオに語らせているのである。モーセは答えて「**あなたのお言葉のとおりに〔なります〕。それによって、あなたがわたくしどもの神ヤハウェのような神がいないことを、お知りになるためです**」

と応じ、続く **7節**で「蛙はあなたのところから、あなたの王宮、またあなたの従者たちのところから、あなたの民のところから取り除かれ、ナイル川だけに留まるでしょう」と預言している。このモーセによる告知が単なる呪術的なしるしの実現とは違うことを証言している。自然を支配しているのはヤハウェであることを、伝えているからである。

8節で、「モーセはアロンを伴ってファラオのもとから退出した」とあるが、「退出した」は3人称男性単数動詞である。主語はモーセで、モーセがアロンを伴って宮廷に入り、ファラオ側と交渉をしているのである。繰り返しになるが、アロンはモーセに随行している立場で、モーセに従って退出したのである。「モーセは、ファラオにもたらした蛙のことで、〔取り除いてくださいと〕ヤハウェに叫び求めた」と語られているとおり、蛙を取り除くのには杖を用いた呪術を行なっていない。アロンが杖を振るうのでもない。

9節にある「ヤハウェはモーセの言葉のとおりになされた」とは、モーセによる執り成しの祈りが神による解決をもたらしたことを示す。「そして蛙は死んで、家からも、庭からも畑からもいなくなった」という。

10節によると、「彼らはそれらを山また山と積みあげた」が、「その地は悪臭を放った」という。蛙もまた非神話化され、その神格が否定されている。この事態もまたファラオとしての責任が地に堕ちたことを象徴し、「現人神」の神性が偽りであることを示すものとなっている。

11節は型（パターン）の帰結部分に相当し、「しかしファラオは一息つけたのを見て、その心を頑なにさせ、彼らに聞こうとしなかった。ヤハウェが語ったとおりである」と締め括られている。「ヤハウェがファラオの心を頑なにされた」という言及はここにはないが、ファラオは神でなく人間にすぎないことを明言している。

8:12から、第三の災い「ぶよによる災い」（8:12–15）について語られる。**12節**で「ヤハウェはモーセに言われた」とあり、ここでもヤハウェはモーセに命じて「アロンに言いなさい、『あなたの杖を差し伸べて、地の塵を打ち叩き、それがエジプト全土でぶよとなるように』」という。ヤハウェが語りかけるのはモーセであるが、杖を使うのはここでもアロンである。こ

の組み立てには、ファラオの宮廷に出向いて、高官をとおしてファラオに宣告する部分が欠けている。つまりエジプトの当局者に対して、予告なしのしるしが下されるというのである。

13節では「彼らはそのように行ない」とあるので、2人の行動が共同作業であったことが表現されている。だが「アロンは彼の杖を持ってその手を差し伸べ、地の塵を打ち叩いた」とあるように、実際に役割分担の形を取りながらヤハウェの命令が実行に移されている経緯を物語っている。従って、ここにも編集作業の結果を想定するのが自然である。「エジプト全土ですべての地の塵がぶよとなった」と事態を明確に語っている言葉と比べると、「それが人と家畜にはぶよとなっ〔て生じ〕た」という表現は、奇蹟の結果としてそうしたことが発生した事実を強調しているように思われる。

14節によると「魔術師たちも秘術をもって同じことを行なってぶよを出そうとしたが、できなかった」とあり、**15**節で「魔術師たちはファラオに言った。『それは神の指〔によるもの〕です』」と認めるに至る。一連のしるしが、エジプト側が理解する秘術や呪術によってもたらされるのでないことを認めさせているのである。「神の指」という言葉は、ヤハウェが十戒等を石板に刻むときにも使われている概念である（31:18）。呪術的な威力を示唆する言葉であるが、異教世界に通じる概念でもあるため、そうした誤解を招かないためか、神の指で刻まれた石板はモーセによって投げ捨てられ廃棄されている（32:16, 19–20）。資料記者たちあるいは編集者たちは、こうした異教的な呪術的理解を導入するのを慎重に避けているのである。ぶよも非神話化され、その神格は否定されている。単元の末尾は「しかしファラオの心は頑なで、彼らに聞こうとしなかった。ヤハウェが語られたとおりである」と、帰結部分は型に従って締め括られている。

8:16から、第四の災い「虻による災い」（8:16–28）について触れられている。**16**節によると、ヤハウェはここでもモーセに「朝早く起きて、ファラオの前に立ちなさい。見よ、彼は水辺に下りてくる。あなたは彼に向かって言いなさい」と命じる（7:15参照）。場面設定から見れば、この単元でもオリジナルな古い伝承が使われている可能性がある。モーセは神のメッ

センジャー（使者）である預言者の口上で、「ヤハウェはこう言われた。『わたしの民を立ち去らせ、わたしに仕えさせなさい』」とファラオに通告している。

17節で、「もしあなたがわたしの民を立ち去らせないなら、見よ、わたしはあなたとあなたの従者たちに、あなたの民に、あなたの家々に虻を遣わす。エジプトの家々を、また彼らがその上に住む大地も虻で満たす」という。この「もし……わたしの民を立ち去らせないなら」という条件の設定は、蛙の災いの時も告知されている（7:27）。第四の災いは、虻を送るというもの。ここではアロンは登場しないで、モーセひとりがファラオに告知している。この点でも古い伝承を保持しているものと思われる。ヤハウェ資料とされてきたのには、理由がないわけではない。

18節には、これまでにない状況が新たに設定されている。「今日わたしの民がそこに留まっているゴシェンの地を特別に扱う」とヤハウェは宣言し、「そこには虻がいないようにする」という処置を掲げているからである。いわゆる呪術や秘術による自然現象と一線を画した現象を、告知していると言える。それは、「この地のただ中で、わたしがヤハウェであることをあなたが知るためである」という。ファラオが「現人神」として崇められているエジプトの地で、ファラオのできないことを示し、彼がいかに無力であるかを知らしめようとするもので、真の神はヤハウェ以外にないことを知らしめるというのである。

19節で、「わたしの民とあなたの民との間に、わたしは贖い〔の壁〕を設ける」として、エジプトの他の民とイスラエルの子らを区別する処置が導入されている。「贖い〔の壁〕」という言葉を、9:4と同じ「区切り」と読み替える試みもあるが、原文を尊重したい。自然現象として虻がいる虻がいないの区別でなく、イスラエルの民とファラオの民との間に隔てを置くのは、災いをゴシェンの地には下さないという意味である。「**明日、このしるしが現れる**」とモーセは宣言する。これまでの第一から第三までの災い（血になったナイル川の水、蛙、ぶよ）は、エジプト全土に及んだ災いであった。最初の二つは、ナイル川に関わる災いであった。そのため、ゴシェンの地に住むイスラエルの子らも被害を被ったのかどうかについては分からないし、語られていない。ぶよの被害はナイル川に関わりがないため、

イスラエルの子らにも被害が及んだのかもしれないが、触れられていない。だがこの第四の虻の災いから、はっきりとした区別がなされている。

20節では、「ヤハウェがこのように行なわれたので、ファラオの王宮や彼の従者たちの家、エジプト全土におびただしい数の虻が入って来た。**大地は虻の前に荒れ果てた**」という。「現人神」なるファラオの威光をもってしても、この虻の大群を撃退することができなかったというのである。

21節に、この時もファラオは「モーセとアロンを呼び寄せて、命じた」とあり、恐らく高官を通じて「**行って、この地でお前たちの神に犠牲を献げるようにせよ**」と通告したことが描かれる。「この地で」と限定しているため、エジプトの地から離れることは許さないという命令である。他方で、「お前たちの神に犠牲を献げるようにせよ」と語るのは、この災いが彼らの神、ヘブライ人の神から来ているのかもしれないと考え、恐れたからである。災いの原因をファラオ〔の高官たち〕が知りえたのは、最初の訴えでモーセとアロンが「神が疫病か剣でわたくしどもを襲うことのないように」(5:3)と発言し、ヘブライ人の神が顕われたことでその神に犠牲を献げる必要がある、と主張したからである。

22節でモーセが「**そのように行なうことは、正しくありません**」と主張するのは、ヤハウェから与えられた指示と異なるからであるが、「正しい」の原語は「定められている」の分詞形で、伝統的に〔儀礼的に〕定められていることを意味する。それを外れると、儀礼違反になるとモーセは応答したのである。彼が、「**エジプト人の忌み嫌うものを、わたくしどもの神ヤハウェに犠牲として献げることになるからです**」と発言しているのは、資料記者あるいは編集者が生きていた時代の儀礼的な感覚からすれば、当然のことであったと思われる。古代イスラエルでは小羊を丸ごと焼いて献げるような全焼の献げ物があったが、エジプトでは小動物を丸ごと焼いて献げる犠牲奉献は見られなかったからである。場所が違い犠牲を献げる神が異なるなら、儀礼そのものも異なる。エジプトで献げられている儀礼とは異質な献げ物、エジプト人の忌み嫌うものを「**彼らの目の前で犠牲として献げるなら、彼らはわたくしどもを石打ちにしないでしょうか**」と問題提起をしているのはそのためである。遠回しに、エジプトの住民にとっても、それが災いをもたらす危険があるとモーセは警告しているのである。

23節で、「わたくしどもの神がわたくしどもに命じたように、わたくしどもは3日の道のりを荒れ野に行き、わたくしどもの神ヤハウェに犠牲を献げなければなりません」と、モーセは民を代表して答えている。「わたしはお前たちを立ち去らせる。そしてお前たちの神ヤハウェに荒れ野で犠牲を献げるがいい。ただ遠くまで行かないように」とのファラオ側の応答は、これ以上の災いが降りかかることを恐れての言葉である。しかも彼が、「そしてわたしのためにも祈り求めるように」とモーセに命じている。これはファラオの王としての命令であり、モーセへの嘆願ではない。エジプトの王として、神々に犠牲を献げさせる権限を持っていたファラオの裁量から言えば、これだけの許可を与えたのであるから、当然エジプトの王である「わたしのためにも」祈るようにと命じたのである。エジプト側から見れば異教の神の祟りを恐れての言葉であるが、こうした言葉を、高官を通じてであれファラオの口に置いているのは、「現人神」が単に形の上での権力者にすぎないことを、資料記者あるいは編集者が描こうとしているからである。

　それを受けて**25節**によれば、「ご覧ください。わたしはあなたのところから退出し、ヤハウェに祈り求め、明日、蛙がファラオとその従者たちのところから、またその民のもとから取り除かれます」と告知している。だが続いて「ただ、ヤハウェに犠牲を献げるために民を立ち去らせはしないと、ファラオ〔なる方〕が再び欺くことがありませんように」と語ってモーセは退出している。「あなたが再び欺くことがありませんように」と2人称単数形で発言しないで、「ファラオ〔なる方〕が再び欺くことがありませんように」と言って退出しているのは、明らかに言葉を取り次ぐ高官を媒介に対話しているからであると思われる。2人称の「あなたは」でなく、3人称による「ファラオが……ありませんように」という表現は、誓いの言葉の形式に近似している。また「あなたの前から」でなく、「あなたのところから退出し」と語っているので、当時の宮廷内の作法に応じた叙述であろう。

　「モーセはファラオのもとから退出し、ヤハウェに祈り求めた」とある**26節**に続いて、27節で「ファラオとその従者たち、その民から蛙を取り除かれた」とあるので、「贖い〔の壁〕」によりゴシェンの地にいるイスラエ

ルの子らには被害が及んでいないことが暗示されている。

その **27 節**では、「ヤハウェはモーセの言葉のとおりに行なわれ、ファラオとその従者たち、その民から虻を取り除かれたので、一匹も残らなかった」という。モーセが言葉の仲保者であることを明確に前提にする言葉で、ここにアロンは登場しない。

28 節にある末尾の言葉、「しかしファラオはその心を頑なにさせ、今回もまた彼は民を立ち去らせなかった」は、型に準じた締め括りの言葉である。「ファラオ〔なる方〕が再び欺くことがありませんように」（8:25）と発したモーセの言葉は、ファラオの言葉が誓いと同じ効力を持つことを相手に知らしめた言説であるため、「現人神」であっても誓約の言葉を守らなければ処罰が降ることを、資料記者あるいは編集者は前提としている。

9:1 から、第五の「疫病による災い（家畜）」（9:1–7）が始まる。**9 章 1 節**で「ヤハウェはモーセに言われた」とあるように、モーセはここでもヤハウェからの指示を受け、預言者が自分を派遣した神のメッセージを語ることを示す「ヘブライ人の神ヤハウェはこう言われた。『わたしの民を立ち去らせ、わたしに仕えさせよ』」との口上によって告知している。告知の導入部分はヤハウェの言葉の引用であるが、その後の 2 節から 5 節までは、ヤハウェが 3 人称で言及されるので（9:14 と比較せよ）、この部分はモーセ本人の言葉である。

2 節で「もしあなたが立ち去らせるのを拒み、なおも彼らを引き止めるならば」と、ファラオに対して条件を提示している。

ヤハウェの命令に聞くことを拒むならば、**3 節**にあるように「見よ、ヤハウェの手が野にいるあなたの家畜に、馬の群れ、ろばの群れ、らくだの群れ、牛、小家畜の上に臨んで、非常に重い疫病となる」とモーセは警告する。使われている動詞は「ある、なる、起こる、臨む」（ハーヤー）の分詞形であるため、「臨んで、……となる」とした。疫病についての詳細は分からないが、家畜が死に至る病であるという。ヤハウェの 1 人称でなく、「ヤハウェの手が」と 3 人称で表現している点が、これまでの災いの描写とは異なる（7:17, 27; 8:17 参照）。モーセが預言者として警告し、告知していることを意味するのは同じである。

4節で、「しかしヤハウェは、イスラエルの家畜とエジプトの家畜の間に特別に区切りを設け、イスラエルの子らが所有している家畜はすべて一頭も死ぬことはない」と宣言している。この「区切り」はイスラエルの家畜とエジプト人の家畜の間に置かれたもので、人間の場合の「贖い〔の壁〕」（8:19）と重なり一致していることになる。ゴシェンの地では、家畜に被害がないという。

5節で、「ヤハウェは、時を定めて言われた。明日ヤハウェはこのことをこの地に行なわれる」とモーセは語る。明日ヤハウェの手によってそれが起こると警告している。自然現象としてその災いが起こるのではない。ヤハウェの言葉が成就するという宣言である。

6節では「翌日、ヤハウェはこのことを行なわれたので、エジプト人の家畜はすべて死んだが、イスラエルの子らの家畜はすべて一頭も死ななかった」と語り、神の審きが下されたことを物語る。イスラエルの子らが居住している地域と、その他の地域との識別がここでも想定されている。

7節によると、「ファラオは〔人を〕遣わした。すると見よ、イスラエルの家畜は一頭たりとも死んではいなかった」という。この事実を前にしても、ファラオはモーセやアロンを呼び寄せることはしていない。「しかしファラオの心は頑なになり、この民を立ち去らせなかった」と、単元の末尾は帰結部分に見られる型（パターン）のとおりであるが、「ファラオの心は頑なになり」という表現が異なる。また他の例で見られる「ヤハウェがモーセに語られたとおりである」という言及も、欠けている。すべての災いが統一した型で語られていないことから、資料記者の識別や編集作業の痕跡を示すものとされてきたのである。だが単元全体からみると、その構成が極めて簡潔であるため、ヤハウェ資料に帰されるという判断がなされてきた。だが既存の伝承を拡大したものであるのか、それとも手が加えられていない、ごくオリジナルな伝承の型を保持しているのかで意見が分かれるかもしれない。ここでは、アロンは全く登場しないからである。

続く9:8から始まる第六番目の災い「腫れ物による災い」（9:8–12）は、ごく短い単元となっている。

8節は、「ヤハウェはモーセとアロンに言われた」という語り方で始まる

が、ヤハウェは2人に対して「**あなたがたはかまどの煤をあなたがたの両手でいっぱい取り**」と命じている。だが「**モーセがそれをファラオの前で天に向かってまき散らしなさい**」と、アロンでなくモーセ本人が実行することを神は命じている。「ファラオの前で」（7:20参照）については、すぐ目の前でなく、恐らくファラオが座している宮廷内で、高官たちを目の前にして実行する場面を考えるべきであろう（5:1以下の注解を参照されたい）。ファラオの面前で煤をまき散らすことは、エジプトの宮廷内の儀礼的な慣習やしきたりを考えるならば非現実的である。直ちにその場で殺される危険性があるからである。

9節では、「**それは、エジプト全土を覆う細かな塵となり、エジプト全土で、人と家畜に膿の出る腫れ物が生じる**」とあり、かまどの煤が細かな塵となって人と家畜に降りかかり、膿の出る腫れ物が生じるという。「細かな塵」とは細かいほこりで、人間が創造されたときの土の塵（創2:7）とは別の概念である。前者はかまどの煤から発生するほこりだが、後者は土の塵という意味である。10節の「動物」（ベヘーマー）は、「獣、四つ足の動物、家畜」を意味する言葉で、ここでの「家畜」（ミクネー。9:4）とは異なる言葉が使われている。その理由は分かっていない。また、すでに疫病による災いで野にいたエジプト人の家畜はすべて死んだはずだが、それがここでは考慮されていない。異なる資料を接合させた結果であろう。

10節では、「**そこで彼らはかまどの煤を取り、ファラオの前に立ち、モーセはそれを天に向かってまき散らした。すると膿の出る腫れ物が、人にも動物にも生じた**」という。「ファラオの前に立ち」という情景は、繰り返しになるが、資料記者あるいは編集者による状況設定である。モーセがヤハウェの命に従って行なっているのは、たとえそれがファラオの高官の前であっても、ファラオの前が意味されるのである。そこに伝承のリアリティーがある。

11節では、「**腫れ物が魔術師たちにもまたすべてのエジプト人にも生じた**」とあるので、ここでも「贖い〔の壁〕」や「区切り」が機能していることを示す。「**魔術師たちは、この腫れ物のためにモーセの前に立つことができなかった**」という言及から、第三のぶよによるしるしまで彼らは登場していたが、「それは神の指〔によるもの〕です」（8:15）と発言した時以

来、彼らは登場しない。第四の虻の災いの時もファラオのそばに仕えていたはずであるが、第五の腫れ物の災いを被った結果、彼らは参内できなくなってしまったことが分かる。災いについて、競合する立場の者がファラオの側から取り除かれたことを意味する。またモーセに嘆願する取り次ぎ役も、いなくなったことを暗示しているのかもしれない。ファラオの高官は、魔術師に限られていたわけではない。彼らとは違う行政官が宮廷にいたことは、前提にされなければならないからである。

　末尾の **12 節**は、「しかしヤハウェがファラオの心を頑なにされたので、ファラオは彼らに聞かなかった。ヤハウェがモーセに語られたとおりである」と、型通りに締め括られている。

　9:13 から始まる第七の災い「疫病による災い（人）」（9:13–17）は、災いを告知する型（パターン）から見れば、きちんとした形態をなしていない。この災いを独立したものと見なさず、続く雹による災いと一つの区切りと見なす考えもある。そうすると災いの数や最後の初子の死を何番目の災いと見なすかで、見解が相違する。本書では、型の組み立てから分析しているが、形が崩れていても独立した第七の災いの単元と見なしたい。

　13 節で「ヤハウェはモーセに言われた」と、ここでもアロンはヤハウェが命令を与える対象となっていない。「**朝早く起きて、ファラオの前に立ちなさい**」というヤハウェの指示は、恐らく、ナイル河畔で、ファラオに告知を語り伝えるためである（7:15）。伝えるヤハウェの言葉は、ここでも一貫している。「**ヘブライ人の神ヤハウェはこう言われた**」と、預言者によるメッセンジャーの口上の型を踏襲しつつ、モーセは「**わたしの民を立ち去らせ、わたしに仕えさせなさい**」と告知している。それは「わたしの民を立ち去らせ、荒れ野でわたしに仕えさせなさい」（7:16）とほぼ同じであるが、災いが重ねられてきたことにより率直な要求となってきているのが分かる。

　しかし **14 節**では、「**今度こそ、わたしはあなたの心に対し、またあなたの従者たち、あなたの民に、あらゆる災いを送る**」とヤハウェは語る（エジプトでの疫病については申 28:27 参照）。心を頑なにしていたファラオに、ヤハウェは今度こそと語り、ファラオの心に対してあらゆる災いを送ると

いう。「全地にわたしのようなものはいないことを、あなたが知るためである」と宣言している。強い警告の意味が込められた言葉であると同時に、ファラオは神ではなく単なる人にすぎないと語っている言葉である。

15節ではさらに「今、わたしはわたしの手を差し伸べて、あなた自身とあなたの民を疫病で打つからである。そうすればあなたは、この地から抹殺される」という。疫病で民を打つことで、ファラオが地から抹殺されるというのはどういう意味であろうか。民の災禍は、「現人神」とされているファラオの失政となり、彼が廃位されるということであろうか。古代メソポタミアの記録では廃位された王がいたことは知られているが、ファラオを「現人神」とするエジプトの王権とは前提が違う。古代メソポタミアでは、王は神に選ばれて民の前に立ち、同時に民を代表して神の前に立つ存在であった。古代メソポタミアでは、王は「現人神」ではなかった。ギルガメシュ叙事詩が語る王権が、三分の二が神で三分の一が人間であるという想定の点で、エジプトの王権理解と決定的に違っている。神性の要素を持ったウルクの王ギルガメシュであっても、死を免れないと語っているからである。資料記者は、エジプトにおける王権の意味を明確に自覚していたと言えるはずである。ファラオ自身も疫病で打つというのであるから、「現人神」ですら疫病に打たれて、死ぬと予告している。ここでは、「あなたは、この地から抹殺される」という強い言葉が際立っている。このモーセによる警告は、次第に過激なものになってきているのが分かる。ヤハウェを認めようとしないファラオへの、強い弾劾であるからである。

16節で「しかしながら、次のことのゆえに、わたしはあなたを生かしておいた」とヤハウェが言い、「わたしの力をあなたに示し、わたしの名を全地に告げ知らしめるためである」と宣言するのは、イスラエルの子らをエジプトから導き出すためにファラオを動かすことを想定しているからであるが、「現人神」を失墜させることにこそ焦点がある。

17節では、「あなたはまだ、わたしの民に対して高ぶり、彼らを立ち去らせようとしない」とあるので、ヤハウェはあくまでもファラオの命令でイスラエルの子らを立ち去らせようとしているのである。ヤハウェは、自らの指で天変地異を巻き起こし、それによって自分の民をエジプトの地から奇蹟的に導き出すのではない。現実に王としてエジプトの国を支配し、

「現人神」と見なされているファラオを動かし、彼を用いて救済の業を行政的に実現させようとするのである。ファラオが単なる王であり行政の責任者であることを明らかにするという意図が見てとれる。魔術的あるいは呪術的な手段でなく、現実政治的にファラオが心を頑なにしていることは、行政的な処置を行なう国家機能が麻痺していることを示しており、そのことをも語ろうとしている。ここでも「ヤハウェがファラオの心を頑なにされた」という観点で、救済の業のためにそれを用いるという。それが、「あなたを生かしておいた」という宣言が意味するところである。理由づけが大きく拡大されているのが分かる。

9:18 からは、第八番目の災い「雹による災い」（9:18–35）が語られる。**18 節**では、「**エジプトにおいて、その礎が据えられた日から今までかつてなかったほど、はなはだ激しい雹を降らせる**」と、ヤハウェがモーセをとおして宣言している。型（パターン）に即してみれば、それが崩れていることが分かる。最初にヤハウェがモーセに語るように命じるのでなく、17 節での理由づけを受けているからである。しかし災いとしては、第八番目のものが宣言されている。すでに触れたように、現在の出エジプト記の状態によれば、この「激しい雹を降らせる」ことは「疫病で打つ」ことに続く展開であると認めざるをえない。「疫病で打つ」に関わる部分との関係で、両者の繋がりを、後代の編集作業の結果とする考え方があるのはそのためである。

19 節では、「**それ故、今、人を遣わして、あなたの家畜とあなたが所有する野にいるすべてのもの、人も、野にいて家屋の中に連れ戻されていない家畜も、すべて避難させるがよい**」と、避難勧告を出している。この示唆は、「わたしはわたしの手を差し伸べて、あなた自身とあなたの民を疫病で打つ」（9:15）と警告した言葉と微妙な食い違いを生んでいる。19 節では、避難させないと「**それらの上に雹が降って死んでしまう**」と配慮を示しているからである。すでに第五の災いで（9:1–7）、エジプト人の家畜は甚大な被害を受けたはずであるが、ここでは野にいる家畜の存在が前提とされている。編集作業の結果、異なる伝承や資料が接合されたのでなければ、そのような構成は生まれえない。また、単元内部に、後代の編集拡大の痕

跡があると言えるであろう。そこに、祭司文書の手を認めることは可能であろう。だが、最終編纂段階での接合の痕跡を示しているのかもしれない。

実際に **20 節**では、ファラオの従者たち（その場にいた高官たち）の中に、「ヤハウェの言葉を畏れた者は、自分の従者たちと家畜とを家屋の中に連れ戻させた」という者たちが出てきている。これはモーセをとおして語られた神ヤハウェの言葉を聞き入れるかどうかが問われているからであるが、ヤハウェの言葉を畏れた者はその言葉に聞き従った者であり、聞かなかった者の場合と対比されている。

21 節で、「しかしヤハウェの言葉に心を留めなかった者は、自分の従者たちとその家畜とを野に残しておいた」とある。ヤハウェの言葉を畏れた者には、対極的な対応が示されている。このことは、エジプトの民だけでなくファラオ自身にも突きつけられた、いわば「踏み絵」である。それは王であるファラオの神格を正面から問い糾すという意図があるからで、資料記者あるいは編集者ないしは最終編纂者は、国家の責任者は人間にすぎず、神でないことを言おうとしているのである。

22 節で、「ヤハウェはモーセに言われた。『あなたの手を天に向かって差し伸べなさい』」と命じている。「そうすればエジプト全土で、人や家畜、エジプト全土の野に生えているすべての草の上に雹が生じる」という。これは、疫病による災いとは違う告知である。

23 節で、「そこでモーセは、自分の杖を天に向かって差し伸べた」という。「ヤハウェは雷鳴と雹を放ったので、地に稲妻が走った」とあるので、この災いのしるしの実行者はモーセであったことが分かる。この場面ではアロンは登場しない。だが 23 節にある「こうしてヤハウェはエジプト全土に雹を降らせたのである」という説明と、「手を天に向かって差し伸べなさい」というヤハウェの指示と、その結果には、〔神学的な〕配慮がなされているように思われる。モーセは呪術的な災いの実行者でなく、神の言葉に従って用いられている立場で、実際に災いを下すのは神ヤハウェである。この慎重な描き方を、編集作業が加えられた結果であると見なすことができるのではないか。

事実、23 節にあるように「ヤハウェは雷鳴と雹を放ったので、地に稲妻が走った」という形で纏められている。**24 節**では「雹が生じ、その中

を稲妻が走りめぐった」とあり、それは「国が存在するようになった時以来、エジプト全土ではこれまでなかったような、はなはだ激しいものであった」と解説されている。微妙な食い違いを残したまま、編集によってなされた接合作業は、異なる伝承を接合させてヤハウェの業を物語っている。最終的な編纂段階での痕跡を示すものと考えられる。

25節によると、「雹は、エジプト全土で野にいたすべてのもの、人から野の獣まで残らず打った」という。それに留まらず、「雹はまたすべての野の草を打ち、野にあるすべての木を打ち砕いた」と伝えている。

26節では「ただ、イスラエルの子らがいるゴシェンの地には、雹は生じなかった」と、ここでも贖い〔の壁〕や区切りが神の手によって機能していることを示す。

27節で、ファラオは「〔人を〕遣わし、モーセとアロンを呼び寄せて、彼らに言った。『ヤハウェは正しく、今回はわたしが過ちを犯した。悪いのは、わたしとわたしの民だ』」と告白している。「過ちを犯した」の原語は、宗教的な罪の告白で用いられる言葉であるが、ファラオがイスラエルの神ヤハウェに対して罪の告白をしたのではない（10:16参照）。「現人神」であるファラオが「悪いのは、わたしとわたしの民だ」と発言することは、現実的にはありえない。資料記者がファラオの口に置いた言葉であるとしても、ヤハウェの言葉に聞き従わない全責任を負うべきは、ファラオひとりなのである。そのことが強調されている。

28節でファラオは、モーセとアロンに「ヤハウェに祈り求めてくれ」と依頼をしている。悔い改めによる申し出でないことは明らかである。取引の材料としてモーセが語るヤハウェなる神を宥めるように求め、「神の雷鳴と雹はもうたくさんだ」と言いながら依頼しているからである。事実ファラオは「わたしはお前たちを立ち去らせよう。これ以上留まらなくてもよい」と発言したにもかかわらず、それを後に撤回している（9:35）。ファラオの言葉は罪の告白ではなく、儀礼的な判断ミスを犯したという程度の認識にすぎないのであるが、資料記者あるいは編集者たちが、ファラオの神性を全面的に否定しているのが分かる。

29節で、「モーセは彼に言った。『わたしがこの町を出ましたら、わたしはヤハウェに向かってわたしの両手を広げ〔て祈り〕ましょう。雷鳴は止み、

雹はもう生じないでしょう』」とファラオに告げている。ファラオに対するモーセの応答が、緊急事態を的確に物語っている。「地はヤハウェのものであることを、あなたが知るためです」と、ファラオに執り成しの目的を告げて、王宮内ではなく、また王宮のある町でもなくそこから離れた場所でモーセは祈りを献げている。このモーセの言葉は、名実共にエジプトにおけるファラオの王権を根源的に否定するものとなっている。

　30節では「しかし、あなたもあなたの従者たちも、まだヤハウェなる神の前に畏れるには至っていないことを、わたしは知っています」とモーセが語るように、ファラオも従者たちもヤハウェを畏れて悔い改めたのではない（10:3参照）。いわゆる、困ったときの神頼みにすぎないのである。彼らの宗教心には、災いをとおして神と出会うことなどありえなかったからである。彼らには、ヘブライ人の神ヤハウェの祟りを避けるという意識しかない。

　31節によると、「亜麻と大麦は打ち倒された。大麦は穂がついたばかりで、亜麻はつぼみ〔の時期〕であったからである」という。

　しかし**32節**によると、「小麦と裸麦は打ち倒されなかった。これらは穂〔の出る時期〕が遅いからである」と解説している。資料記者あるいは編集者はエジプトでの災いの伝承について聞き手が理解できる事実を告げながら、具体的にそれが一年のいつ頃であったかを伝えようとしている。聞き手はリアリティーを感じながら、この伝承に聞いたはずである。資料記者あるいは編集者ないしは最終編纂者は、出エジプトの出来事が自分たちの出来事であり、世代や時空を超えてその現場に立ち続けるという姿勢で、伝承を語り伝えているのである。

　33節で、「モーセはファラオのもとから、その町から退出し、彼はヤハウェに向かって自分の両手を広げ〔て祈っ〕た。すると雷鳴と雹は止み、雨は地に注がれなくなった」という。

　34節では、「ファラオは、雨と雹、雷鳴が止んだのを見て、再び過ちを犯し、彼もその従者たちも、その心を頑なにさせた」とあるように、ファラオだけでなく彼の高官たちも単なる判断ミスを犯したという程度の認識で終わっている。

　末尾の**35節**は、「ファラオの心は頑なになり、イスラエルの子らを立ち

去らせることはしなかった。ヤハウェがモーセをとおして語られたとおりである」と型通りの締め括りとなっている。

10:1 から、第九番目の災い「ばったによる災い」（10:1–20）が語られる。冒頭の **10 章 1 節**で、「ヤハウェはモーセに言われた」とここでもヤハウェはモーセに告げて言う。「ファラオのもとに入って行きなさい」とヤハウェは命じ、「彼の心と、彼の従者たちの心を頑なにさせたのは、わたしである」と語る。そして「それは、これらのわたしのしるしをそのただ中にもたらすためである」という。それはエジプト人を対象とするだけではない。

2 節ではさらに、「それは、エジプトでわたしがあしらったこと、わたしがそこにもたらしたわたしのしるしについて、あなたがあなたの息子、あなたの孫の耳に告げ知らせるためで、あなたがたはわたしがヤハウェであることを知る」という明確な位置づけがなされている。資料記者のあるいは編集者の関心事は、ただ単にエジプトに下される災いだけに向けられているのではない。またファラオが心を頑なにすることだけに向けられているのでもない。イスラエルの子らが、息子や孫の代に至るまで「わたしがヤハウェであることを知る」ためであるということが明記されているからである。父祖の神という理解から、エジプトの地でしるしを行ない、イスラエルの子らをその奴隷の家から導き出す神こそヤハウェなる神であるとの理解に展開させている。資料記者あるいは編集者はそこに決定的な意義を見いだしているのが分かる。父祖の神が出エジプトを実現させる、その業をとおしてヤハウェなる神として顕現することを、明確に語っているのである。エジプトの奴隷の家から解放された出来事について、教育的な伝承教授（申 6:7, 20–25）が命じられているが、その伝統が資料記者や編集者たちあるいは最終的な編纂者たちを経て、現代にまで引き継がれていることは驚きである。伝承のリアリティーが保持されていると言うべきで、申命記史家的な編集者の、あるいは申命記史家的な最終的編纂者の独特な歴史理解、歴史感覚がそこに示されていることは強調されてよい。

3 節には「モーセはアロンを伴いファラオのもとに入って行き」とあり、ここでもモーセがアロンを伴ってファラオの宮廷へ向かっていることが明記されている。「彼らは彼に言った。『ヘブライ人の神ヤハウェはこう言われ

た』」という様式で、ファラオに告知している（7:16; 9:1, 13）。ここでは「ヤハウェはこう言われる」（7:17, 26; 8:16; 9:1, 13; 11:4）でなく、「ヘブライ人の神ヤハウェ」を強調している。資料層の違いが反映しているものと思われる。「いつまであなたは、わたしの前にへりくだるのを拒むのか」とヤハウェの言葉をファラオに伝えているが、それまでは「その心を頑なにさせ」た対応であったことを物語る。神ヤハウェの告知であるにせよ、預言者に活動の場所を与えていないファラオの宮廷で、このようなメッセージが直にファラオに語られたと考えることはできない。高官をとおしてのファラオへの告知であるが、エジプトの高官にとっても聞くに堪えない言葉であったであろう。そうであるにせよ、一連の災いを経験したことで「ヘブライ人の神ヤハウェ」の祟り、いわば呪いを恐れていたことは事実である。それ故、「わたしの民を立ち去らせ、わたしに仕えさせなさい」という告知を、聞くには聞いたのであろう。

4節での警告によれば、「もし、あなたがわたしの民を立ち去らせるのを拒むならば、見よ、明日あなたの領域にばったを来させることにする」という。「もし」という言葉で導入される条件の設定は、幾つかの災いの出来事に共通している（7:27; 8:17; 9:2 等）。

5節では、「それは地の面を覆い、人は地〔の面〕を見ることができなくなる」として「ばったは、雹の被害を免れて、あなたがたに残されたものを食い尽くし、あなたがたのために野に生えているすべての木を食い尽くす」と宣言されており、雹の被害を免れたものをばったが食い尽くすという。

6節によると、「あなたの王宮にも、あなたのすべての従者たちの家にも、またすべてのエジプト人の家々にもばったが満ちる」とモーセは警告している。「それは、あなたの先祖も、あなたの先祖の先祖も、この土地にいるようになった日から今日まで、見たことのないものである」との警告は、これまでの災い以上に被害がより酷くなってきていることを物語る。食糧が絶える危険を、告知しているからである。それは、「彼は身を翻してファラオのもとから退出した」というモーセの姿勢からもうかがえる。ここにはアロンの姿がない。モーセの心に焦点があるからであろう。

7節には、ファラオの宮廷内に新たな動きがあったことが伝えられている。「ファラオの従者たちは、彼に進言した」という言葉があるからである。

187

「現人神」に仕える従者は、ファラオの命令を家臣団に伝えることの他、内外の事情を説明してファラオに伝えることはあるが、彼に仕えている高官たち即ちファラオの従者たちが「現人神」であるファラオに面前で進言することは、通常はありえないからである。「**これはいつまでわたくしどもにとって罠となるのでしょうか。あの者たちを立ち去らせ、彼らの神ヤハウェに仕えるようにさせてください。エジプトが滅びようとしていることを、あなた様はまだご存じないのです**」と注進している。国家の危機存亡を感じとった家臣団が、王であるファラオにこのような上奏をするのは、非常事態と感じたからである。

　8節によると、6節の事態と異なり「**モーセとアロンはファラオのもとに引き戻され**」とあるので、アロンもモーセと共に参内していたことが想定されている（10:3は「彼ら」）。「**ファラオは彼らに言った**」とあるように、ファラオは2人に向かって「**行って、お前たちの神ヤハウェに仕えるがよい**」と認可を下しているが、「**行くのは、誰と誰か**」と問い糾している。イスラエルの子らの中でどのようなグループが儀礼のために同行し、持ち場を離れるのかを尋ねているのである。これはエジプトでの祭儀理解に他ならない。その点で、資料記者あるいは編集者たちによる伝承には、歴史的なリアリティーが含まれている。

　9節でのモーセの答えに、「**わたくしどもの若い者も年配者も共にまいります。わたくしどもの息子も娘も、またわたくしどもの小家畜や牛も共にまいります**」とあるように、群れ全体でエジプトを出ることを明言している。モーセは、「**わたくしどもにとってのヤハウェの祭りだからです**」という言葉を口にする。この点も、エジプトでの祝祭理解と根本的に違っていることを物語る。資料記者あるいは編集者たちがモーセの口に置いたこの言葉は、彼らの現実理解そのものを指し示している。

　しかしファラオは、**10節**で「**わたしがお前たちとその子供らを立ち去らせるとき、ヤハウェがお前たちと一緒にいるとでも言うのか。見よ、お前たちの前には災いがある**」という言い方で、ヤハウェなる神が災いや祟りをもたらす神であるという認識を示し、**11節**で子供を除外して「**男たち〔だけ〕が行ってヤハウェに仕えるがいい**」と言う。つまりファラオ側は、全員でなく男たちだけを祭りに行かせることを提言している。これは、子供

たちを担保にして彼らが必ず戻ってくるように差し向けるためであろう。あるいは大人だけが、ヤハウェなる神の呪いを受けるがいいと考えたのかもしれない（男児殺害命令を参照）。ファラオ側からすれば、子供を確保しておけば奴隷として使えるからである。モーセが繰り返し求めた「わたしの民を立ち去らせ、わたしに仕えさせなさい」という要求に対して、「**それが、お前たちが求めていたことのはずだ**」と、交渉では男たちだけで祭りを祝えばいいはずだというのである。こうした駆け引きに、ファラオが直接に関わって具体的なことを命じたとは考えにくい。こうした駆け引きは、明らかに高官たちの知恵である。後に触れる過越の祭りのような家族での祭りがエジプトにはなかったことを考えると、家族全員で祭りを祝うということが従者たちには理解できなかったのであろう。「**そしてファラオは自分の面前から彼らを追い払った**」という状況から、それがファラオ側の最後通告であったことがよく分かる。モーセとアロンが退出する場面は、高官たちの前から退出したことを考えるべきであるとすでに繰り返し触れたが、重要なのは、直接の相手が高官であっても、ヤハウェの言葉をファラオに告知したことである。

　この第八番目の災いについて、**12節**でヤハウェはモーセに「ばったについては、あなたの手をエジプトの地の上に差し伸べなさい」と命じている。「ばったはエジプトの地に飛来し、この地のすべての草、あの雹が残したすべてのものを食い尽くす」という。このばったは、かつてはイナゴと理解されていたが、今ではイナゴは日本固有種に近いとされ、原語のアルベを中東地域にいないイナゴと訳すことは、限りなく誤訳に近いというのを最近になって教えられた（「あとがき」参照）。

　13節によると、「モーセがその杖をエジプトの地の上に差し伸べると、ヤハウェはその地に、その日一日中、夜を徹して東風を吹かせた。そして朝になり、東風はばったを運んできた」とあり、しるしを実現させるための実行者はここでもアロンでなくモーセである（9:23）。パレスチナやナイル河畔の風土では、東風がばったを運んでくることは周知のことであったと思われる。東風は木々や作物を枯らす原因でもあった（創 41:6, 23, 27; エゼ 17:10; 19:12; 27:26; ヨナ 4:8 等）。西風については、雨をもたらす風と言われている（王上 18:41-46）。

事実、**14**節で「ばったはエジプト全土に飛来し、エジプトの全領域におびただしい数のばったが舞い降りた。これほどの数のばったは、これより前にはなかったし、これから先もないだろう」と記している。

その結果、**15**節にあるように「ばったは地の面を覆い尽くした。地は暗くなり、雹が残した地の草と木の実をすべて食べ尽くした。木にも野の草にも、エジプト全土に、緑のものは何も残らなくなった」という。ばったの害については、資料記者も編集者も熟知していたはずである。古代イスラエルにとって、それは神の審きの日、ヤハウェの日の到来であったからである（ヨエ 1:1–2:11）。エジプトの地に、ヤハウェによる審きが到来したことを伝えているのである。

16節で「ファラオは急いでモーセとアロンを呼び寄せて」、「わたしはお前たちの神ヤハウェに対し、またお前たちに対して過ちを犯した」という告白をファラオの口に置いている。それは、審きの日というイメージで資料記者あるいは編集者たちがばったの害を理解していたからである。「現人神」であるファラオが過ちを犯したという場合、それはヤハウェに対する罪の告白ではない。「過ち」と訳出した言葉の原語は「罪」であるが、宗教的な意味でヤハウェの前に罪を犯したと告白しているのでなく、儀礼的に判断ミスを犯したという程度の言葉である。それも、高官たちがモーセに伝えた政治的な駆け引きの言葉に相違ない。ファラオ側は、「ヘブライ人の神」から来る儀礼的な祟りとしてしか理解していないことを物語る。最初にモーセが語った「ヘブライ人の神が顕われました」という告知を、彼らは耳にしているからである。

前回と同じようなやりとりが続くが、**17**節でファラオ側は「どうか今、もう一度だけ、わたしの過ちを赦してもらいたい」と発言している（「過ちを犯した」については 9:27 参照）。言葉そのものは、儀礼違反を見逃すようにという命令に近い。ファラオが、へりくだって語っているのではない。ただ、「そしてお前たちの神ヤハウェに祈り求めて、この度の死だけはわたしから取り除いてくれるように」という申し渡しは、ファラオが王として、「現人神」として国家が深刻な事態に陥っていると認識したことを示唆的に物語る。「わたしから」という発言は、（高官を通して語られたものであれ）ファラオの言葉であるため、エジプト全土からという意味を当然含む

はずであるが、この死への恐怖は、ばったの災いでなく次の災いへの導入となっている。儀礼的な理由で降りかかる国民の死は、ファラオの神格そのものを否定する事態だからである。それは、ファラオの儀礼的な意味での死をも意味した。高官をとおしてモーセに伝えた言葉には、ファラオの切実さが込められているのかもしれない。だが儀礼的にこの事態を遠ざけるため、当事者であるモーセによる儀礼的回避の処置のみをファラオは要求したのである。それが、「神ヤハウェに祈り求めて」に込められていた真意である。

18節によると、「モーセはファラオのもとから退出し、ヤハウェに祈り求めた」という。モーセとファラオ側の関係が恐らく険悪なものになってきていることから、ファラオの提案として高官がモーセやアロンに伝えている事情が知られる。この「ファラオのもとから」という表現は、すでに触れたように対面することそのものが不可能となった後で、もう一度使われているからである（11:8）。

その結果、**19節**で「ヤハウェが非常に強い西風に変えられたので、風はばったを運び去り、それらを葦の海に吹き飛ばしたので、エジプトの全領域にばったは一匹も残らなくなった」という。東風と西風が対比されているが（10:13参照）、すべては神ヤハウェの手の中にあることとして語られている。

20節で「しかしヤハウェがファラオの心を頑なにされたので、彼はイスラエルの子らを立ち去らせなかった」とあり、型（パターン）に従って締め括られている。この帰結から見ても、ファラオが悔い改めたのではなく、儀礼的な処置によってその場をしのごうとしたことは明らかである。ファラオの威信は、エジプトでの災いを防ぐ手立てとして、儀礼的な清浄さを取り戻すことのみに注がれていたからである。ファラオの高官たちにとって、それはイスラエルの子らを去らせることとは関係のない別次元の話であると、そのように思い込んでいたからでもある。資料記者あるいは編集者は、それを「ヤハウェがファラオの心を頑なにされたので」と解説している。

10:21から、第十番目の災い「暗闇による災い」（10:21-29）が始まる。

21節では、「ヤハウェはモーセに言われた」との語り出しで「あなたの手を天に向かって差し伸べなさい。エジプトの全土に暗闇が生じ、闇は〔地に〕触れる」とモーセに命じている。実行者はアロンではない。モーセにファラオのもとに入って行くことを命じないで、いきなり「あなたの手を天に向かって差し伸べなさい」と指示を与えている点は、型（パターン）から外れている。

22節には、「モーセはその手を天に向かって差し伸べた。するとエジプトの全土に漆黒の暗闇が3日にわたって生じた」とあり、さらに**23節**で「人は互いに見ることもできず、3日の間、それぞれ自分の場所から立ち上がることもできなかった」という。光のない漆黒の暗闇が襲ったことになる。それを「闇は〔地に〕触れる」と表現しているのである。「触れる」の原語ヤーメーシュは、「触る、触れる」（モーシュ）の使役動詞。主語は「闇」。「〔地に〕触れる」と補いを入れたのは、「エジプトの全土に暗闇が生じ」という前文を受けた言葉なので、人に触れるのでなく、大地を闇が覆うことで漆黒の闇が到来したことを意味するものと思われるからである。日の光や月の光、星の光が戸外での光であったが、そのすべてが失われたことを物語る。家の中では炉端にしか火はないが、それも失われたのである。モーセによる所作が、突然に世界を暗闇に変えたことを物語っている。それ故、「それぞれ自分の場所から立ち上がることもできなかった」というのである。「しかしすべてのイスラエルの子らには、その居住地に光があった」という。ここでも、イスラエルの子らの居住地は隔離されている（8:19; 9:4, 26）。「贖い〔の壁〕」（8:19）が、機能していることが分かる。その居住地には光があったことが、どのような現象を意味するのかは分かっていない。強調されているのは、分離されたイスラエルの子らの居住地には普通通りの生活が存在したが、エジプト全土は暗黒の中に閉じ込められたというその一事である。資料記者あるいは編集者が強調しているのは、自然現象というよりもファラオの無力さであり、神ヤハウェの前でのその頑なな心である。そのことが、エジプト全土に暗黒の闇をもたらしているのだと主張している。

24節では「〔3日の後〕ファラオはモーセを呼び寄せて、言った」とある。「エジプトの全土に漆黒の暗闇が3日にわたって生じた」ことを受けて、

ファラオはそれがモーセの神が行なった異変であることを知り、高官に命じてモーセを呼び出したのである。「行って、ヤハウェに仕えるがよい」と命じている。ファラオ側にとって、ヘブライ人の神ヤハウェがとんでもない祟りを自分の国に被らせているという意識を持っていたことが分かる。ファラオは、自分の神格が否定されているということなど、一度も考えたこともないのである。「ただお前たちの小家畜や牛は残しておけ」と命じている言葉からも、自分の民に犠牲を献げさせたがっているヤハウェを、ファラオや彼の高官たちが忌々しくももてあましているという印象である。今回は「小家畜や牛は残しておけ」という。かつては「わたしの民を立ち去らせ、わたしに仕えさせなさい」(10:3) というヤハウェからの要求に対して、「それが、お前たちが求めていたことのはずだ」(10:11) という言い方で、男たちだけの祭りを祝えばよいとファラオ側は言ったのである。だが今回は条件を下げ「お前たちの子供らはお前たちと一緒に行くがいい」とするが、このファラオの命令も、ヤハウェが求めているのはヘブライ人という自分の民なのだという先入観からの処置であろう。高官たちは、神ヤハウェの救済の業については知るよしもないからである。

　25 節で、「モーセは答えた。『わたくしどもの手にいけにえと全焼の供犠も、あなたが与えてくださりさえすれば、〔それをもって〕わたくしどもはわたくしどもの神ヤハウェに〔犠牲を〕献げます』」という応答が伝えられている。

　続けてモーセは、**26** 節で「ですから、わたくしどもの家畜もわたくしどもと一緒に行きます。蹄一つ残ることはありません。わたくしどもの神ヤハウェにお仕えするため、わたくしどものものの中から選び取らなければなりません。その場所に行き着くまで、わたくしどもが一体何をもってヤハウェにお仕えすればいいのか、わたくしどもには分からないからです」と応答している。全焼の献げ物等をヤハウェに献げる際に、犠牲を献げることができなくなると訴えているのである。エジプトでの祭儀慣習とは違う、遊牧民の伝統を物語るものである。

　27 節では、型に即して「ヤハウェはファラオの心を頑なにされたので、彼は立ち去らせようとはしなかった」と伝えている。ファラオの高官たちも、この要求を認めることができなかったと言える。

28節では交渉がすべてモーセの求める方向に進み、彼が語る条件に合わせて彼らを立ち去らせることを、ファラオ側が認めざるをえなくなってきているのが分かる。この現状に不満を示し、ファラオは怒りを込めて「わが前から消え失せろ。二度とお前はわたしの顔を拝みに来るな。わたしの顔をお前が拝むときには、お前は死ななければならない」と高官を通じて通告している。「わが前から消え失せろ」というのは、モーセがファラオの目の前に起立していたことを前提にしている言葉ではないだろう。高官との交渉でファラオの宮廷にいることが、政治的にも行政的にもファラオの前に立つことを意味したからである。モーセですら、ファラオの顔近くに立つことは許されていなかったからである。「顔を拝みに来る」という表現が、古代メソポタミアでは神像の顔を拝みに来る、つまり「礼拝する」という意味に相当したからである（顔が存在を象徴的に顕わしていることについては33:15, 20, 23を参照）。モーセがファラオの前にひれ伏して拝するという事態を、資料記者や編集者は慎重に避けながら、預言者としてファラオとの交渉を行なっていたことを伝えようとしている。ファラオは「現人神」としての立場から、モーセやアロンが自分の顔を拝みに来ているという意識で、命令を高官によってモーセに通告させていた状況がよく分かるのではないだろうか。「わたしの顔をお前が拝むときには、お前は死ななければならない」と、死罪をもって宮廷への来訪をはねつけたからである。

それに対し**29節**でモーセは、「あなたが言われたとおり、わたしは二度とあなたのお顔を拝見することはありません」と応じている。この言葉も、高官によってファラオに伝えられたはずである。モーセは、もはや宮廷に来ることもないと訣別の言葉を語っている。異教崇拝になるようなファラオとの接見を、資料記者や編集者は拒絶していると言える。

11:1から、最後のいわば十一番目の災いとして「過越の準備とエジプトでの初子の死」（11:1–12:30）が語られる。

11章1節では「ヤハウェはモーセに言われた」と、ここでもヤハウェはモーセに対して語りかけ「ファラオとエジプトに、わたしはもうひとつ打撃を加える」と宣言し、ファラオについては「その後、彼はあなたがた

を立ち去らせる。彼が立ち去らせるそのときは、あなたがたをここから完全に立ち退かせる」と伝えている。「完全に立ち退かせる」という言葉が示すとおり、最後の災いがファラオとエジプトに加えられるという。もうひとつ打撃を加えるといわれた、その打撃とは何なのか。

2節では、かつてモーセに伝えていたことを「あなたは民の耳に告げなさい」という。「男は隣の男から、女は隣の女から、それぞれ銀の装身具と金の装身具を求めさせなさい」と語らせている（3:22参照）。

3節では、ヤハウェの言葉としてでなく（3:21参照）、資料記者あるいは編集者の言葉で「エジプト人の目の前で、ヤハウェがその民に恩恵を与えられるのである」と3人称表現で語っている。エジプト側の当事者の言葉として「これはいつまでわたくしどもにとって罠となるのでしょうか」（10:7）と発言させていることを考えると、「またファラオの従者たちとその民の目に、モーセその人はエジプトの地で極めて偉大〔な人物〕に映った」という発言は、王であるファラオとの対比を念頭に置きつつ編集者によってつけ加えられたものと思われる。

4節で、「モーセは〔ファラオの従者たちに〕言った」と補いを入れたのは、ファラオがモーセに命じた最後通告により（10:28）、「モーセは、怒りに燃えてファラオのもとから退出した」からである（11:8）。「ヤハウェはこう言われた。『真夜中頃に、わたしはエジプトのただ中に到来する』」と、モーセは告知の様式に基づいて〔ファラオの従者たちに〕伝えている。これが出エジプト記全体の主題でもある。ヤハウェが神として臨在する、その臨在のあり方がイスラエルの子らには救済になるが、他方ヤハウェに従わないファラオの民には災いとして臨むのである。

5節にある「エジプトの地にいるすべての初子、その玉座に就いているファラオの初子から挽き臼の後にいる女奴隷の初子まで、家畜の初子もまた、すべて死ぬ」という告知は、打撃（11:1）そのものを物語るが、このことはすでに預言されていた（4:23）。初子は、人の子であれば長子、家畜の場合は雄の初子である。「現人神」とされたファラオの息子も例外ではない。資料記者あるいは編集者の目には、ファラオは単なる人間でしかなく、その息子もエジプトのただ中に到来するヤハウェの臨在に耐えられないのである。

6節で「かつてなかったような、またこれからも二度と起こらないような大いなる叫び声が、エジプト全土に起こる」と、ヤハウェは告知している。これが打撃の中身である。

7節でイスラエルの子らについては除外されることが明記され、「すべてのイスラエルの子らに対しては、人間から家畜に至るまで、犬がうなり声を立てることはない」という。この犬が「舌を尖らせる」（原文）ことが何を意味していたのかについては疑問が残る。エジプトでは、死神で山犬の頭を持つアヌビスが有名である。恐らく、それへのアイロニーであるかもしれない。イスラエルの子らにとって、アヌビスなどを恐れる必要はないと主張しているように思われる。死が主題になっているからである。「ヤハウェがエジプトとイスラエルの間に、特別な区切りを設けているのをあなたがたが知るためである」という宣言については、「贖い〔の壁〕」(8:19)がここでも機能していることを示す。だが最後の打撃としての災いにおいては、それが生と死の区別となる。

8節ではファラオの従者たちが「あなたの従者たちは、皆わたしのもとに下って来て、彼らはわたしにひれ伏して言うだろう」とあり、「あなたとあなたの足もとにいるすべての民は、どうか立ち去ってください」と懇願することが想定されている。そうした申し出があるならば、「その後で、わたしは立ち去る」とモーセは宣言している。この宣言も、ファラオが着座している王宮での直接的なやり取りでなく、恐らく高官や家臣団が控えている部屋で、モーセは彼らに向かって通告したのであろう。だがそれは、ファラオに対して宣言したのと同じなのである。この状況が、ヤハウェの言葉をないがしろにしているエジプト側の姿勢そのものであるとモーセの目には映るのである。また同時に、モーセがファラオの前にひれ伏して応答しているのではないことを明示するものとなっている。ファラオの宮廷内のこうしたすべての状況が、モーセをして「**怒りに燃えてファラオのもとから退出**」させた原因となったと思われる。

9節でヤハウェは「ファラオはあなたがたに聞かない」とモーセに語り、それは「エジプトの地に、わたしの奇蹟が増し加わるためである」と言明している。ファラオにとって、ヤハウェにひれ伏すことはありえないことであり、従ってモーセの申し出に聞き従うことはできないのである。「現

人神」であるファラオの地位がそれを邪魔しているからである。資料記者あるいは編集者は、そこに、エジプト側のすべての問題の根源を見ていると言える。

　10節で「モーセとアロンは、これらすべての奇蹟をファラオの前で行なった」とあるが、ヤハウェの言葉を告知し、その結果ヤハウェの業として災いがエジプトに到来したことを物語る。それが、ヤハウェからのしるしであったという。それはまさに、ファラオの前で実現した災いである。「しかしヤハウェはファラオの心を頑なにされたので、彼はイスラエルの子らをその地から立ち去らせなかったのである」と締め括られている。この最後の災いは、ここで締め括られていても不思議ではないが、編集者によって次に過越の準備と初子の死が語られる形になっている。編集作業による意味づけがなされているのであるが、そこでは災いそのものよりもヤハウェの意志、打撃として災いを下すその思いにこそ焦点が合わされている。ヤハウェの過越による初子の死が、焦点になっているからである。

　12:1 からは、過越の準備とエジプトでの初子の死が現実となる場面が報じられている。

　12章1節で「エジプトの地でヤハウェはモーセとアロンに語って、言われた」とあるように、ここでヤハウェはモーセひとりに語りかけていない。アロンの立場を、モーセに並べて挿入する点で祭司文書に帰されている単元である。

　2節にある「この月」は「その年の月々の最初の月」で、「月々の初め」となるという理解はアビブ〔「大麦の柔らかい穂」の意〕の月のことを言っている（13:4; 23:15; 34:18; 申 16:1 参照）。アビブの月が正月にされたのは、前 8 世紀か 7 世紀に古代メソポタミアから導入されたバビロニア暦によるもので、それまでは秋が新年とされていた。従って単元の中で明記されているこの正月についての規定が、年代的に祭司文書に帰属するとされているのも理解できる。

　3節の「イスラエルの全会衆に向かって語り、言いなさい」の「会衆」（エーダー）という概念は、祭司文書特有の言葉であるとされてきた。特に幕屋に集うイスラエルの子らを特定的に指す場合が多数ある（出 12:6,

19, 47; 16:1, 2, 9, 10; 17:1; 34:31; 35:1, 4, 20; 38:25; レビ 4:13, 15; 8:3, 4, 5; 9:5; 10:6, 17; 16:5; 19:2; 24:14, 16; 民 1:2, 16, 18, 53; 3:7 他多数参照）。それと同時に、この概念は申命記史書にも数多く見られるので（出 12:6, 19, 47; 16:1, 2, 9, 10; 17:1; 34:31; 35:1, 4, 20; 38:25; レビ 4:13, 15; 8:3, 4, 5; 9:5; 10:6, 17; 16:5; 19:2; 24:14, 16; 民 1:2, 16, 18, 53; 3:7 他多数参照）、行政的な国民というレベルでなく、ヤハウェの民として、この会衆という概念を用いる慣習が申命記史家にとっても歴史的に定着していたと考えることができる。「今月の 10 日」とは、アビブの月の 10 日目で、バビロニア暦のアビブの月は現在の 3 月から 4 月にかけての時節であるため、3 月末頃が元旦となる。「**父の家ごとに小家畜を一匹**」とあるので、家父長制的な考えで家族や大家族を考えていることが分かる。これは「イスラエルの子ら（男性名詞）」という表現とも通じている。それを言い換えて、「**家族ごとに小家畜を一匹ずつ確保しなければならない**」という。

4 節で、「**その家族が一匹の小家畜〔を食べる〕には少なすぎる場合**」を想定し、「**自分の家のすぐ近くの隣人と共に、人数に合わせて確保し、その小家畜について、人がそれぞれ食べる量をあなたがたは見積もらなければならない**」という。会衆内での調整を求めている言葉に他ならない。家庭での過越の祭りについての規定で、家庭内の守り方まで詳細に定めるという意識が前面に出ている。資料記者あるいは編集者にとって、公的な儀礼での慣わし以上に伝承どおりの私的な家庭での祝い方に細心の注意を向けているのが分かる。そこに、資料記者あるいは編集者の時代背景がにじみ出ていると考えるのは自然である。

「小家畜」（セ）と指定しているが、**5 節**で「**小家畜は、傷のない 1 歳の雄でなければならない**」としている。「**羊か山羊の群れから、あなたがたは確保しなければならない**」と、補いを入れて選択できるように命じている。申命記では、屠るべき犠牲を「小家畜あるいは牛」（ツォーンあるいはバーカル）と規定している（申 16:2）。それゆえ、犠牲についてはより厳密な意識をもって規定したものと思われ、過越のために屠られるのはその「傷のない 1 歳の雄」でなければならないという。申命記でも同じように傷のある初子を献げることを厳密に禁じているが（申 15:21）、聖所ではなく町の中での屠畜を容認し、肉食の世俗化を認めている点が顕著である（申

15:22)。屠畜の世俗化が制度的に規定化されたのは（申 12:15, 20–24)、前7世紀の南ユダの王ヨシヤの改革時からである。従って、伝承どおり家庭での祭りの祝い方を前提にする資料記者あるいは編集者は、伝承どおりのことを記したのか、あるいは彼らが出エジプト伝承としてここに組み込んだと言わなければならない。

6節では、「**この月の 14 日まで、それはあなたがたのところに取り分けておかれなければならない**」という。そして「**イスラエルの会衆の全集団が、夕暮れから夕暮れの間〔のたそがれ時〕にそれを屠らなければならない**」という。ここでは「会衆」（エーダー）と「集団」（カーハル）の両方が使われている。この表記によれば、会衆（エーダー）には様々な集団（カーハル）が含まれているが、その「全集団」が一斉に犠牲を屠ることが命じられている。それも夕暮れから夕暮れの間と明記されている原文は、双数で表現された「夕暮れ（エレブ）の間」となっている。恐らく夕暮れが始まる時から完全に暗くなるまでの間、つまりたそがれ時を意味するものと思われる。はっきりしているのは、完全に日没を迎え、夜になる前に犠牲を屠らなければならないことである。過越が、日没後の夜に起こるからである（12:29; 申 16:1)。

7節にある、「**彼らは血を取り、自分たちが中でそれを食べる家々の入り口の二つの柱とかもいに塗らなければならない**」は、天幕の入り口よりも建てられた住居を明確に想定している（12:7, 22, 23)。この過越は、かつて遊牧民の慣習で砂漠のデーモン（悪霊）が初子を狙って近づくのを防止するため、天幕の入り口に羊の血を塗り、その犠牲の羊を天幕の中で火にあぶって食べたところから来ているという。それがヤハウェ宗教の伝統の中に組み込まれたとき、創造主であるヤハウェに聖別して献げられるべき初子という理解へと展開され、人だけでなく家畜の初子にまで拡大されたという（12:29–30; 13:1–2, 11–16)。それと同時に、この過越が出エジプトの出来事を記念する祭りとして、幾世代にわたって子孫に語り伝えるようにと命じられている。その点に、出エジプト記の独創性があるのである（12:14)。

8節で、過越の肉の調理法が「**そしてその夜に、彼らは肉を火であぶって食べなければならない**」と規定されている。「**また苦菜を添えて、種入れ**

ぬパンを彼らは食べなければならない」という。

　続く **9節**で、「あなたがたは肉を生のまま、あるいは煮て食べてはならない」とあり、また「足や内臓と頭が一緒の状態のまま火であぶらなければならない」とされている。肉を切り分けて焼くのでないため、非常に素朴な調理の仕方ではないかと思われる。足や内臓と頭が一緒の状態で調理するのであるから、それは全焼の献げ物とは違う（レビ 1:6–13 等参照）。この調理法については、半遊牧民や小家畜飼育者の伝統によるもので、家庭で祝われた犠牲の慣習に遡るという。なぜ煮て食べてはならないのか、この具体的な指示が意味していることについては、もはやよく分かっていない。出エジプト記では、「苦菜を添えて、種入れぬパンを彼らは食べなければならない」とあるように、種入れぬパンを犠牲の肉と一緒に食べることへと力点が移っている（申 16:1 以下）。申命記では「肉を生のまま……食べてはならない」という規定は継承されているが、「煮て食べてはならない」という規定は「煮て食べなければならない」（申 16:7）と変更されている。当然のことであるが、出エジプト記の「足や内臓と頭が一緒の状態」の原文は「足と内臓の上にある頭」であり、分割切断されていない状態を言うので、煮る調理法としては無理がある。この過越の祝い方は、祭司の指導監督の下で犠牲を献げるのと異なり、各自が定められた掟に従って家庭内で調理し食べることを義務づけている。恐らくは、古い過越の祝い方を反映しているのかもしれない。申命記では町の門の内における肉食を許容することで世俗化しているが、それが原因で「その血を食べてはならない」という但し書きの方へと力点が移されていると考えられる（申 15:23）。だが出エジプト記では、そこまでの注意はなされていない。

　10節にある「**あなたがたは、翌朝までそれを残しておいてはならない。翌朝まで残ったものを、あなたがたは火で焼却しなければならない**」が帯びている、その儀礼的な具体的意味は分かっていない。生と死を分ける過越の厳かさと関連していると思われるが、火で焼却しなければならないということも、恐らく神聖な祭りの祝い方として規定しているものと思われる。

　11節によれば、「**あなたがたは、腰に帯を締め、両足にサンダルを履き、杖を手にしたまま、それを急いで食べなければならない**」という。過越の祭りについては、祝う側の服装や、食べ方まで指示している点が特異であ

る。それが、「ヤハウェのための過越である」という。明らかに出エジプトの出来事を覚える祝いであり、ヤハウェによる救済の業を祝う祭りなのである。この祝い方も、次の世代に伝承し継承されなければならないのである。

このヤハウェの過越は、**12節**の「その夜、わたしはエジプトの地を通り過ぎる」ことにすべてが凝縮されている。通り過ぎることが、そのまま「**人から家畜に至るまで、エジプトの地にいるすべての初子を、わたしは打つ**」と明言されているように、初子の犠牲に関わる出来事となる。だが「**エジプトのあらゆる神々にわたしは審きを下す**」と明記されているので、過越そのものは初子を打つ行為だけでなく、エジプトの「現人神」とされたファラオを含め「あらゆる神々に」対し、ヤハウェが神としての顕現することが強調されている。「**わたしはヤハウェである**」という自己顕現表象で締め括られているのは、そのためである。

13節で「**その血を見て、わたしはあなたがたを過ぎ越す**」と説明されているのは、「**あなたがたがいる家に〔塗って〕ある血が、あなたがたのためのしるしとなる**」からであるという。出エジプト記のテキストには、「**エジプトの地をわたしが打つとき、滅ぼすものの一撃はあなたがたに臨まない**」とある。それは、砂漠のデーモンから初子を守るという古い慣習が解釈し直され、ヤハウェによる一撃として理解されたもので、「わたしは打つ」（12節）とあるように、神による1人称の宣言として語られている点に斬新さがある。「滅ぼすもの」の原語については、それを名詞でなく、使役動詞の分詞形と取るならば、「滅びをもたらす一撃」となるが、同じ原語が「滅ぼすものがあなたがたの家を打つために入る」（12:23）という表現で使われているので、名詞に取ることにした。

この過越の日を、**14節**で「**この日は、あなたがたにとって記念となる**」として「**ヤハウェのための祭りを祝わなければならない**」という。「**またあなたがたの幾世代にわたって、この永遠の掟を、あなたがたは祝わなければならない**」と命じている。

この定めを媒介に、**15節**から「**7日の間、あなたがたは種入れぬパンを食べなければならない**」として、種入れぬパンの祭りの規定へと移行する。「**最初の日に、あなたがたは、あなたがたの家からパン種を取り除いておか**

なければならない」という。しかも「最初の日から7日目までの間に、パン種の入ったものを食べた者は、イスラエルからその命を断たれるからである」と厳命されている。こうした文脈構成が編集作業によるものであると判断されるのは、二つの祭りが統合されているからである。同じような扱いをしている点で、申命記史家的な編集が考えられる（申 15:19–23; 16:1–8 を参照のこと）。

　16–17 節の「最初の日に聖なる集会があり、7日目にも、聖なる集会があなたがたのためになければならない」という表現から、安息日から安息日までの祭りであることが分かる（12:18 参照）。「いかなる仕事もなされてはならない」としつつ、「ただしすべての人〔や家畜〕に食べてもらうため〔の仕事〕、それだけはあなたがたのためになされてよい」という形で、安息日遵守の原則と食事を準備する仕事を例外として明確に分けて規定しているのが際立っている。このような但し書き的な処置が加えられているのも、後の時代の解釈に基づく編集を思わせる。「丁度この日に、あなたがたの群れを、わたしがエジプトの地から導き出したからである」と、過越の祭りを祝うことと種入れぬパンを食べることとを出エジプトの出来事と明確に繋げ、しかも「あなたがたの幾世代にわたって、あなたがたは、この日、永遠の掟を守らなければならない」と規定しているからである。

　18 節の「最初の月の 14 日の夕方に、あなたがたは種入れぬパンを食べなければならない」とあるのは、安息日が始まるときにパン種の入っていないパンを食べることを指し、「その月の 21 日の夕方まで〔そうしなければならない〕」とあるのは、次の安息日が始まる「夕方まで」パン種の入っていないパンを食べることを意味する。繰り返しのような印象を与えているが、これも編集作業の痕跡を示すものである。

　そして「7 日の間、あなたがたの家にパン種があってはならない」と、**19 節**で再び念を押している。家の中にパン種があると、種入れぬパンが作れなくなることを恐れている上に、「パン種の入ったものを食べた者はすべて」「イスラエルの会衆からその命を断たれるからである」と警告している。「寄留者であれ、その土地に生まれた者であれ」という表現からは、いわゆる純然たる民族主義的な枠組みを超えたものとしてイスラエルの会衆を理解していることが分かる。モーセに導かれたエジプトからの脱出とい

う出来事は、イスラエルの子らだけの脱出劇でなく、それ以外の者たちも含まれていたのである（12:38）。このような新しいイスラエル理解は、改宗者を含める宗教共同体の捉え方であり、祭司文書が立っている地平よりもより後代の理解を反映している可能性がある。

20節では「あなたがたは、パン種の入ったあらゆるものを食べてはならない」というので、パンだけでなくそれ以外の食べ物にまで拡大されている。「**あなたがたが住むどのような場所ででも**」この定めを守らなければならないというのは、明らかにエジプトに滞在している状況よりも遥かに後の時代状況を想定している。この一言が加えられているので、ユダヤ人は、離散した状態であったとしても、モーセに命じられたこの種入れぬパンの祭りを、世代を超えて祝うことになったのである。明らかに、編集あるいは最終的編纂作業に帰されるべき痕跡である。

21節から28節まではモーセが「**イスラエルの長老たちを呼び寄せて**」語った言葉とされているが、ヤハウェがモーセとアロンに語った言葉（12:1–20）を受ける形で、小家畜を引いてくることと、家の入り口とかもいに犠牲の血を塗ることが簡潔に触れられている。他方、種入れぬパンの規定を語って聞かせる部分がここにはない。**21節**の「**あなたがたは、自分たちの氏族ごとに、あなたがたのための小家畜を引いてきて**」という表現は、「父の家ごとに」「家族ごとに」（12:3）という表現とは違っている。同一の資料層とは見なされないのは、このためであろう。

22節の「**そしてあなたがたはヒソプの束を取り、鉢の中にあるその血に浸し、鉢の中にあるその血でかもいと入り口の二本の柱に触れなさい**」と命じられている「ヒソプ」とは、多年草でハッカのような香りのする草とされる。レビ記では、清めの儀式に用いられ（レビ14:4, 6, 49）、民数記でもヒソプがそのために用いられている（民19:6, 18）。有名なのは、「ヒソプの枝でわたしの罪を払ってください、わたしが清くなるように。わたしを洗ってください、雪よりも白くなるように」（詩51:9、新共同訳）とある祈りで、そこでは、儀礼的な清めが精神的霊的な清めに解釈されている。ソロモン王は、石垣に生えるヒソプについても論じたという（王上5:13）。出エジプト時代のヒソプと、現代人が理解している「ヒソプ」が同じ薬草かどうかは分かっていない。「**そしてあなたがたは誰も、朝までその家の入**

り口から外に出てはならない」という。法が及ぶ境目として家の戸口は自覚されていたが（申 24:10–13）、血が塗られた戸口が、生と死の境目となっているのである。

23 節には「エジプトを打つためにヤハウェが通り過ぎる。〔その時〕かもいと入り口の二本の柱に塗ってある血をご覧になり、ヤハウェはその入り口を過ぎ越し、滅ぼすものがあなたがたの家を打つために入ることを、〔彼は〕許さない」とあるので、滅ぼすもの（12:13 参照）とはヤハウェに仕える存在〔使い〕である。

24 節では、改めて「あなたがたは、このことをあなたとあなたの子供たちの掟として、永遠に守らなければならない」と命じている。資料記者あるいは編集者たちが、モーセから自分たちが命じられているという意識で伝承を伝えているのが分かる。

25 節にある「またヤハウェがあなたがたに語られたように、あなたがたに与える地にあなたがたが入ったとき、あなたがたはこの儀式を守らなければならない」は、過越の祭りを儀式と見なしているが、これも後の時代の受け止め方を反映している表象で、編集作業の結果を物語る。

26 節にある「あなたがたの子供たちがあなたがたに尋ねて、『あなたがたにとってこの儀式は何なのですか』と言うとき」という子供たちとの問答は、教えを歴史的に継承することを念頭に置いた告白を引き出すもので、事実 27 節の「これがヤハウェへの過越のいけにえである。ヤハウェがエジプトで、エジプト人を打たれたときに、ヤハウェがイスラエルの子らの家々を過ぎ越して、われわれの家をお救いくださったのである」は信仰告白である（1 人称複数形による信仰告白については申 26:5b–10a 参照）。信仰告白を命じている点で、申命記史家的な編集の手が加わっている可能性が強いが、家庭での祭りに、出エジプト伝承が様式化される生活の座（*Sitz im Leben*）があったに相違ないであろう。

「イスラエルの子らは、戻っていき、ヤハウェがモーセとアロンに命じたとおりに行なった」と結ぶ 28 節は、11:10 や 12:1 と連動していると思われる。恐らくは、祭司文書に帰される記述。「彼らはそのとおりに行なっ〔て準備をし〕た」は繰り返しに当たり、編集作業の痕跡を留める一文である。

29 節での「真夜中になって、ヤハウェはエジプトの地のすべての初子を打たれた」とある描写は、30 節の「ファラオは夜中に飛び起きた。彼と彼のすべての従者たち、すべてのエジプト人も〔夜中に飛び起きたの〕である。大きな叫び声がエジプト〔中〕に上がった。死者が出なかった家は一軒もなかったからである」を受けて、以下の部分、12:31–36 までの応答を導き出し、ファラオが、最終的にイスラエルの子らの出国を認めざるをえなくなった出来事の叙述となっている。

　12:31–36 までは「ファラオとの交渉と十の災い」（5:1–12:36）の末尾にある、帰結「イスラエルの子らの出国を命じるファラオ」に相当する。**31–32 節**で「その夜のうちに、彼はモーセとアロンを呼び寄せて、言った」とあるように、ファラオ〔と彼の高官〕はようやく事態が深刻であることに気づいて、「お前たちは、立って、わたしの民のただ中から出て行くがいい。お前たちもイスラエルの子らも」と最終的に出立を許可している。また「お前たちは、行って、お前たちが語っていたようにヤハウェに仕えるがいい。またお前たちが訴えていたように、お前たちの小家畜も牛も連れて行くがいい」と、モーセが訴えた事柄をすべて承認する形で命令を発している。「わたしをもお前たちは祝福しなければならない」とは、31 節から続く命令形による宣言がここだけワウ完了動詞（未完了動詞）に転化している。「わたしをも」というファラオの言葉は、祝福をヤハウェに願う言葉と理解されるが、ヤハウェを神として容認していない「現人神」とされたファラオが、弱気になってモーセとアロンに頼んでいるのでなく、これだけの許可を与えるのであるから当然お前たちはこの国の王であるわたしをも祝福しなければならない、と通告しているものと解したい。この帰結に相当する部分が、導入に相当する部分と対をなしていると考えられるからである。最初の申し入れの時には、「わたしがその声に聞き従い、イスラエルを立ち去らせなければならないヤハウェとは、いったい誰なのか。わたしはヤハウェを知らない」（5:2）と通告したファラオであった。いずれも、同じヤハウェ資料に属すものとされてきた。

　33 節によれば、エジプトの人々は「われわれは皆死んでしまう」と思い、「エジプト人は、民をせき立てて、急いでこの地から立ち去らせた」という。

34節には、「民は、まだ発酵していないその生地を、それぞれの衣服でくるまれた自分たちのこね鉢ごと、その肩に担いだ」とあり、まさに命じられたように急いで食べなければならない（12:11）事態が到来したのである。

その際に、35節で「イスラエルの子らはモーセが命じたとおり行ない、エジプト人から銀の装身具と金の装身具また晴れ着を求めた」という（3:21–22; 11:2）。

36節にある「ヤハウェがエジプト人の目の前で、この民に恩恵を与えたので、彼らはその求めに応じた。彼らはエジプト人から剝ぎ取った」ことへの言及は、ヤハウェがモーセに語った言葉（3:21–22）を受けているので、同じ編集者の手によるものであろう。エジプト人の好意を得たのではない。

【解説／考察】

出エジプトの出来事は、「奴隷の家」（20:1）からの脱出劇であり、ヤハウェがイスラエルの子らを救済した出来事を物語る。モーセ（とアロン）が行なったエジプトの王ファラオとの交渉は、十の災いという形で物語られているが、資料記者や後代の編集者たちの目にエジプトの国家体制はどのように映っていたのか。そのことは、本書を読む上で大切である。

モーセに敵対するファラオの応答が注目を浴びるが、イスラエルの子らが重労働に苦しんでいた状況についても目を向けなければならない。「わが民を立ち去らせ、荒れ野でわたしのために祭りを行なわせよ」（5:1）という要求については、ラメセスⅡ世による統治の時代に、ある女神の祭日は賦役労働者たちにとって休日であったことや、テーベの労働者村から出てきた記録には、労働者たちが自分たちの神々に犠牲を献げに出かけるときには、何日間か仕事を休んだことが記されているという（サルナ 1993）。したがって、イスラエルの子らが申し出たことも、当時の煉瓦造りの状況から見て法外な要求を出したわけではない。だがゴシェンの向こう側、パレスチナ側である「ペリシテ人の〔いる〕地の道」（13:17）に近接しているその場所が、ファラオの宮廷から見れば軍事的にも重要な地域であったのであろう。

イスラエルの子らが従事していた奴隷としての労働は、どのくらい過酷

なものであったのか。それが問われてもよいであろう。奴隷商人が跋扈し、アフリカから現地人を奴隷として連れ去るという人身売買があった時代、つまり近代に登場するいわゆる黒人奴隷が置かれていた状況とは異なる事態を想定しなければならない。古代メソポタミアや古代イスラエル、古代エジプトに存在していたいわゆる奴隷の生活状況に、焦点を当てるべきことは言うまでもない。エジプトを脱出した後で、自由となったはずの彼らが、飲み水や食糧が不足することで、その不満を爆発させるからである。奴隷ではあったが、エジプトでは飲み水に不自由をしたことがなく、いつも肉鍋のそばに座っていることができたのに、自由と引き替えに荒れ野ではそれらが欠乏しているという。エジプトで「ヤハウェの手にかかって死んだ方がよかったのに」(16:3) とまで、彼らは言うのである。自分たちを飢え死させようとしているとモーセに詰め寄る光景が語られているので、ファラオの統治下で彼らがどのような生活をしていたのかについて、ある程度の理解を得ておく必要がある。

　すでに触れたことであるが、エジプト学の成果から学びうることは、エジプトがいわゆる総体的奴隷制の国家で、その賦役国家体制（ライトゥルギー体制と呼ばれる）のもとでは、自由人と奴隷の境界があいまいであったということである（ヴェーバー 1959）。自由人と言っても、奴隷と違って法的人格が一応は認められているという程度において、相対的に自由であるに過ぎず、法的にも社会的にも大きな制約を課せられた存在であったという（Hallo & Simpson 1971; フィネガン 1983; 屋形 1991）。厳密な意味での私的所有である奴隷の占める割合は小さいが、住民の大部分は事実上の奴隷に近く、古王国時代以来、ファラオのみが人間であると同時に「現人神」とされ、国家による民の支配が貫徹していたと説明されている。ラメセスⅡ世の頃の新王国時代において、この体制に変化があったであろうか。同じように新王国時代でも奴隷と自由民との境界があいまいである以上に、自由民の社会層相互の境界は流動的であったという。国家に貢納義務のあった農民は、収穫の2割から4割を収穫後に納入させられたというが、彼らは土地の所有権を持たなかった（創 47:18–22 の興味深い記述を参照のこと）。国土は理念上、すべてファラオの所有地であったという。

　屋形禎亮によれば、ファラオは創造神なる神の化身とされ、その神性を

よりどころにした政治・経済・社会・文化・宗教のあらゆる分野で、王を頂点とした、王のみによって動かされることを建前とする中央集権国家に君臨したという。このことはファラオがみずからの意志を絶対の基準として、国家を意のままに独裁的に支配したことを決して意味しないという。むしろファラオは、王とはかく機能すべきという、社会が王に期待する役割に応じて作り上げられた王権の理念に、拘束されていたのであるという (1980)。即ち「ファラオは、歴史という舞台において、創造神の役割を演じる限りにおいて神と見なされるのである」と解説されている (屋形 1980; モーヴィンケル 1997)。こうした現実理解に基づいて、出エジプト記が語るファラオとの交渉を読み解くことが求められている。資料記者あるいは編集者が想定した限りにおいて、このファラオの前に立つモーセが描かれているのである。

　流入してきた異国人と言うべき、イスラエルの子らの境遇はどうであったのか。エジプトにおける奴隷の供給源は、前二千年紀のエジプトでは外国人奴隷が主体で、奴隷貿易による供給が中心であったという。捕虜奴隷は新王国時代に増加するが、契約の書で扱われるような債務奴隷はエジプトには存在しなかった。だが新王国時代には、商業の発達によって外国人奴隷が増大したと説明されている。また奴隷身分における男女の違いや、エジプト人と外国人の違いも存在したという。

　ブルックリン・パピルスの裏にある奴隷のリストによれば、95人の奴隷のリストが神官文字で書かれているという (屋形 1991)。表側のリストは第12王朝アメンエムハトⅢ世 (前19世紀)、裏側のリストと文書は第13王朝 (前18世紀中葉) で、95人の奴隷のリストはセネプトシという人物に譲渡された奴隷のリストだという。リストから、職業の確認できる奴隷は44人で、エジプト人男奴隷の場合は、家事奴隷3人、農夫5人、サンダルづくり1人、エジプト人女奴隷の場合は、シェセル布の縦糸張り2人または1人、髪結い1人、園丁2人、朗唱者1人で、アジア人男奴隷の場合は、家事奴隷2人、ビールづくり1人、料理人2人、家庭教師1人、アジア人女奴隷の場合は、ハティウ布織り9人、ハティウ布の縦糸張り5人、シェセル布織り1人、シェセル布の縦糸張り3人、穀倉の使用人4人または3人、作業員1人となっているという。このリストは、私的所

有の奴隷の場合で、家内奴隷のリストであるため、それがそのままイスラエルの子らの境遇に当てはまるものではない。他方、新王国時代に奴隷の数が増大したのは軍事遠征の結果（国有奴隷）や、神殿への寄進奴隷の数においてであるとされるが、それでも外国人奴隷の割合は全奴隷の3％から16％の程度に留まるという。

　出エジプト記の中で触れられている伝承によれば、イスラエルの子らはゴシェン（8:18）に集団で居住し、彼らには彼らの居住地があったことは分かっている（10:23）。彼らに求められたのは煉瓦を作る仕事で、そのため彼らは粘土や藁を必要としていた（1:14; 5:6）。その労働が苦しく耐えがたいものであったとするのは、自力で藁を集めざるをえず、また納品すべき分量が決められていたからであろう（1:13）。そのためエジプト政府は、彼らの上に労務監督を置いている（1:11; 5:6, 14）。彼らはエジプトの役人であるが、現場を仕切らせたのはヘブライ人の人夫頭である（5:6, 14, 19）。イスラエルの子らを働かせるのに、その同胞から徴用し、彼らを使って効率よく業務の遂行と怠惰な者の取り締まりを行なわせたのである（5:8）。

　このような奴隷の家であったエジプトからイスラエルの子らを導き出すのに、神ヤハウェはなぜ自らの力を注いで、直接的に救済を行なわないのであろうか。伝承では、災いの型（パターン）に従って述べられているが、「しかしヤハウェがファラオの心を頑なにされたので、ファラオは彼らに聞かなかった。ヤハウェがモーセに語られたとおりである」（9:12）に代表されるように、ヤハウェがわざわざ「ファラオの心を頑なにされたので、ファラオは彼らに聞かなかった」とする理由はどこにあるのであろうか。ヤハウェが全能なる神であるならば、ファラオの心に働きかけて、容易にイスラエルの子らはエジプトの国から脱出できたのではないかと疑問を感じる読者もいるかもしれない。出エジプト伝承は、資料記者もまた編集者も、ファラオがエジプトの国王であり、同時に「現人神」であると信じられていたことを前提にしている。ファラオは、その意味でエジプトという国家そのものの代表者であり、その体制を支える権威の象徴であった。出エジプトが成功するかどうかは、ファラオの判断に依存している形を採っているようであるが、そうではない。ファラオが単なる国家利益の傀儡であることをあからさまにし、かつ真の神でないことを明示するという狙い

が見てとれるのである。「全地にわたしのようなものはいないことを、あなたが知るためである」(9:14) と、ヤハウェがモーセをとおしてファラオに語る言葉に注目しておきたい。

ファラオに象徴される国家が、イスラエルの民を解放するかどうかという視点で見ていると同時に、エジプトの民がファラオを「現人神」と信じている限り、災いがその民に及ぶことを示唆しているのである。真の神に従う者たちにはいのちに至る自由の道があることを明示するが、この事実を、ファラオを神とするエジプトの民のみならずイスラエルの民にも知らせようとするところに、神ヤハウェの計画があるのである。「それは、エジプトでわたしがあしらったこと、わたしがそこにもたらしたわたしのしるしについて、あなたがあなたの息子、あなたの孫の耳に告げ知らせるためで、あなたがたはわたしがヤハウェであることを知る」ためであるという (10:2)。このために、モーセを介してファラオと交渉させてきたのである。

出エジプトの出来事は、災いをとおして、エジプトの民にもまたイスラエルの民にも、真の神ヤハウェとの出会いを提供するものなのである。十の災いは単なる奇蹟物語ではない。歴史を動かし、現実に救済の業をなそうとする神ヤハウェの臨在を証しするものなのである。国家の代表者であるファラオとの交渉の場を敢えて設定させ、ファラオに災いを告知するのは、そこにヤハウェの全能なる神としての自己顕現があるからである。真の神による救済の業がどのようにして歴史内的に実現されるのか、そのことを語ろうとしている。超自然的な現象で、救済を達成しようとするものではない。資料記者あるいは編集者は、そのような機能神的なヤハウェの業を語ろうとしているのではないからである。

最後の災いが、過越の祭り (Rost 1965) と初子の犠牲という観点でまとめられている。これも、編集作業あるいは申命記史家的な最終編纂者による作業の結果であるとしか言いようがないであろう。自然災害は、どれもファラオの存在そのものには触れないものであった。ヤハウェが神であるとの、最後決定的なしるしを「現人神」とされたファラオに知らせるため採られた告知が、ファラオの初子の死であった。それは、ファラオが単なる人間でしかないことを知らしめる道であった。同時にこの告知は、国

家元首としての王ファラオの死をも明示するものとなっている。

　エジプトからの脱出をめぐるファラオとの交渉から、資料記者あるいは最終編纂者は何を語ろうとしているのか。その点を、読み取っていただければ幸いである。特に、家庭で守られる過越の祭りでは、犠牲獣の屠畜が家庭で行なわれることを前提としている。肉食の世俗化は、前7世紀南ユダの王ヨシヤによる改革で制度として規定化されたものである（『レビ記 申命記』解説 2001; 鈴木 2005）。伝承のとおり家庭内での屠畜を前提とした過越の祭りを、エジプトの地で実施するという事態を想定できるのは、捕囚期に活動したと思われる祭司文書を残した資料記者、あるいは最終編纂段階に責任を負ったと思われる申命記史家的な編集者に他ならない。そのことは明らかであると思われる。さらに申命記史家的な観点での王権批判を、明確な形でファラオに重ねて語っていると思われる。王権の神格化に突きつけたものは、初子即ち長子の犠牲である。ファラオですら、ヤハウェの過越を避けることはできない。ファラオは、神でなく人間だからである。

　歴史的に見れば、政教一致の国家体制で、その元首がファラオのような国の存在は、決して珍しくない。宗教的な側面を隠したまま、イデオロギー的に住民を縛る国家体制は、古代に限らず近現代的な現象であることは言うをまたない。国家元首が「現人神」として権力を振るい、それに忠実に従う家臣団を出エジプト記は物語っているが、政治的なドラマとして、示唆に富んだメッセージを「われわれ」に語っている。十の災いや初子の犠牲等を通して、神ヤハウェに従うのか、それともファラオに従うのかを、あれかこれかの選択肢として示しているからである。決断の如何で、歩むべき道が決まることをテキストは暗示しているのだが、このドラマをどのように聞き、何を学び、人として何をなすべきなのか、そうしたことが問われている。

　出エジプト記は、それを神ヤハウェの前に立つ「われわれ」のドラマとして語りつつ、問題を提起しているのである。

(3) エジプトからの出立へ（12:37–13:16）

【翻訳】

種入れぬパンを持参して出国するイスラエルの子ら

12 章

³⁷ イスラエルの子らは、ラメセスからスコトに向けて出立した。〔妻や〕子供を除く ᵃ 徒歩の男たちだけで、60 万人であった。³⁸ 雑多な人々も大勢加わり彼らと共に上った。小家畜の群れ、牛の群れ、おびただしい数の家畜が一緒だった。³⁹ 彼らはエジプトから持ち出したまだ発酵していない生地で種入れぬパン菓子を焼いた。パン種が入っていなかったからである。また彼らは、エジプトから追い出され ᵇ、ゆっくりできなかったし、また自分たちのための食糧も準備していなかったからである。⁴⁰ イスラエルの子らがエジプトに滞在していた滞在期間は、430 年であった。⁴¹ 430 年を経た丁度その日に ᶜ、ヤハウェの全集団 ᵈ はエジプトの地から出た ᵉ。⁴² ヤハウェが ᶠ エジプトの地から彼らを導き出すため、ヤハウェにとって、それは寝ずの番の夜であった ᵍ。〔それで〕この夜に、すべてのイスラエルの子らは、幾世代にわたり、ヤハウェのために寝ずの番をするのである。

    a: 10:24–26 参照。

    b: 原語の動詞はプアル態で受動の意味。七十人訳は「エジプト人たちは彼らを追い立てたからである」。

    c: 恐らく 21 日目に（12:18）。

    d: 原語はツァーバーで「軍団、群れ、集団」を意味する（6:26; 7:4; 12:17; 民 1:3, 52; 2:3 他参照）。まだ秩序ある団体形成はできていないことを想定し、「軍団」でなく「集団」とした。

    e: 七十人訳は次節の「寝ずの番の夜」の「夜」を、この場所に移して「夜間で（あった）」としている。

    f: 原文の動詞は「彼が」。

    g: 七十人訳は「寝ずの番が立つ」と、この日の祝い方に変えている。

過越の祭りに関わる掟

12:43 ヤハウェはモーセとアロンに言われた。「過越の祭りの掟は次のとおりである。外国人の子は誰もそれを食べてはならない。44 銀で購入したすべての男の奴隷については、彼に割礼を施すならば、その後で彼はそれを食べることになる。45 滞在者や雇い人はそれを食べてはならない。46 一つの家で食べられるべきであり、あなたはその肉の一部をその家から外に持ち出してはならない。またあなたがたは ^a その中の骨を砕いてはならない。47 イスラエルの全会衆がこれを行なわなければならない。48 寄留者があなたのところに寄留しているときに、彼がヤハウェのための過越を行なう場合は、男子については皆、彼に割礼を施し、その後で彼はその祝いに与るため ^b〔祝いの席に〕進み出ることができる。その者はこの土地に生まれた者と同じになる。しかし無割礼の者はそれを食べてはならない。49 それはこの土地に生まれた者にも、あなたがたのただ中に寄留している寄留者にも〔適用される〕、同一の教示である。」50 イスラエルの子らは皆、ヤハウェがモーセとアロンに命じたように行なった。彼らはそのとおりに行なった。

51 丁度この日に、ヤハウェはイスラエルの子らを、その集団に応じてエジプトの地から導き出された。

  a: 原文のまま。2人称複数形は 12:49 にも出てくる。
  b: 原文は「それを行なうために」。

初子を打たれたファラオの民と初子の贖い

13 章

1 ヤハウェはモーセに語って言われた。2「すべての初子をわたしのために聖別しなさい。イスラエルの子らの間で最初に胎を開くものはすべて、人も家畜も、わたしのものである。」3 モーセは民に言った。「あなたがたがエジプトから、奴隷の家から ^a 出たこの日を、覚えておきなさい。強い手をもって、ヤハウェが ^b あなたがたをそこから導き出されたからである。そして、パン種の入ったパンが〔この日〕食べられてはならない。4 アビブの月 ^c のこの日、あなたがたは出て行く。5 ヤハウェがあなたに与えるとあなたの先祖に誓った、カナン人、ヘト人、アモリ人、ヒビ人 ^d、エブス人の地、乳と蜜の流れる地にあなたを導

き入れるとき、この月にあなたはこの儀式を守りなさい。⁶7日の間 ᵉ、あなたは種入れぬパンを食べなければならない。7日目はヤハウェのための祭りである。⁷7日の間は種入れぬパンが食べられる。〔その間〕パン種があなたのところにあってはならない。またあなたのすべての領域において、あなたのところでパン種が見つけられてはならない。⁸その日、あなたはあなたの息子に告げて言いなさい。『わたしがエジプトから出るとき、ヤハウェが ᶠ わたしのためにこのことを行なわれたからである』と。⁹そのことが、あなたの手の上で、あなたに対するしるしとなり、あなたの両目の間にあって覚えとなる。ヤハウェの教示があなたの口にあるためである。ヤハウェが強い手をもってあなたをエジプトから導き出されたからである。¹⁰毎年、決められたときに、あなたはこの掟を守りなさい。

¹¹あなたとあなたの先祖に誓われたように、ヤハウェが、カナン人の地にあなたを導き入れ、それをあなたに与えるとき、¹²最初に胎を開くものすべてを、あなたはヤハウェのために取り分けておかなければならない ᵍ。あなたの所有する家畜のすべての初子で、雄はヤハウェのものである ʰ。¹³しかしろばの初子はすべて、小家畜をもって贖いなさい。もし〔小家畜で〕贖わない場合は、あなたはその〔ろばの〕頸を折らなければならない ⁱ。人のすべての初子、あなたの息子である初子を、〔身代わりをもって〕あなたは贖わなければならない ʲ。¹⁴将来あなたの息子があなたに尋ねて、『これは何ですか』と言うなら、あなたは彼に答えなさい。『強い手をもって、ヤハウェが、エジプトから、奴隷の家からわれわれを導き出したのである。¹⁵われわれを立ち去らせることについて、ファラオが頑なになっていたので、ヤハウェがエジプトの地にいるすべての初子を、人の初子から家畜の初子に至るまで、屠られたのである。それゆえわたしは、胎を開いたすべての雄をヤハウェに犠牲として献げ、〔身代わりを立てて〕わたしの息子である初子を贖うのだ。¹⁶そのことがあなたの手の上でしるしとなり、あなたの目と目の間にあって覚えとなる ᵏ。強い手をもって、ヤハウェがエジプトからわれわれを ˡ 導き出されたからである。』」

  a：七十人訳は「隷属の家から」。13:14も同じ。
  b：七十人訳は「おまえの神・主」。

c: 七十人訳は「新穀の月」。

d: 七十人訳はここでも「ギルガシびと」を加えている。

e: 七十人訳は「6日の間」。申 16:8 でも「6日の間」。

f: 七十人訳は「神・主」。

g: 原語は使役動詞の「渡らせる、通す、取り除く」。「火の中を通らせる」(申 18:10) 参照。

h: 七十人訳は「主のために聖別しなければならない」。

i: 七十人訳は金銭での贖いを示唆している。

j: 34:20*ba* を参照のこと。

k: 申 6:8 参照。

l: サマリア五書や七十人訳、シリア語訳は「あなたを」。

【形態/構造/背景】

「エジプトからの出立へ」の部分 (12:37–13:16) は、「モーセの召命とエジプトへの帰還」(3:1–4:31) を受けたもので、ヤハウェがモーセに伝えた救済の決断が実行に移される場面である。最後の災いである過越による初子の死をきっかけに、ファラオはイスラエルの子らの出国を許可する。この部分は、交渉の開始に向けたヤハウェの言葉と対をなすように (4:22–23)、困難を極めた交渉が実を結ぶ形でイスラエルの子らの出国が認められたこと、それに従って出立する様子が触れられている。

この単元全体は、「種入れぬパンを持参して出国するイスラエルの子ら」(12:37–42) の様子を語る部分がいわば導入に相当し、本体として「過越の祭りに関わる掟」(12:43–51) が語られ、「初子を打たれたファラオの民と初子の贖い」(13:1–16) が締め括りとなっている。そのことから分かるように、ここではエジプトから脱出する時に守るように命じられたことの儀礼的、祭儀的な意義づけが中心で、実際のエジプトからの脱出場面は続く第三節の「葦の海の奇蹟と脱出」(13:17–15:21) で描かれる。この単元は、第二節「エジプトからの脱出に向けて」(3:1–13:16) と位置づけた中核部分「ファラオとの交渉と十の災い」(5:1–12:36) に続く末尾に相当するからでもある。

【注解】

12章37節に「イスラエルの子らは、ラメセスからスコトに向けて出立した」とあるように、導入の「種入れぬパンを持参して出国するイスラエルの子ら」(12:37–42) は、宿営地を離れる場面から始まる。「〔妻や〕子供を除く徒歩の男たちだけで、60万人であった」(38:26; 民 26:51 参照) という数値は、裸の事実を語るものではない。このドラマが語られ、編集あるいは編纂された時代の、すべての国民についての理解で（妻や子供たちを加えると恐らく200万人以上となる）、「イスラエルの子ら」全員がエジプトの奴隷の家から約束の地に向かって脱出したとする告白であり、編集者あるいは編纂者の歴史認識に由来する。緒論で触れたように、これは歴史感覚とも言える時代認識であり、「われわれ」という様式を用いる信仰告白における精神と通じるものである。

重要なのは、**38節**の「雑多な人々も大勢加わり彼らと共に上った。小家畜の群れ、牛の群れ、おびただしい数の家畜が一緒だった」という表記である（民 11:4）。出エジプトのドラマは、狭い民族主義的な視点で語られているのではない。ヤハウェの救済に与るのは、純血主義に基づくイスラエルの子らだけではないのである。「雑多な人々も大勢加わり」という発想は血縁を超える共同体を想定しており、また狭い祭儀共同体を想定しているのではない（「混血」として排除する場合のネヘ 13:3 参照）。そのためここで使われるイスラエルの子らについての理解は、ファラオの支配を潔しとしない民という理解に限りなく近づいている。この発想は、「寄留者であれ、その土地に生まれた者であれ」(12:19) という言葉に見られるものと同じと言えるだろう。

39節によれば、途中で「彼らはエジプトから持ち出したまだ発酵していない生地で種入れぬパン菓子を焼いた」とあるように、新しい民の集団は過越を祝う食事を終えた後なのである。この種入れぬパンを食べることで、出エジプトの民の一員つまり新しいイスラエルの一員となるのである。「パン種が入っていなかったからである」との説明があるが、パン種が入らないパンを食べること、それはエジプトの民の生活慣習から遮断された食事を摂ることを意味していた。自覚的にパン種が入らないパンを食べるこ

と、それが「また彼らは、エジプトから追い出され、ゆっくりできなかったし、また自分たちのための食糧も準備していなかったからである」という理由づけで語られている。時間がなかったというよりも、出エジプトに向けて決断をした家族が急いで脱出の準備をしようとしたことを意味している。イスラエルの子らと共にエジプトを脱出する決断をした雑多な人々の家族も、パン種の入らないパンを食べて旅立ちの準備をしたことを物語る。それは、ヤハウェの民となるための決断であった。

　40–41 節にある「イスラエルの子らがエジプトに滞在していた滞在期間は、430 年であった。430 年を経た丁度その日に、ヤハウェの全集団はエジプトの地から出た」という確認は、祭司文書の特徴を反映している。緒論で触れたように、430 年はアブラハムに 400 年と神が語った言葉と一致しない（創 15:13）。モーセはヤコブから四世代後なのであるが（6:14–25）、ここでの日数や年数の算出根拠は分かっていない。儀礼的には、重要な意味を帯びていたものと思われる。

　42 節では、過越の夜の「ヤハウェがエジプトの地から彼らを導き出すため、ヤハウェにとって、それは寝ずの番の夜であった」という。「〔それで〕この夜に、すべてのイスラエルの子らは、幾世代にわたり、ヤハウェのために寝ずの番をするのである」というこの慣習が、出エジプトの出来事として語られている。歴史的伝承であると同時に、出エジプトの民となることがイスラエルの子らになること、つまりヤハウェの民となるための信仰的決断を求める慣習という、新しい意義を帯びたと言える。

　43 節での「ヤハウェはモーセとアロンに言われた」というところから、過越の祭りの掟が語られ、この部分が本体「過越の祭りに関わる掟」（12:43–51）に相当する。この部分は、脱出のための旅立ちの準備という枠組みからいえば、儀礼的な慣習を確認することに重点があり、編集者の思惑が反映していると言わざるをえない。「ヤハウェはモーセとアロンに言われた」とあるように、聞き手にはモーセだけでなくアロンも含まれているからである。「過越の祭りの掟は次のとおりである」と、規定を導入する言葉が置かれているのも編集作業の結果である。規定を挿入した、その編集上の意義は小さくない。それが、イスラエルの子らの共同体としての

アイデンティティーそのものに関わるからである。時代を超えて、後代の、即ち編集者あるいは編纂者が生きていた時代の状況から見れば、この決断が共同体としてのアイデンティティーを維持するための、いわば生命線であったと言えるであろう。このような文脈で規定を導入するのは、エジプトからの脱出物語を語るという第一義的な目的から幾分はずれている印象を与える。しかし最終編纂段階の編集者にとっては、エジプトからの脱出は新しい共同体の形成に向けての脱出であり、危険を冒して脱出した後に、荒れ野でヤハウェに犠牲を献げる共同体こそイスラエルの子らなのである。そうした、理念的な構想が前提になっている。だが冒頭に、「**外国人の子らは誰もそれを食べてはならない**」とあるので、過越の祭りに与ることのできる人を儀礼的な範囲をもって明示し限定しているのが分かる。ヤハウェの出エジプトの民となるのには、誰でもいいという基準を掲げているのではない。過越の祭りを祝うのは公的な祭儀の場でなく、個々人の家庭においてだからである。勝手なルールで祝うことのないように、敢えて外国人の子らは誰もそれを食べてはならないと制限を加えている。その制限は、純民族主義的なものでなく、ヤハウェの声に聞き従う民、モーセに従ってエジプトを脱出する民で、その民に儀礼的、信仰的な規定を与えているのである。

44節では、「銀で購入したすべての男の奴隷については、彼に割礼を施すならば、その後で彼はそれを食べることになる」と規定しているので、割礼を受けることを前提に、外国人の子らを受け入れる決定をしているのが分かる。現実的には、エジプトでの生活で彼らに「銀で購入したすべての男の奴隷」というような生活上の余裕があったことは想像しがたいことである。だが後の時代の告白共同体においては、ありうることであった。強制労働に明け暮れていたイスラエルの子らの中に、「銀で購入した男の奴隷」が含まれているという理解は、後代の編集者あるいは編纂者のイスラエル理解が反映しているものと思われる。このエジプトからの脱出劇は、新しい共同体形成への創造的な出発だからである。編集者あるいは最終編纂者が生きていた時代からみて、そのイスラエルの子らなる共同体はヤハウェが命じた過越を守る人々の群れなのである。

45節では、「**滞在者や雇い人はそれを食べてはならない**」という。繰り

返しになるが、イスラエルの子らと共に脱出を願う人々として、「雑多な人々が含まれていた」という表象は、共同体理解に関わる表象である。エジプトでの奴隷状態の生活で、雇い人が群れの中にいることは考えにくい。エジプトの地で雇い人であったとすれば、エジプトの高官や役人たちの家で仕えていた雇い人を考えるべきかもしれない。イスラエルの子らと共に、脱出を願った者たちがいたのであろうか。いずれにせよ割礼を受けていない人々を念頭にしたこの共同体構成員についての理解は、最終編纂段階の編集者たちが生きていた社会の現実、儀礼的な共同体の理解を反映させている可能性が大きい。政治的行政的な判断を下しているところに、編集者あるいは最終編纂者たちが置かれていた社会的、歴史的時代状況が投影されているはずである。

46 節で「一つの家で食べられるべきであり、あなたはその肉の一部をその家から外に持ち出してはならない」と規定しているのは、家族での祭りを個々の家の中で祝うことを定めているもの。公的な場で開催される大祭でなく、この祭りを家庭で祝うことが、即ち家族の一員として個人ひとりひとりがイスラエルの一員となるための第一歩なのである。「**あなたがたはその中の骨を砕いてはならない**」は 2 人称複数形であるため、後からここに挿入されたことを想定しなければならないであろう（民 9:12 参照）。同じことは、続く 49 節にも言えるかもしれない。親しく語りかける対象を、「あなたがたは」と限定するところに注意が必要である。目の前にいる共同体構成員に向けてメッセージを語るため、別の伝承を、編集的に加えて接合させた可能性がある。

47 節で、「イスラエルの全会衆がこれを行なわなければならない」という場合の、「イスラエルの全会衆」には、脱出を決断したすべての人で、ヤハウェの過越の祭りを共に祝う者全員が含まれている。その中には新たに割礼を施された者も含まれる。

そのため、**48 節**では「**寄留者があなたのところに寄留しているときに、彼がヤハウェのための過越を行なう場合は**」と前提を明示し、注記を残しているのである。「**男子については皆、彼に割礼を施し、その後で彼はその祝いに与るため〔祝いの席に〕進み出ることができる**」という。彼は過越の祭りに与る者となるという点で、イスラエルの全会衆に含まれるのであ

219

る。「その者はこの土地に生まれた者と同じになる」とされ、割礼が共同体構成員への帰属資格とされているのが分かる。「**しかし無割礼の者はそれを食べてはならない**」とあることからも、この線引きの意図は明らかである。ユダヤ教団が形成された時代を想定しなければ、このような儀礼的な境界設定は考えられないからである。ラメセスⅡ世の時代、その後のメルエンプタハの時代のエジプトにおける現実的な社会状況と、編集者あるいは最終編纂者が見据えているエジプトからの脱出劇の時代設定とは必ずしも同じでなく、乖離していると見なければならない。テキストを読む限り、編集作業そのものを否定するのは難しい。だが出エジプト記の編纂という立場を優先して考えるならば、裸の事実よりもイスラエルの子らの共同体がヤハウェの命じた過越の祭りを誠実に守り、初子を聖別してヤハウェに献げる伝統が形成されたとする、その告白的な強いメッセージがここで語られているのである。そのような思想〔神学〕に、奴隷状態からの脱出という、歴史的な核となるリアリティーが含まれていたと想定することができる。

49節では、「それはこの土地に生まれた者にも、あなたがたのただ中に寄留している寄留者にも〔適用される〕、同一の教示である」と宣言されている。ここにも最終編纂段階での社会的な危機意識、イスラエルの全会衆の境界線が崩壊し、イスラエルの子らの実態が失われるような、そうした危機的事態が投影されているように思われる。エジプトを脱出したイスラエルの子らという場合、奴隷身分の者や滞在者や雇い人もそこに含まれていた可能性を提示しているが、同一の教示が適用されるという理解は、編集あるいは編纂の時代のイスラエルの子らの共同体としての状況を、遥かなモーセと共にエジプトを脱出した時代へと投影させ、理念的に同じ共同体であることを描こうとしているからである。そうであるとすれば、最終編纂段階は、エズラ・ネヘミヤ時代の民族的純血主義（エズ9:1–10:44）を批判的に見ていた時代状況に由来するのではないだろうか。

50節では、「イスラエルの子らは皆、ヤハウェがモーセとアロンに命じたように行なった。彼らはそのとおりに行なった」という。イスラエルの民が指導者の指導に従ってそのとおりに行なったという言葉は、共同体内に分裂がない印象を与える。だが儀礼的な過越の祭りを規定通りに守り行な

ったイスラエルの子らが、すべてヤハウェの声に聞き従う民となったのかどうかは別である。資料記者あるいは編集者ないしは最終編纂者が、儀礼至上主義とは異なる発想で見ていることは確実である。この時点では従順に従う彼らを描いているが、荒れ野の厳しい状況に直面すると不満を述べて、ヤハウェの民に相応しくない姿をたちまち露呈するからである。

51節では、「丁度この日に、ヤハウェはイスラエルの子らを、その集団に応じてエジプトの地から導き出された」という言葉で締め括られている。

この単元では厳密に儀礼的に過越の祭りに与る者の資格を明示しているが、その共同体の内部に、購買奴隷や割礼を受けた寄留者、雇い人等が含まれていることは繰り返し述べてきた。構成員についての理解をこのような形で示しているので、この単元は祭司文書よりも後の時代の編集者あるいは編纂者による挿入と考えられるのである。

13章1節の「ヤハウェはモーセに語って言われた」から、「初子を打たれたファラオの民と初子の贖い」とする帰結部分（13:1–16）が始まる。祭司文書とは別の資料記者あるいは編集者が想定されるであろう。アロンは登場しないからである。

2節の「すべての初子をわたしのために聖別しなさい」という表象から、それは恐らく申命記史家的な編纂者の手になるものと思われる（申15:19参照）。「イスラエルの子らの間で最初に胎を開くものはすべて、人も家畜も、わたしのものである」という。初子はヤハウェのもの、即ち最初に胎を開いて誕生した生命はヤハウェの所有であるとする理解である。その初子を、ヤハウェのために「聖別しなさい」というのである。

3節では、2節で命じられたことが種入れぬパンの祭りと結合される形になっている。「モーセは民に言った」に「あなたがたがエジプトから、奴隷の家から出たこの日を、覚えておきなさい。強い手をもって、ヤハウェがあなたがたをそこから導き出されたからである」と続け、そして「パン種の入ったパンが〔この日〕食べられてはならない」と命じることで、出エジプトの出来事と初子を聖別すること、パン種の入っていないパンを食べることがひとつのこととして語られている。

4節の「アビブの月のこの日、あなたがたは出て行く」とあるだけで、

日にちの明確な言及がない。この点も祭司文書の特徴とは異なる。別の資料記者か編集者を想定しなければならない。「アビブの月」とは、バビロニア暦では3月中旬から4月中旬までの30日間を言い、一年で最初の月のことを言う。

5節の「ヤハウェがあなたに与えるとあなたの先祖に誓った、カナン人、ヘト人、アモリ人、ヒビ人、エブス人の地、乳と蜜の流れる地に」という表現も、申命記史家的な表象である。しかも約束の地に「あなたを導き入れるとき、この月にあなたはこの儀式を守りなさい」という。そうであれば、約束の地に入ったときの、その年の祝いの祭りということになる。これは、過越の犠牲を屠る日を定めたものと微妙に異なる（12:2）。しかし「毎年、決められたときに、あなたはこの掟を守りなさい」（13:10）とあるので、祭りが約束の地に入ってから始められ、それ以降は毎年祝われるということを意味している。すでに、後の時代の状況が想定されているのである。ここにも編集者あるいは編纂者の意図が込められていると言えるであろう。

6節で「7日の間、あなたは種入れぬパンを食べなければならない。7日目はヤハウェのための祭りである」と語りかける様式が、2人称複数形から2人称単数形に入れ替わり、「7日の間」という言葉に代表されるように、安息日を遵守することと連動して語られている。異なる資料記者あるいは編集段階に帰属させるのが普通となっている。

7節は種入れぬパンについての指示があるが、「あなたのすべての領域において、あなたのところでパン種が見つけられてはならない」となっているので、「7日の間、あなたがたの家にパン種があってはならない」（12:19）とは微妙に異なる設定である。異なった資料が、ここに挿入されていると考えられるのも不思議ではない。

8節で「その日、あなたはあなたの息子に告げて言いなさい」とあるように、親子の間で問答が交わされたとき、父親が息子に「わたしがエジプトから出るとき、ヤハウェがわたしのためにこのことを行なわれたからである」と語るようにという指示である。ヤハウェが行なわれたこととして、自分が経験したことを息子に語り聞かせるという発想は、後の時代になってから出エジプトのことを語り伝えなさいという指示である。

9節の「そのことが、あなたの手の上で、あなたに対するしるしとなり、

あなたの両目の間にあって覚えとなる」（申 6:6–9; 11:18–19 参照）とあるのは、「ヤハウェの教示があなたの口にあるためである。ヤハウェが強い手をもってあなたをエジプトから導き出されたからである」との言葉と共に、過越の祭りで種入れぬパンを食べる掟を次の世代に語り伝え、その出エジプトの出来事をいわばしるしとして覚えなさいということを意味する。だがどのようなしるしなのかは、ここではよく分からない。後に、この掟がモーセの律法そのものと同定されるようになり、ユダヤ教団が形成された段階では、モーセの律法を象徴的に代弁する「シェマ」（申 6:4f.）等を書きつけ、その羊皮紙を小さな箱（テフィリン）に納め、左腕と額の二カ所に巻きつけるという具体的な装束として確立されることになる。

　　10 節では、「毎年、決められたときに、あなたはこの掟を守りなさい」と明記されている。出エジプトの出来事が家庭の祭りで覚えられるべきという発想で、公的な祭りの場で祝うべきこととしては考えられていない。

　　11 節で「あなたとあなたの先祖に誓われたように、ヤハウェが、カナン人の地にあなたを導き入れ、それをあなたに与えるとき」とあるように、約束の地に入ったときに守るべきであると語られている。資料記者もまた編集者、編纂者も、遥かに出エジプトの時代を顧みて、時を遡ってモーセの時代にヤハウェから命じられたこととして伝えている。その編集作業の結果として、現代に生きる読者もそのリアリティーを感じながらこのテキストを読むことが求められている。そこに、異なる伝承を接合させてでも語ろうとする編集者あるいは最終編纂者の意図が読み取れる。事実、家族の祭りの中で語られ継承されるという伝統は、現代にまで続いているからである。

　　12 節では、「最初に胎を開くものすべてを、あなたはヤハウェのために取り分けておかなければならない」とあるように、家長である父親の責任のもとに過越の祭りが祝われるのである。これが、「すべての初子をわたしのために聖別しなさい」（13:2）の意味しているところである。繰り返しになるが、この過越の祭りは、地域聖所の祭司の指導監督の下で執り行なわれる公的な祭りではない。家畜のすべての初子を取り分けておかなければならないとして、聖別する仕方を具体的に指示しているのが分かる。

　　12 節にあるように、原則は「**雄はヤハウェのものである**」が、**13 節**で

「しかしろばの初子はすべて、小家畜をもって贖いなさい」と展開されている。「もし〔小家畜で〕贖わない場合」という事例も明示され、その場合には「あなたはその〔ろばの〕頸を折らなければならない」という。小家畜での贖いをしない場合、そのろばは家畜として使用に供してはならないという意味が含まれているのであろう。人の初子については、「**人のすべての初子、あなたの息子である初子を、〔身代わりをもって〕あなたは贖わなければならない**」とされている。補いとして「〔身代わりをもって〕」を加えたのは、ろばの場合との類比で、人間の初子もまた身代わりの小家畜で贖われると理解できるからである（34:20）。モレクの祭儀では、身代わりでなく実際に初子を献げたことが知られている（レビ 18:21; 20:2–3 等の他、王上 11:7; 王下 23:10; エレ 32:35）。それに対する明確な反対が、ここで明示されていると思われる（創 22:12–13 も参照のこと）。

14 節の問答では「**将来あなたの息子があなたに尋ねて、『これは何ですか』と言うなら、あなたは彼に答えなさい**」と、家庭内での親子の対話が想定されている。祭りを祝うときのその問いには、「**強い手をもって、ヤハウェが、エジプトから、奴隷の家からわれわれを導き出したのである**」と、1 人称複数形による信仰告白をもって答えるよう命じている。

そして **15 節**で、その告白が「**われわれを立ち去らせることについて、ファラオが頑なになっていたので、ヤハウェがエジプトの地にいるすべての初子を、人の初子から家畜の初子に至るまで、屠られたのである**」に続いている。ヤハウェの民にならない、ヤハウェの民でないファラオの民は、ファラオの頑なさの犠牲となり、人の初子から家畜の初子に至るまで身代わりを立てることもなく、ヤハウェに贖われる形で屠られたのであるとの解釈を掲げている。「**それゆえわたしは、胎を開いたすべての雄をヤハウェに犠牲として献げ、〔身代わりを立てて〕わたしの息子である初子を贖うのだ**」と、ここでは 1 人称単数形による告白へと移行している（申 26:5b–10a 参照）。このような、共同の信仰告白から 1 人称単数形による告白への移行は、すでに触れたように申命記的あるいは申命記史家的な編集者ないしは編纂者の手に帰されるであろう。

人の初子をそのまま犠牲として献げるのでないことは、**16 節**の「**そのことがあなたの手の上でしるしとなり、あなたの目と目の間にあって覚えと**

なる。強い手をもって、ヤハウェがエジプトからわれわれを導き出されたからである」との告白にあるとおり、いのちを神ヤハウェから賜ったことへの賛美があるからである（申 6:8; 11:18 参照）。疑問の余地なく、申命記史家的な編集者の手が加えられた編纂作業の結果であると思われる。

【解説／考察】

　この単元では、資料記者あるいは編集者が出エジプトの出来事を共同体形成への第一歩として語っている。出エジプトの神ヤハウェに従うこと、その救済の業を信頼しエジプトを後にすること、その決断の大切さを物語っていると同時に、ヤハウェの民となるための過越の祭りにおいて、初子を贖うこと、種入れぬパンを食べることを掟として規定している。この同一の教示を守り行なう全会衆は、民族的純血主義をもって強固な共同体を形成するためのものではない。自由を求め、同じ祭りを祝い、割礼を施し、共同で第一歩を踏み出すその決断ができる人々が共同体を形成するのである。その意味で、出エジプトの民の共同体はどの時代にあっても、どの場所にあっても、神ヤハウェの臨在に触れてヤハウェに従う者がいる限り、形成される。

　その共同体は、ファラオのような王が支配する体制そのものを拒絶し、「現人神」が支配する国家をも否定し、自由を求め、モーセと共に「奴隷の家」から脱出するのである。モーセが求めているのはヤハウェの祭り、種入れぬパンの祭りであり、初子の奉献である。それが、モーセと共に約束の地を目指す際の家族における宗教的な規範であり、同時に共同体形成の境界線をなすことになる。ヤハウェの過越を経験する約束の子としての継承者、初子であるイスラエルの子らが、出エジプトの民として生まれ変わる瞬間である。過越の祭りが家庭の祭りであることを前提にしている、このエジプトからの脱出当日の祝い方は、後の時代にあっても、その時のリアリティーを味わうことができるものとして想定されている。

　家庭で守られてきたこの過越の祭りの場こそ、伝承形成の生活の座（*Sitz im Leben*）であり、そこにモーセに導かれたエジプトからの脱出という出来事の、歴史的なリアリティーを示す核があると思われる。家庭を

軸にこの伝承が世代を超えて受け継がれ、全イスラエル化されていくことになったのではないだろうか。後の時代まで全イスラエル的伝承として受け継がれたのは、親子の告白による伝承の継承があったからである。時代が下り、資料記者あるいは編集者にとって、エジプトからの脱出という出来事は、伝承化された告白のとおり、ファラオの支配からの脱出だけに留まらず、異教の神々からの解放であり、神ヤハウェの掟を守る、新しいイスラエルの出発を物語るものとなったのである。

　ユダヤ人あるいはユダヤ教徒の家庭では、その信仰が、現代にまで受け継がれている。それは「われわれ」の信仰でもありうるはずだ。

3. 葦の海の奇蹟と脱出（13:17–15:21）

（1）雲の柱、火の柱に導かれて荒れ野の道へ（13:17–22）

【翻訳】

神は迂回させて導かれた
13章
[17] ファラオが民を立ち去らせたとき、神は彼らをペリシテ人の〔いる〕地の道に導かれなかった。それは近道ではあったが、民が戦いを見るとき、彼らが後悔し、エジプトに戻ることのないようにと、神は思われたからである。[18] 神は荒れ野の道、葦の海[a]に民を迂回させた。イスラエルの子らは、行軍の陣形で[b]エジプトの地から上った。

> *a*: 七十人訳は「エリュトラ海」。
> *b*: 七十人訳は「五代目にエジプトの地から上った」。

ヨセフの遺骨を携えるモーセ
[13:19] モーセはヨセフの遺骨を共に携えた。ヨセフが[a]、イスラエルの子らに誓わせて「必ず神はあなたがたを顧みられる。その時、あなたがたはわたしの骨をここから共に携え上るように」と言ったからである。[20] 彼らはスコトから出立し、荒れ野の端にあるエタムに宿営した。

> *a*: 原文は「彼が」。

雲の柱、火の柱によるヤハウェの守り
[13:21] ヤハウェは、彼らの前を進まれた。昼は雲の柱をもって彼らを道に導く

ため、夜は火の柱をもって彼らのために照らされた。昼も夜も、彼らが進むためである。²² 昼は雲の柱が、夜は火の柱が民の前から離れ去ることはなかった。

【形態／構造／背景】

　第三節の「葦の海の奇蹟と脱出」(13:17–15:21) と名づけた部分は、三つの構成要素からなると思われる。第一は「雲の柱、火の柱に導かれて荒れ野の道へ」(13:17–22) 向かう場面で散文、第二は「葦の海の底を渡るイスラエルの子ら」(14:1–31) の場面で、この部分も散文であるが、締め括りの第三である「ヤハウェへの賛歌」(15:1–21) は韻文で、海を渡る奇蹟についての賛歌を献げている。その最終部分の歌の締め括りは、ミリアムの賛歌 (15:20–21) として知られている。

　冒頭の「雲の柱、火の柱に導かれて荒れ野の道へ」(13:17–22) は、三つの組み立てからなると思われる。13:17–18 が導入で、「神は荒れ野の道、葦の海に民を迂回させた」として、神の導きによるルートについて触れている。19 節から 20 節が本体で、「ヨセフの遺骨を携えるモーセ」ではモーセがヨセフの遺骨を携えて上ったこと、21 節から 22 節が帰結に相当し、「雲の柱、火の柱によるヤハウェの守り」が主題である。そこでは、ヤハウェが「昼は雲の柱をもって」「夜は火の柱をもって」導いたことを伝えている。

　導入は「神」による導きを語り、帰結は「ヤハウェ」による導きを語る。構成的にも、編集作業の痕跡を留める部分である。

【注解】

　13 章 17 節の「神は彼らをペリシテ人の〔いる〕地の道に導かれなかった」という表現には、ヤハウェへの言及はない。「**それは近道ではあったが、民が戦いを見るとき、彼らが後悔し、エジプトに戻ることのないように**」との配慮であったという。資料記者に帰される言葉であるかもしれないが、編集者が加えたコメントである可能性も考えられる。

　18 節では「**神は荒れ野の道、葦の海に民を迂回させた**」とあり、行き先

は葦の海に向けられている。「イスラエルの子らは、行軍の陣形でエジプトの地から上った」という理解は、防備を固めて移動したことを表わすもので、「行軍の陣形」と訳出した言葉は原語からすれば五十人隊の形式を取ったものと言える。実際には規律ある集団としてまだ機能していなかった叙述と比べると（14:10–12）、共同体としての理解に微妙な違いが目立つ。ばらばらでまとまりのない形での移動ではなく、モーセの指導のもと集団としての行動を行軍の陣形という言葉で語ろうとしているからである。しかもこの脱出行が軍事的な攻撃の対象となりうることを、資料記者も後の編集者も認めていると言えるだろう。ラメセスⅡ世以前の時代から、エジプトは政策として、対アジア戦略として国境地帯に（特に「ペリシテ人の〔いる〕地の道に」）軍隊を置いて、ファラオの威信にかけて敵であったヒッタイトの軍隊や流入する流浪の民、逃亡する奴隷たち（農民たち等）を監視していたからである。そうした状況認識が、反映している言葉であると言える。

　また **19 節**では、「モーセはヨセフの遺骨を共に携えた。ヨセフが、イスラエルの子らに誓わせて『必ず神はあなたがたを顧みられる。その時、あなたがたはわたしの骨をここから共に携え上るように』と言ったからである」と創 50:25 の言葉に触れている。このような点から、17 節から 19 節まではエロヒム資料とされてきた。すでに創世記から継続した物語としての枠組みを持っているので、五書全体をまとめた最後の編纂者がこのような引用をした可能性もあるかもしれない。ヨセフは、エジプトではファラオに次ぐ高官であったため、「人々はエジプトで彼のなきがらに薬を塗り、防腐処置をして、ひつぎに納めた」（創 50:26、新共同訳）とあるように、ミイラにして棺に納めたのである。「ヨセフの遺骨を共に携えた」とある遺骨の原語は、「骨」の他に「遺骸」をも意味するので、ヨセフの遺骸を棺ごと携えたことを意味しているかもしれない。だがエジプトの異教文化にどのように対処したのかは、表明されていない。強調点が、ヨセフの遺骸を約束の地に戻すことにあるからであろう。

　20 節で「彼らはスコトから出立し、荒れ野の端にあるエタムに宿営した」とあるが、「エタム」の場所は分かっていない。「ラメセスからスコト

に向けて出立した」（12:37）を受けた表現であるが、「ペリシテ人の〔いる〕地の道に導かれなかった」（13:17）とある。この指摘は、「バアル・ツェフォン」（14:9）に向かう道とは食い違うという。最終編纂段階では、このような食い違いを敢えて調和させることをしていない。編纂作業に際しての目的が、具体的な場所の特定になかったからであると思われる。

21節で、「ヤハウェは、彼らの前を進まれた」と普通名詞での神への言及からヤハウェ名による記述へと変わる。「**昼は雲の柱をもって彼らを道に導くため、夜は火の柱をもって彼らのために照らされた**」との表象は、**22節**の場合も同じく神の臨在を象徴するもの。そこに、焦点が当てられているのである。雲と火を媒介としながら神の臨在を語るのは、元来は祭司文書に帰されている（33:9–10; 40:38 の他、民 9:15–16; 14:14 等）。

この単元は、恐らく祭司文書を土台にヤハウェ資料のような複数の異なる資料を接合した状態を示しているように思われる。特にエロヒム資料の素材を用いたことや、葦の海の奇蹟について場所の特定や、その後のルートについては統一した見解がなく、そのために当惑していた編集者の状況を反映しているのかもしれない。全体の物語は、ペリシテ人の地へ至る道でなく別のルートを目指しているからである。

【解説／考察】

この単元では、エジプトを脱出するイスラエルの子らが最初に向かった場所を、「神は荒れ野の道、葦の海に民を迂回させた」（13:18）と示しているように、「神は彼らをペリシテ人の〔いる〕地の道に導かれなかった」（13:17）ことについて触れている。それは、最もエジプト軍の防備が厳しい道で、イスラエルの民が恐れてゴシェンに帰ろうとする可能性があったからと思われる。それと比べればより安全な葦の海を渡ることを想定していたためであろう。だが資料記者あるいは編集者ないしは最終編纂者は、エジプトから無事に脱出できたという平凡なドラマを語ろうとするのではない。組み立てから見ても、それが神の奇蹟であることを訴えようとしているのである。強大な権力を持つファラオの支配からの脱出行である

が、それはただ単に逃亡奴隷の脱出劇を描くものではないのである。

　繰り返し触れてきたことであるが、イスラエルの子らを導かれる神ヤハウェと「現人神」とされたファラオの対応が対極的に描かれていて、強大な国家元首である王ファラオも、エジプトの民のいのちやその生活を守ることができなかったことを強調しつつ、彼が人間の支配者にすぎないことを露骨に示そうとする意図があるからである。これは、王権批判とも受け止められるものである。その観点から、ファラオとその従者たちの軍隊に目が注がれているのである。

　最終的な編纂段階で、様々な食い違いがそのまま残されたことは強調されてよいだろう。オリジナルな伝承に自分たちの理解を添えるように編集した結果を、読み手が分かるようにその痕跡を敢えて残したと考えられる。その狙いは、微細な食い違いを調和させることではなく、出エジプトの神ヤハウェによる救いの業とその栄光を描くことで、編集者たちあるいは最終編纂者たちの生きている時代に向けて、それをメッセージとして語ろうとしたためである。編集作業は、彼らの信仰の告白なのである。

(2) 葦の海の底を渡るイスラエルの子ら（14:1-31）

【翻訳】

ヤハウェが栄光を顕わされるとの宣言
14 章

[1] ヤハウェはモーセに語って言われた。[2]「あなたは、イスラエルの子らに、彼らが向きを変え、ミグドルと海の間にあるピ・ハヒロト[a]の前に宿営するように、『あなたがたは、その向かいにあるバアル・ツェフォンの前にある海の側に宿営しなさい』と告げなさい。[3] するとファラオは、イスラエルの子らについて、彼らはその地をさまよい、荒れ野が彼らを閉じ込めたと思うであろう。[4] わたしはファラオの心を頑なにするので、彼は彼ら〔イスラエルの子ら〕の後を追う。そこでわたしは、ファラオと彼の全軍に栄光を顕わそう。そしてエジプト

人は、わたしがヤハウェであることを知る。」彼らはそのように行なった。

　　　a: 七十人訳は「居留地」。

ファラオとその軍隊による追跡

^{14:5} 民が逃亡したことがエジプトの王に伝えられると、民に対するファラオと彼の従者たちの心が変わり、彼らは言った。「われわれは何ということをしたのだ。われわれは、われわれに仕えさせることから〔解き放ち〕、イスラエル人を立ち去らせてしまった。」⁶ 彼〔ファラオ〕は ^a 自分の戦車に〔馬の手綱を〕繋ぎ、その軍 ^b を伴った。⁷ 彼は、えり抜きの600両の戦車、エジプトのすべての戦車 ^c を伴い、その戦車すべてに士官を乗せた ^d。⁸ ヤハウェがエジプトの王ファラオの心を頑なにされたので、彼はイスラエルの子らの後を追わせた。意気揚々と ^e、イスラエルの子らは出て行った。⁹ エジプト人〔の軍勢〕は彼らの後を追い、ファラオとその騎兵と軍勢のすべての戦車と馬は、海の側で宿営している彼らに、バアル・ツェフォンの前にあるピ・ハヒロト ^f のあたりで追い着いた。¹⁰ ファラオは〔一気に〕接近した。イスラエルの子らがその目を上げると、見よ、エジプト人〔の軍勢〕が彼らの背後に迫っていた ^g。彼らは非常に恐れ、イスラエルの子らはヤハウェに叫び求めた。¹¹ 彼らはモーセに言った。「エジプトには墓がないから、荒れ野で死なせるためにわれわれを連れ出したのか。われわれをエジプトから連れ出すために、あなたはわれわれに何ということをしたのだ。¹² われわれはエジプトで、あなたに向かってこのことを言ったではありませんか。『われわれにはかまわないでください。われわれはエジプト人に仕えます。荒れ野で死ぬよりもエジプト人に仕える方がましです』と。」¹³ モーセは民に言った。「あなたがたは恐れてはならない ^h。あなたがたは落ち着いていなさい。あなたがたは、今日ヤハウェが ⁱ あなたがたのためになされる救いを ^j 見なさい。あなたがたは今日エジプト人を見ているが、あなたがたは永遠に彼らを再び見ることはないからである。¹⁴ ヤハウェがあなたがたのために戦われる。あなたがたは静かにしていなさい。」

¹⁵ ヤハウェはモーセに言われた。「あなたはわたしに向かって何を叫び求めているのか。イスラエルの子らに告げて、彼らを出立させなさい。¹⁶ あなたは、あなたの杖を高く掲げ、あなたの手を海に差し伸べ、海を割りなさい。イスラ

エルの子らは、その海のただ中に入り、乾いた地面を〔進むのだ〕。¹⁷ またわたしは、見よ、エジプト人の〔軍勢の〕心を頑なにする。彼らは彼ら〔イスラエルの子ら〕の後を追う。そしてファラオとその全軍、その戦車と騎兵に対して、わたしは栄光を顕わそう ᵏ。¹⁸ わたしがファラオとその全軍、その戦車と騎兵に対して、わたしの栄光を顕わすとき、エジプト人〔の軍勢〕はわたしがヤハウェであることを知る。」¹⁹ イスラエルの陣営の前を進んでいた神の使いは移動して、彼らの後を進み、彼らの前にあった雲の柱も移動して、彼らの後に立ち、²⁰ エジプト人の陣営とイスラエル人の陣営の間に入った。雲が暗闇と共にあり、それが ˡ 夜を輝かせたので、一晩中、一方〔の陣営〕が他方に接近することはなかった。²¹ モーセがその手を海に差し伸べると、一晩中ヤハウェが強い東風で ᵐ 海を押し戻し、海を乾いた地に変えられたので、〔海の〕水が割れた。²² イスラエルの子らは、海のただ中に入り、乾いた地面を進んだ。〔海の〕水は、彼らには、その右側と左側で壁になっていた。²³ エジプト人〔の軍勢〕は〔彼らを〕追い、ファラオの馬、その戦車、その騎兵のすべてが彼らの後に続いて海の中に入った。²⁴ 朝の見張りの時間 ⁿ になると、ヤハウェは、雲を伴った火の柱の中からエジプト人の陣営を見下ろされ、彼はエジプト人の陣営を混乱に陥れられた。²⁵ 彼はその戦車の車輪を外し ᵒ、〔戦車を〕動かせなくしてしまった。エジプト人は言った。「イスラエル人の前から退却しよう。ヤハウェが彼らのためにエジプト人と戦っておられるからだ。」

a: 七十人訳は「ファラオは」。

b: 原語はアムで「民」の意。

c: 七十人訳は「全騎兵」。

d: 七十人訳は「すべての上に立つ指揮官たちを動員した」。

e: 原文は「高く上げられた手によって」。七十人訳は「〔いと〕高き手に守られながら」。

f: 七十人訳はここも「居留地」。

g: 七十人訳は「エジプト人たちは彼らの背後で宿営していたのである」。

h: 七十人訳は「勇気を出すのだ」。

i: 七十人訳は「神」。

j: 七十人訳は「神からの救いを」。

k: 七十人訳は「わたしは、ファラオや彼の戦車部隊や騎兵たちの間で、栄光をたたえられるであろう」。

l: 原語は使役動詞「照らす、輝かす」が男性形であるため、その主語は男性名詞「雲」か「暗闇」となる。しかしそれでは意味が通らないため、非人称の主語とする見方もある。七十人訳はここを「すると真っ暗な闇が生じて、夜が割り込み」と訳出。

m: 七十人訳は「南風」。

n: 午前2時から6時の間とされている。

o: 原語の動詞は使役動詞で「取り去る」の意。七十人訳では「戦車の車軸を縛って」となっている。サマリア五書も同じ。

海の上に手を差し伸べるモーセ

14:26 ヤハウェはモーセに言われた。「あなたの手を海に差し伸べなさい。〔海の〕水は、エジプト人〔の軍勢〕の上に、その戦車と騎兵の上に〔流れ〕戻る。」 27 モーセがその手を海の上に差し伸べると、夜明け前に、海は元〔の絶えざる流れ〕に戻った。エジプト人〔の軍勢〕は、それに遭うことになるので逃げたが、ヤハウェはエジプト人〔の軍勢〕を海のただ中に投げ込まれた。 28 〔海の〕水は元に戻り、戦車、騎兵、彼ら〔イスラエルの子ら〕の後を追って海に入ったファラオの全軍を覆い尽くし、彼らのうち、1人として生き残らなかった。 29 イスラエルの子らは、乾いた地を、海のただ中を進んだ。〔海の〕水は、彼らの右側と左側で壁になっていた。 30 ヤハウェはこの日、イスラエルをエジプト人〔の軍勢〕の手から救い出された。イスラエルは、海辺で死んでいるエジプト人〔の軍勢〕を見た。 31 イスラエルは、ヤハウェがエジプト人になした大いなる手を見た。民はヤハウェを畏れ、ヤハウェと *a* その僕モーセを信じた。

a: 七十人訳は「神と」

【形態／構造／背景】

第三節の「葦の海の奇蹟と脱出」（13:17–15:21）と名づけた部分の、本

体に相当する第二の部分は「葦の海の底を渡るイスラエルの子ら」(14:1–31) の場面である。

　この第二の部分を、三区分法で見てみると、導入に相当する「ヤハウェが栄光を顕わされるとの宣言」(14:1–4)、本体に相当する「ファラオとその軍隊による追跡」(14:5–25)、そして帰結に相当する「海の上に手を差し伸べるモーセ」(14:26–31) という組み立てからなる。導入部分では、ヤハウェが栄光を顕わす旨をモーセに告げている。本体では、エジプトのファラオの軍隊に追跡され、窮地に陥るイスラエルの子らがモーセに叫び求める場面が描かれ、ヤハウェがその不信を払拭するため、モーセに手を海に向かって差し伸べなさいと命じている。その結果、〔海の〕水が割れ、イスラエルの子らは、海のただ中に入り、乾いた地面を進んだという場面が構成されている。帰結部分では、改めてヤハウェがあなたの手を海の上に差し伸べなさいとモーセに命じ、ファラオとその軍隊が水の中に投げ込まれたという結末を語る。

　導入で宣言された栄光が、神ヤハウェの奇蹟によって成就したことを帰結で語り、その中央部分で葦の海を渡る奇蹟が描かれる。イスラエルの子らとファラオの全軍が生と死に識別される形で語られているが、そのことが、神がヤハウェとして顕現している栄光なのである。

【注解】

「葦の海の底を渡るイスラエルの子ら」と区分した部分 (14:1–31) は、イスラエルの子らが宿営する場所について語っている。だがその位置が微妙に違っているにもかかわらず、調整はされていない。

14章1節では、「ヤハウェはモーセに語って言われた」とあり、脱出の指導者はモーセその人である。アロンではない。

2節にあるイスラエルの子らについて、「**向きを変え、ミグドルと海の間にあるピ・ハヒロトの前に宿営するように**」と指示を与え、「**あなたがたは、その向かいにあるバアル・ツェフォンの前にある海の側に宿営しなさい**」とモーセに語らせている。「ピ・ハヒロトの前」と「バアル・ツェフォンの前」と別々の名が記されているが、ほぼ同じ場所だと考えられている

（14:9）。いずれも地中海に面する場所で、これらの地名は「ペリシテ人の〔いる〕地の道に導かれなかった」（13:17）とは対立するものと思われる。ピ・ハヒロトの前とバアル・ツェフォンの前が、地中海沿岸に向かう場合の拠点となる場所だからである（スィルボニス湖の近くの低い丘で、異教の聖所があったという）。異なる伝承を接合した結果と思われるが、イスラエルの子らが渡る「葦の海」はこれらの地名によっては特定できない。モーセに語らせている言葉は2人称複数形で、「あなたがたは、その向かいにあるバアル・ツェフォンの前にある海の側に宿営しなさい」とあるだけなので、異なる資料を接合した結果である可能性を認めざるをえない。いずれにせよイスラエルの子らの移動に際し彼らが混乱しているとファラオの従者たちに思わせる、そうした動きとして描いていることは明らかである。なぜなら3節で、「するとファラオは、イスラエルの子らについて、彼らはその地をさまよい、荒れ野が彼らを閉じ込めたと思うであろう」とヤハウェが語っているからである。場所名を考慮する限り、どこを渡るべきか迷っているという状態がそれとなく語られているのが分かる。

　4節では、「わたしはファラオの心を頑なにするので、彼は彼ら〔イスラエルの子ら〕の後を追う」とある。そのとき「ファラオと彼の全軍に栄光を顕わそう」とヤハウェは言われる。「そしてエジプト人は、わたしがヤハウェであることを知る」とは、ヤハウェが神として顕現することを宣言している言葉に他ならない。

　本体に相当する14:5-25の冒頭である5節における、「われわれに仕えさせることから〔解き放ち〕、イスラエル人を立ち去らせてしまった」という発想は、最初の交渉時の「お前たちは彼らにその強制労働を休ませようとしている」（5:5）という認識と共通しているかもしれない。

　6節から9節までのエジプト軍の装備と追跡に関する記述は、8節の「ヤハウェがエジプトの王ファラオの心を頑なにされたので」彼らの後を追わせたという表現から、ヤハウェ資料とされてきた。6節の「彼〔ファラオ〕は自分の戦車に〔馬の手綱を〕繋ぎ、その軍を伴った」によれば、ファラオ自身が出撃したことを意味する（14:23）。

　7節に「彼は、えり抜きの600両の戦車、エジプトのすべての戦車を伴い、

その戦車すべてに士官を乗せた」とある叙述は、馬に引かせた戦車での戦いを想定したもので（士 4:13, 15 参照）、手綱を持つ兵と共に、戦車には士官が乗っていたことが分かっている。

8節にある、「ヤハウェがエジプトの王ファラオの心を頑なにされたので、彼はイスラエルの子らの後を追わせた。意気揚々と、イスラエルの子らは出て行った」の前半は、ファラオがイスラエルを追わせた理由を、「ヤハウェがエジプトの王ファラオの心を頑なにされたので」と明記している。これまでは、イスラエルの民がエジプトの地から立ち去ることを同じ表現でファラオは拒絶してきたが、ここでも同じ表現が用いられている。「現人神」とされたファラオの末路を語るために、明記している言葉であろう。ファラオは民にいのちを与える役割を何ひとつ果たしているわけでなく、むしろ民あるいは兵士を死に追いやる王に他ならない。そうしたことを示す意図が見てとれる。原文の「高く上げられた手によって」とあるのは、イスラエルの民が手を高く上げて出て行ったというより、ヤハウェの〔手の〕導きによって彼らが意気揚々と出て行ったことを物語るものと解した。

9節に、「エジプト人〔の軍勢〕は彼らの後を追い、ファラオとその騎兵と軍勢のすべての戦車と馬は、海の側で宿営している彼らに、バアル・ツェフォンの前にあるピ・ハヒロトのあたりで追い着いた」とあるのは、2節の叙述を受けたもの。「ファラオとその騎兵と軍勢のすべての戦車と馬」という表現は、6節の叙述にあるようにファラオ自らが全軍を率いて追跡したことを言い表わしている。

10節で「ファラオは〔一気に〕接近した」のは、軍馬に乗ったエジプトの戦車隊と徒歩で多くの小家畜や家族を連れたイスラエルの民では進み方に格段の違いがあるからである。しかも差し迫った危機を、資料記者あるいは編集者、編纂者は「イスラエルの子らがその目を上げると、見よ、エジプト人〔の軍勢〕が彼らの背後に迫っていた」と見事に語っている。イスラエルの子らの脱出はファラオの許しを得てであったが、その「現人神」とされたファラオが心変わりをしたために、脱出が全滅の危機に陥ったことを物語る。「彼らは非常に恐れ、イスラエルの子らはヤハウェに叫び求めた」という。モーセ（とアロン）の指導でエジプトの地を立ち去り荒れ野を目指したのに、軍隊が背後から迫ってきたからである。逃亡者（逃

亡奴隷）に対するエジプト政府の厳罰主義を、当時の資料記者あるいは編集者、編纂者も知っていたはずである。ヤハウェに叫び求めたという描写から、ほぼヤハウェ資料とされてきた。

11節で、「彼らはモーセに言った。『エジプトには墓がないから、荒れ野で死なせるためにわれわれを連れ出したのか。われわれをエジプトから連れ出すために、あなたはわれわれに何ということをしたのだ』」と鋭くモーセに迫る民の声は、エジプトから脱出させるヤハウェの救済の業そのものを根底から否定する言葉。この民の言葉は、期待していた欲求の裏返しである。エジプトに墓はなくても、食べ物に不自由はしないで生きていくことができると暗に語っているからである。自分たちをエジプトから連れ出したのは荒れ野で死なせるためだという理屈は、奴隷状態であっても生きていることの方が重要だと宣言しているようなもの。ヤハウェよりもファラオが神であれば死ぬこともないという理解に繋がる。それは不信の言葉に他ならない。

さらに**12**節で、「われわれはエジプトで、あなたに向かってこのことを言ったではありませんか。『われわれにはかまわないでください。われわれはエジプト人に仕えます。荒れ野で死ぬよりもエジプト人に仕える方がましです』」とモーセに切り返している言葉は、出エジプト記全体の主題に深く関わるものである。エジプトから脱出させるというヤハウェによる救済を、全面的に拒絶する言葉であると同時に、われわれはエジプト人に仕えます、荒れ野で死ぬよりもエジプト人に仕える方がましですとモーセに語っている言葉である。イスラエルの子らのこの言葉は、神ヤハウェに対する反逆そのものである。神ヤハウェよりも「現人神」とされたファラオに仕えるという宣言であるため、その宣言は神ヤハウェの存在そのものを否定したことになるからである。「仕える」の原語は、「働く」という意味の他に、「奴隷になる」という意味を持つ。奴隷であっても死ぬよりはましですという発想は、出エジプトによる救済行為そのものを無意味だとする言葉で、出エジプトによって救済を達成しようとするヤハウェは、自分たちの神でないとする宣言に相当する。

13節では、「あなたがたは恐れてはならない。あなたがたは落ち着いていなさい。あなたがたは、今日ヤハウェがあなたがたのためになされる救いを

見なさい」と、窮地に追い込まれた民に、ヤハウェによるあなたがたのために なされる救いを見よとモーセが語っている。危機の時にこそ、救済の手を差し伸べるヤハウェの働きを見よというだけではない。死の危険が迫るイスラエルの民にヤハウェはいのちを与える意味での救いを授け、ファラオなる「現人神」はいのちでなく死をもたらす存在にすぎないことを知らせようとしているのである。そのようないのちを与えるという意味が、救いに込められている。それ故、モーセは恐れてはならない、落ち着いていなさいと告げているのである。しかも、「**あなたがたは今日エジプト人を見ているが、あなたがたは永遠に彼らを再び見ることはないからである**」と宣言している。イスラエルの子らでなく民に向けられている言葉なので、祭司文書とは異なる資料であるかもしれない。ファラオに仕えるエジプト人を、永遠に再び見ることはないという。ここに、歴史的な、その後のエジプトとの文化的・宗教的な断絶が宣言されていると見ることができる（申 17:16 等参照）。そこに、資料記者あるいは編集者、編纂者の意図が込められているのではないだろうか。

14 節の「ヤハウェがあなたがたのために戦われる」もヤハウェが行なう救いを見よというのも、恐らくヤハウェ資料の特徴を示す言葉だが、申命記的な聖戦の考え方を言い表わす言葉でもある（申 3:22; 20:4 等参照）。「現人神」とされたファラオの軍隊が迫っている場面で、真の神であるヤハウェ自らがその救済の業を達成するという。それが、あなたがたのために戦われるという言葉に反映している。「**あなたがたは静かにしていなさい**」という言葉は、民自らが自衛のため自らのいのちのために戦うのでなく、神ヤハウェがなさる業を見ていなさいというモーセの宣言である。

15 節にある、「ヤハウェはモーセに言われた。『**あなたはわたしに向かって何を叫び求めているのか。イスラエルの子らに告げて、彼らを出立させなさい**』」というモーセに対する語りかけは、いわば叱責である。モーセ自身が民と同じような恐怖を感じて、ヤハウェに叫び求めたことが暗示されている。民が犯した不信をモーセもまた犯していることを暗示しているとすれば、指導者としての資質が問われていることになる（申 1:37; 3:26; 32:51–52）。実はモーセに対する叱責に近い言葉がここにあるため、それがイスラエルの子らに対するモーセの応答（14:13–14）との繋がりを切断

してしまっている。あなたがたはでなく「あなたは」と神がモーセに語りかけているので、単元全体に複数の資料層が混在している可能性を認めざるをえない。「イスラエルの子らに告げて、彼らを出立させなさい」という命令は、14節に続けて読まれるべきかもしれない。

16節でヤハウェがモーセに「あなたの杖を高く掲げ、あなたの手を海に差し伸べ」と語る言葉は、かつてヤハウェがモーセに命じて杖による奇蹟を行なった場面を想起させる。杖を用いるのは、ここでもモーセであってアロンではない。「海を割りなさい。イスラエルの子らは、その海のただ中に入り、乾いた地面を〔進むのだ〕」というヤハウェの言葉から、ヤハウェがモーセを用いて救済の業をなそうとしているのは明らかである。これは呪術ではない。「乾いた地面」は祭司文書が使う用語（創1:9, 10; 出4:9; 14:22, 29; 15:19等参照）と思われ、ヤハウェ資料あるいは申命記史家が使う「乾いた地」（創7:22; 出14:21; ヨシュ3:17; 4:18）と区別されているようである。

17節でもヤハウェがエジプト軍の「心を頑なにする」ので、彼らは「後を追う」という。そのことをとおして**18節**で彼らが「わたしがヤハウェであることを知る」のは、すべてが神のヤハウェとしての顕現によって彼らが滅ぼされるからであるという。

19節では、「イスラエルの陣営の前を進んでいた神の使い」が登場し、「移動して、彼らの後を進み、彼らの前にあった雲の柱も移動して、彼らの後に立ち」、エジプト軍との間に雲の柱を移動させたという。これは神の業を語る手法の一つである

20節で「イスラエル人の陣営」と「エジプト人の陣営」の間に「雲の柱」が移動したため、「一方〔の陣営〕が他方に接近することはなかった」という。それが、エジプト軍を接近させなかったと説明している。「それが夜を輝かせた」については、「一晩中」という言葉があるので、雲が火の柱を伴うことを前提にしているのかもしれない（14:24）。だが「雲が暗闇と共にあり」によって象徴されている意味はここではよく分からない。七十人訳を参照するなら、夜になったことが想定されるが、19節から20節は別の編集者が挿入した記述である可能性が濃厚であるため、異なる資料によるものかもしれない。

21節に、「モーセがその手を海に差し伸べると」とあるが、杖についての言及はない（14:26）。「一晩中ヤハウェが強い東風で海を押し戻し、海を乾いた地に変えられたので、〔海の〕水が割れた」とあるように、ここではヤハウェ自らが行為し奇蹟を行なっている。奇蹟を行なった呪術師のようにモーセを描いてはいない。宿営地から見て恐らく海は西側か北側に位置するはずであるが、「強い東風で海を押し戻し」とあるので、それによって乾いた地が現れ〔海の〕水が割れたと表現している。具体的な自然現象でなく、神の奇蹟を表現しているものなのである。そこに、伝承のリアリティーがあることは事実である。

22節では、「イスラエルの子らは、海のただ中に入り、乾いた地面を進んだ」と語っている。「〔海の〕水は、彼らには、その右側と左側で壁になっていた」との叙述は申命記史家的な表現を思わせる（ヨシュ 3:13, 16–17 参照）。自然現象をそのまま神の奇蹟と同定しているのでなく、神の業をこのように表現しているのである。

23節によると、「エジプト人〔の軍勢〕は〔彼らを〕追い、ファラオの馬、その戦車、その騎兵のすべてが彼らの後に続いて海の中に入った」という。

エジプト軍はイスラエルの子らを追尾する。**24**節にある「朝の見張りの時間になると」という描写から、夜の間にイスラエルの子らもエジプト軍も「海のただ中に入り、乾いた地面を」進んだことになる。朝の見張りとあるのは、戦陣での見張りの時間を言うもの。「ヤハウェは、雲を伴った火の柱の中からエジプト人の陣営を見下ろされ」とあるように、火の柱そのものは神ではなく、そこに内在する神でもない。そのヤハウェが「エジプト人の陣営を混乱に陥れられた」と、その働きを描いているのである。「混乱に陥れる」という言葉づかいは、申命記史家的な表現と思われる（出 23:27; 申 2:15; ヨシュ 10:10; 士 4:15; サム上 7:10; サム下 22:15 等参照）。

25節で、「その戦車の車輪を外し、〔戦車を〕動かせなくしてしまった」とあるが、「動かせなくしてしまった」の原文は、「重さの中へと導いた」で、戦車を御するのを困難にさせた表現と思われる。「イスラエル人の前から退却しよう。ヤハウェが彼らのためにエジプト人と戦っておられるからだ」という告白は、資料記者によって語られている。これはヤハウェが「わたしの栄光を顕わすとき、エジプト人〔の軍勢〕はわたしがヤハウェ

であることを知る」（14:18）と語っていたことを受けたもので、彼らが神の顕現に接したときの言葉となっている。彼らの告白は、イスラエルの子らが口にした「エジプト人に仕える方がましです」と言った言葉（14:12）と対照的である。

　帰結に相当する **26 節** で、再び「あなたの手を海に差し伸べなさい。〔海の〕水は、エジプト人〔の軍勢〕の上に、その戦車と騎兵の上に〔流れ〕戻る」とヤハウェはモーセに命じている。ここでも杖は言及されない。
　モーセは命じられたとおり実行する。**27 節** では「夜明け前に、海は元〔の絶えざる流れ〕に戻った」とあるため、「朝の見張りの時間」（14:24）と表現したのと同じ資料層に帰属するであろう。「エジプト人〔の軍勢〕は、それに遭うことになるので逃げたが、ヤハウェはエジプト人〔の軍勢〕を海のただ中に投げ込まれた」とあるのも、自然の奇蹟を描いているようでありながら、ヤハウェによる行為をそのまま描き切っていると言える。
　28 節 で「〔海の〕水は元に戻り、戦車、騎兵、彼ら〔イスラエルの子ら〕の後を追って海に入ったファラオの全軍を覆い尽くし、彼らのうち、1 人として生き残らなかった」にもかかわらず、**29 節** では「イスラエルの子らは、乾いた地を、海のただ中を進んだ。〔海の〕水は、彼らの右側と左側で壁になっていた」と語られている。すでに触れたように、この海の状態についての描写は申命記史家的な表現である印象が強いが、それによってイスラエルの子らの生とファラオの軍勢の死が見事なまで対極的に描かれているのは事実である。
　30 節 における「ヤハウェはこの日、イスラエルをエジプト人〔の軍勢〕の手から救い出された。イスラエルは、海辺で死んでいるエジプト人〔の軍勢〕を見た」という言及には、ヤハウェに聞き従う行為が祝福か呪いか、生か死か（申 30:15）に分かれるという申命記史家的な発想がここに見られる。エジプト人は「わたしがヤハウェであることを知る」と宣言されたヤハウェの存在を、死に瀕した苦しみのただ中に知ったということになる。だがこのメッセージは、生き残ったイスラエルに向けたメッセージとなっている。
　31 節 で「イスラエルは、ヤハウェがエジプト人になした大いなる手を見

た」結果、「民はヤハウェを畏れ、ヤハウェとその僕モーセを信じた」という。そこでは、イスラエルの子らでなく民が主語で、「畏れ」という表象を使っていること、またモーセをヤハウェの僕と呼び（申 34:5; ヨシュ 1:1, 13, 15; 8:31, 33; 11:12; 12:6; 13:8; 14:7; 18:7; 22:2, 4, 5 等参照）、彼を信じたと解説しているのも申命記史家的な表現と思われる。

【解説／考察】

　14 章全体は散文で葦の海の出来事を語っているが、続く 15 章は韻文による賛歌で、同じ出来事を歌っている。この組み合わせは、同じように散文（士 4 章）と韻文（士 5 章）で構成されているデボラの歌と好一対である。最終編纂段階で、デボラの歌と同じようにこの葦の海での救出劇を救済史的な感慨を込めて編纂したものと思われる。

　導入に相当する部分でのイスラエルの子らが宿営した場所について、「ペリシテ人の〔いる〕地の道に導かれなかった」（13:17）との証言は、葦の海を渡った後で彼らがシナイ山に向かうから現実的である。だが向きを変え、ミグドルと海の間にあるピ・ハヒロトの前に宿営するようにと指示を与え、「バアル・ツェフォンの前にある海の側に宿営しなさい」とモーセに語らせているのは、神ヤハウェの奇蹟を物語るためである。すでに触れたように、その奇蹟の描き方で、本体に相当する部分に微妙な食い違いがある。

　葦の海での奇蹟を描いている散文での、「あなたは、あなたの杖を高く掲げ、あなたの手を海に差し伸べ、海を割りなさい。イスラエルの子らは、その海のただ中に入り、乾いた地面を〔進むのだ〕」（14:16）によれば、モーセが手を差し伸べることで海が割れるという。だがモーセがその手を海に差し伸べると、一晩中ヤハウェが強い東風で海を押し戻し、海を乾いた地に変えられたので、〔海の〕水が割れた（14:21）とあり、モーセはここでも手を海に差し伸べているが杖は言及されない。しかも実際に海が割れたのは、一晩中ヤハウェが強い東風で海を押し戻したことによるという。異なる伝承が接合された結果を示しているものと判断せざるをえない。

　他方帰結に相当する部分では、26 節でヤハウェがモーセに命じ、「あな

たの手を海に差し伸べなさい。〔海の〕水は、エジプト人〔の軍勢〕の上に、その戦車と騎兵の上に〔流れ〕戻る」という。モーセがその手を海の上に差し伸べると、夜明け前に、海は元の流れに戻った（14:27）というのが、モーセが一晩中手を差し伸べていたことを指すのか、あるいは彼が差し伸べたので水が割れ、改めて彼が手を海に差し伸べたので海の水が元に戻ったことを指すのかは判別できない。詳細に検討すると、叙述に整合性が欠けている部分があることに気づかされる。こうしたことからも、現在のテキスト構成が異なる複数の伝承による接合された結果であることは否定し難いように思われる（山我 2012b）。杖を使った呪術的な印象は、ここでは拭い去られている。またモーセは言葉の仲保者であるという理解と、実際に奇蹟を実現されたのは神ヤハウェの力によるという理解が、見事に接合されているのが分かるのではないだろうか。

　この単元では、神ヤハウェの導きに対するイスラエルの子らの不満の叫びが描かれている。それがどのような形で、ヤハウェへの賛歌に繋がるのか。それと深く関わるモーセについては、イスラエルの子らから指導者として責任を追及されていることが分かる。危機に迫られたイスラエルの子らが、「エジプトには墓がないから、荒れ野で死なせるためにわれわれを連れ出したのか」と問い糾し、モーセに「われわれにはかまわないでください。われわれはエジプト人に仕えます。荒れ野で死ぬよりもエジプト人に仕える方がましです」と語った言葉（14:11–12）は、モーセに対する不信であると同時に、モーセを遣わした神ヤハウェへの不信を物語っている。

　エジプトから脱出するという出来事の意義は、ヤハウェの民イスラエルが形成される決定的な一歩として位置づけられている。そのためにモーセの召命があり、モーセが言葉の仲保者として機能しているのである。神ヤハウェの栄光は、イスラエルが経験する救いにおいてモーセを媒介に顕わされるのである。だが危機に際して不信を表明するイスラエルの子らの姿は、いまだヤハウェの民イスラエルが形成されていないことを物語る。

(3) ヤハウェへの賛歌（15:1–21）

【翻訳】

15 章

¹ その時、モーセとイスラエルの子らは、ヤハウェに ᵃ 向かってこの歌を歌い、彼らは言った。

「ヤハウェに向かって、われは歌おう、
輝かしくも彼は勝利された、
馬とその乗り手を、彼が海の中に投げ込まれたからだ。

² ヤハ〔ウェ〕はわが力、〔わが〕褒め歌なり ᵇ、
わがために、救いとなられた。
これぞわが神、われは彼を崇め、
〔これぞ〕わが父の神、われは彼を褒め称えよう。

³ ヤハウェは戦びと ᶜ、その名はヤハウェ。

⁴ ファラオの戦車とその軍勢を、彼は海に投げ落とされた、
選り抜きの士官は、葦の海に ᵈ 沈められた。

⁵ 深淵が彼らを覆い、
石のごとく、彼らは深みに下った。

⁶ ヤハウェよ、あなたの右の手は力に輝きを帯び ᵉ、
ヤハウェよ、あなたの右の手は敵を粉砕する。

⁷ 大いなる威光をもって、あなたはあなたの敵を滅ぼし、
あなたは燃える怒りを放ち、麦わらのごとく、それを食い尽くす ᶠ。

⁸ あなたの怒りの風で、〔海の〕水は堤となり、
流れは、堰のごとく立ち、
深淵は、海の真中で固まった。

⁹ 敵は言った、『わたしは追って追い着こう。
分捕りものをわたしは取り分け、わたしの願いがそれを満たし、
わたしは剣を抜き、わたしの手がそれをつかみ取る。ᵍ』

¹⁰ あなたがあなたの息を吹きかけると、
海は彼らを覆った。

力に満ちた〔海の〕水の中に、彼らは鉛のごとく沈んだ。
¹¹ ヤハウェよ、神々の中で誰があなたのようであろうか。
誰があなたのように、聖において威厳に満ちておられようか ʰ。
誉れにおいて恐れられ、
不思議を行なわれる方。
¹² あなたが、あなたの右の手を差し伸べると、
地は彼らをのみ込んだ。
¹³ あなたは、あなたの慈しみをもって、
あなたが贖われた民を導き、
あなたは、あなたの力によって ⁱ、
あなたの聖なる住まいに伴われた。
¹⁴ 諸々の民は聞いて震え、
苦悶がペリシテの住民を捉えた。
¹⁵ その時、エドムの首長たちはおびえ、
わななきが、モアブの有力者たちを捉え、
カナンの住民すべてが、ひるんでしまった。
¹⁶ 恐れとおののきが、彼らに襲いかかり、
あなたの腕の偉大さに、石のごとく彼らは沈黙した。
ヤハウェよ、あなたの民が通り過ぎるまで、
あなたが買い取られた民が、通り過ぎるまで ʲ。
¹⁷ あなたは彼らを連れて行き、あなたの嗣業の山に植えられる。
ヤハウェよ、あなたが住まわれるために造られた、あなたの場所、
わが主よ、あなたの両手が固く据えられた聖所〔に〕。
¹⁸ ヤハウェは、代々限りなく永遠に王として統べ治めたもう。」
¹⁹ ファラオの馬が、その戦車と騎兵と共に海に入ったとき、ヤハウェは彼らの上に海の水を戻された。しかしイスラエルの子らは、乾いた地、海のただ中を進んだ。
²⁰ アロンの姉、女預言者ミリアムはタンバリン ᵏ をその手に取った。他のすべての女たちも皆、タンバリンを手に、輪舞しながら彼女の後に従った。²¹ ミリアムは、彼らのために歌い出した ˡ。
「あなたがたは、ヤハウェに向かって褒め歌え ᵐ、

輝かしくも彼は勝利された、
馬とその乗り手を、彼が海の中に投げ込まれたからだ。」

- *a*: 七十人訳は「神に」。
- *b*: 原語ズィムラーを「歌」（イザ 12:2; 詩 118:14）と取る。七十人訳はここを「主は救いのためにわたしの助け手と守護者になられた」としている。
- *c*: 七十人訳は「主は戦いを粉砕される」。
- *d*: 七十人訳は「エリュトラ海に」。
- *e*: 七十人訳は「主よ、あなたの右（の手）は、力の中で栄光あるものとされた」。
- *f*: 七十人訳は「食い尽くした」。
- *g*: 七十人訳は「わが手が征服者となろう」。
- *h*: 七十人訳は「聖なる（ものたち）の間でたたえられ」。
- *i*: 七十人訳は「あなたの正義でもって導き」。
- *j*: 七十人訳はこの後に「あなたの大きな御腕で、彼らを化石のようにしてください」を加えている。
- *k*: 楽器については分からないことが多いが、手鼓のようなものであろう。
- *l*: 原語は「応答する、答える」であるが、「歌う、音頭を取る」の意味もある。
- *m*: 原語は命令形。七十人訳は「わたしたちは歌おう」と1人称複数形。

【形態／構造／背景】

「ヤハウェへの賛歌」に相当するのは15:1–21であるが、この部分は1節から19節までの賛歌と、20節から21節のミリアムの歌の二つに分けられる。

【注解】

15章1節には、「その時、モーセとイスラエルの子らは、ヤハウェに向かってこの歌を歌い、彼らは言った」と導入文が置かれている。賛歌そのものは1b節から18節までで、19節には「ファラオの馬が、その戦車と騎兵と共に海に入ったとき、ヤハウェは彼らの上に海の水を戻された。し

かしイスラエルの子らは、乾いた地、海のただ中を進んだ」とあり、歌ではなく締め括りの言葉が置かれている。

1節にあるように、この賛歌は現在の構成ではモーセがイスラエルの子らと共に歌ったものとされる。しかし1人称表現で歌われているので、導入文は編集者が加えたものと思われる。冒頭で「**われは歌おう**」とあるが、ミリアムの歌の場合は「あなたがたは、ヤハウェに向かって褒め歌え」と命令形で歌い始めている（15:21b）。「**輝かしくも彼は勝利された、馬とその乗り手を、彼が海の中に投げ込まれたからだ**」は、末尾のミリアムの賛歌でも同じ歌詞で歌われている。

2節の「ヤハ〔ウェ〕はわが力、〔わが〕褒め歌なり」の「ヤハ」はヤハウェのことであるが、このような短縮形の呼び方も知られていた。多くは歌や詩編で用いられている（17:16; 詩 68:5, 19; 77:12; 89:9; 94:7, 12; 102:19; 104:35; 105:45; 106:1, 48; 111:1; 112:1; イザ 12:2; 26:4; 38:11 他多数）。「**わがために、救いとなられた**」との告白を伴う賛歌は、ヤハウェの業が救済の業であるという使信と一致する（6:6）。ヤハウェを「わがために、救いとなられた」と告白し、「これぞわが神、われは彼を崇め、〔これぞ〕わが父の神、われは彼を褒め称えよう」と歌い、「わが神」を称えている。

3節で「ヤハウェは戦びと」と告白しているが、こうした例は他に一例しかない（イザ 42:13）。その他の要因を考慮すると、この賛歌についてその資料層を特定するのは極めて困難である。

14:27–28 での叙述と異なり、**4–5節**にある「**ファラオの戦車とその軍勢を、彼は海に投げ落とされた、選り抜きの士官は、葦の海に沈められた。深淵が彼らを覆い、石のごとく、彼らは深みに下った**」という言葉は、告白的な賛歌というよりもより叙事詩に近い形で表現しているもの。特に5節の「深淵」や「石のごとく」という表象は、7節から8節での歌詞と共にこの歌人の感性を物語っている。

6節にある「**ヤハウェよ、あなたの右の手は力に輝きを帯び**」のような賛美の言葉は、他に数例あるのみである（申 33:2; 詩 48:11）。「**ヤハウェよ、あなたの右の手は敵を粉砕する**」と類似した表現は、この他にもかなり多くある（イザ 48:13; 62:8; 詩 16:11; 17:7; 18:36; 20:7; 21:9; 44:4; 45:5; 60:7; 63:9; 89:14; 98:1; 108:7; 138:7; 139:10 等）。

7節の「大いなる威光をもって、あなたはあなたの敵を滅ぼし、あなたは燃える怒りを放ち、麦わらのごとく、それを食い尽くす」は聖戦における神の戦いを称えるものに近いが、大いなる威光という表象については、五書の範囲では例がない（イザ 2:10, 19, 21）。「敵を滅ぼし」という表現となると、この箇所を除いて例は皆無である。

8節では、「あなたの怒りの風で、〔海の〕水は堤となり、流れは、堰のごとく立ち、深淵は、海の真中で固まった」と称えている。この「水は堤となり、流れは、堰のごとく立ち」というイメージは、ヨルダン川渡河の場面を思わせる（ヨシュ 3:13, 16）。表象を見る限り、申命記史家的な最終編纂者の手に帰されるのではないだろうか。

9節で「わたしは追って追い着こう。分捕りものをわたしは取り分け、わたしの願いがそれを満たし、わたしは剣を抜き、わたしの手がそれをつかみ取る」と、敵の思いを叙述する件は、「心を頑なにするので」（14:4）や「心を頑なにする」（14:17）とは別の発想で（士 5:30 参照）、彼らの心を物語っている。

10節の「あなたがあなたの息を吹きかけると、海は彼らを覆った」という表象は、モーセが手を海に差し伸べたこととは関係のない発想である（14:26）。「彼らは鉛のごとく沈んだ」との表象から言えるのは、先の 4–5 節、7–8 節と同じように、歌人の感性は自然の現象や状況そのものに注がれているのでなく、ヤハウェの業に焦点を当てて称えることにあるということである。

11節の「ヤハウェよ、神々の中で誰があなたのようであろうか」あるいは「誰があなたのように、聖において威厳に満ちておられようか。誉れにおいて恐れられ、不思議を行なわれる方」は、「神々の中で」とあるように、多神教世界のただ中にいる状況で、主なるヤハウェを称えている言葉となっている。

12節の「あなたが、あなたの右の手を差し伸べると、地は彼らをのみ込んだ」は、明らかに葦の海での奇蹟を歌った言葉ではない。コラ一族による反乱の故事に触れているのかもしれない（民 16:28–34）。複雑な編集作業の結果を思わせる接合箇所である。

13節に「あなたは、あなたの慈しみをもって、あなたが贖われた民を導

き」とあるのは、脱出に至るまでの歩みを歌っている。しかし「**あなたは、あなたの力によって、あなたの聖なる住まいに伴われた**」とする部分は、出エジプトという主題との関わりが不透明である。「住まい」がエルサレムを指すのであれば、約束の地への帰還を歌っていることになる。

また **14–16 節**における、「**諸々の民は聞いて震え、苦悶がペリシテの住民を捉えた。その時、エドムの首長たちはおびえ、わななきが、モアブの有力者たちを捉え、カナンの住民すべてが、ひるんでしまった。恐れとおののきが、彼らに襲いかかり、あなたの腕の偉大さに、石のごとく彼らは沈黙した。ヤハウェよ、あなたの民が通り過ぎるまで、あなたが買い取られた民が、通り過ぎるまで**」との言葉は、約束の地に入る直前かあるいは入った後の状況を踏まえて、ヤハウェの業を賛美している可能性が高い。場所が、ヨルダン川近在を思わせるからである。この賛歌は、エジプト脱出直後の状況でモーセがイスラエルの子らと共に賛美している形をとっているが、二種類あるいはそれ以上の歌が編集によって相互に接合されていると考えざるをえない。本文を読む限り、そのことは否定しようがないのである。一部は、限りなく出エジプトの時代に接近した状況を反映しているとも考えられる。だが編集によって接合されたとすると、全体は出エジプトの時代よりも遥かに後の時代の作だと考えなければならないことになる。

17 節で、「**あなたは彼らを連れて行き、あなたの嗣業の山に植えられる。ヤハウェよ、あなたが住まわれるために造られた、あなたの場所、わが主よ、あなたの両手が固く据えられた聖所〔に〕**」と歌われた場所が、もしもエルサレムを指しているとすれば、賛歌は王国時代の作（ソロモンが建立した神殿を念頭にしている）か、あるいは捕囚後の作（第二神殿時代）かもしれないということになる。

18 節の、「**ヤハウェは、代々限りなく永遠に王として統べ治めたもう**」は、王の詩編に見られる神観に接近している（詩 93:1; 95:3; 96:10; 97:1; 98:6; 99:1 等）。この表現も、時代的には捕囚期前後の時代を思わせる。

19 節では、「**ファラオの馬が、その戦車と騎兵と共に海に入ったとき、ヤハウェは彼らの上に海の水を戻された。しかしイスラエルの子らは、乾いた地、海のただ中を進んだ**」とあるので、その言葉が 9 節の後に接続していても不思議でない。

さらには、19 節までの賛歌と全く異なる歌が末尾を飾っている。20 節から 21 節までは区別されて、ミリアムの歌と呼ばれている。モーセの姉ミリアムの名が言及されているからである。**20 節で「アロンの姉、女預言者ミリアムはタンバリンをその手に取った。他のすべての女たちも皆、タンバリンを手に、輪舞しながら彼女の後に従った」**とあるのは、モーセの姉（2:4, 7–8）を実名で言及し、彼女を女預言者のひとりと見なしている叙述である（民 12:2–8）。だが、彼女が歌う賛歌は預言ではない。

21 節の賛歌そのものは「ミリアムは、彼らのために歌い出した」を導入句としている。「あなたがたは、ヤハウェに向かって褒め歌え、輝かしくも彼は勝利された、馬とその乗り手を、彼が海の中に投げ込まれたからだ」と 2 人称複数形で語りかける点で微妙に相違しているが、状況はモーセがイスラエルの子らと一緒に歌ったものと類似している（15:1b）。女たちが踊りながら迎えるという光景は、別の伝承でも知られている（サム上 18:6–7）。その別の伝承が伝える賛歌でも、タンバリンや三弦の琴を手に、女たちは踊りながら歌ったと記されている。エフタの娘が、両手にタンバリンを持ち踊りながら出て来たと伝承されているものとも重なる（士 11:34）。いずれも、戦いに勝利した祝いの光景である。このミリアムの賛歌を試しに現在ある文脈から切り離してみると、海の奇蹟を称えているものとは言えなくなってしまう。別々の伝承であったものが最終編纂段階時に出エジプトの出来事と関連づけられ、海の奇蹟と接合されたとする可能性は無視できないのではないだろうか。

【解説／考察】

多様な要素がちりばめられている賛歌全体は、エジプトからの脱出という出来事の末尾を飾る賛歌として、最終編纂時に現在のような形にまとめられたと考えられる。その接合や接合作業では、散文の場合と同じく、異なる伝承要素を組み入れて全体を構成しているという印象が強い。重要なのは、この賛歌は告白ではないということである。集団で歌うことが、想定されているからである。

賛歌の前半は神ヤハウェによる葦の海の奇蹟を称えているが、後半の

「地は彼らをのみ込んだ」（15:12）以下に続く部分は、諸々の民は聞いて震え、苦悶がペリシテの住民を捉え、その時エドムの首長たちはおびえ、わななきがモアブの有力者たちを捉え、カナンの住民すべてがひるんでしまった（15:14–15）とあるように、明らかに約束の地での出来事の影響を前提にしている。後半は、申命記史家的な最終編纂者に帰されるであろう。

賛歌の導入句では、その時、「モーセとイスラエルの子らは、ヤハウェに向かってこの歌を歌い、彼らは言った」とあるので、ヤハウェを称える主体として「われら」（1人称複数形）という言葉を想定するのが普通だが、実際には1人称単数で「われは歌おう、……ヤハ〔ウェ〕はわが力、〔わが〕褒め歌なり、わがために、救いとなられた。これぞわが神、われは彼を崇め、〔これぞ〕わが父の神、われは彼を褒め称えよう」と歌われている。この点からも導入句は編集句であると考えられるので、前半部分の賛歌本体も編集作業によってこの場所に組み込まれたと言えるのではないか。

1人称での賛歌が3人称での「ヤハウェは戦びと、その名はヤハウェ。ファラオの戦車とその軍勢を、彼は海に投げ落とされた、……石のごとく、彼らは深みに下った」（15:3–5）という言及へ移行している。葦の海での奇蹟を称え、次に2人称単数形での呼びかけに移行し「ヤハウェよ、あなたの右の手は力に輝きを帯び、……大いなる威光をもって、あなたはあなたの敵を滅ぼし、……〔海の〕水は堤となり、流れは、堰のごとく立ち、深淵は、海の真中で固まった」（15:6–8）と展開されている。それ故、一時期に成立した賛歌ではないと判断できる。それに加え、末尾にある、「あなたの怒りの風で、〔海の〕水は堤となり、流れは、堰のごとく立ち」という表象は、新たに加えられた要素に他ならない。それを、出エジプト時の出来事に添えられた伝承と見るならば、本来は別の出来事を称えていた賛歌であったと言えなくもない。

最後のミリアムの歌も、葦の海の奇蹟を称えるために後から組み込まれた伝承であるとすれば、接合作業の結果として、全体が葦の海での奇蹟を称える構成となっていると言える。最終編纂段階での接合作業の意図が、そこに反映しているのではないだろうか。

最後に取り上げなければならないことが、残されている。それは歴史的な救済の出来事を称え語っている意義についてである。すでに触れたこと

であるが、モーセに率いられた出エジプトの出来事はラメセスⅡ世とその後のメルエンプタハの時代であると想定してきた。だが、ファラオの戦車とその軍勢を彼は海に投げ込まれ、選り抜きの士官は葦の海に沈んだ（15:4）と賛歌の中で歌われ言及されているファラオの死を、どう解釈すればいいのか。エジプト学の成果によれば、戦闘現場で死んだファラオは記録されていない。ラメセスⅡ世は60年を超える統治の末に、老衰で亡くなっている。その息子メルエンプタハについては、10年の統治で終わったとされている。そのミイラは、アメンホテプⅡ世の廟堂で発見されたという（モンテ 1982; フィネガン 1983）。緒論でも述べたように、出エジプトにおける賛歌は、フィクションあるいは虚構なのかという疑問が出てきてもおかしくはない。その問題を、資料記者あるいは編集者、最終編纂者はどのように理解していたのであろうか。その問いに答えたい。

　先に、ファラオがエジプトの「現人神」であるとの前提に基づき、十の災いについて触れてきた。モーセを召し出したヤハウェとしての神の顕現と、その後の彼が果たした使命からいえば、出エジプトの出来事はその「現人神」に死をもたらすに等しいことであった。真の神ヤハウェがいのちを与える神である一方で、「現人神」なるエジプトの王ファラオは災禍を逃れるすべもなく自分の初子のいのちも救うことができなかった。それによって、単なる人間にすぎないという位置づけが対極的に描かれている。葦の海での賛歌は、「現人神」によるエジプトの支配体制そのものを「ファラオとその軍隊の死」という形で描いていると言えるのである。まさに思想的〔神学的〕なリアリティーを示すものであるが、編集上再構成されたものだと言える。

　資料記者あるいは最後の編集に携わった編纂者にとっては、葦の海でのイスラエルの子らの救いは「ファラオとその軍隊の死」そのものを意味していたと言えるのである。彼らの歴史認識にとって、具体的な「現人神」による支配だけでなくエジプトの「奴隷の家」としての価値を全面的に否定したそのヤハウェの勝利を語ること、そのことが最も大切なリアリティーであり歴史的な意義を持つ出来事の核なのである。編集者あるいは編纂者は、王の軍隊の死滅といった裸の事実とは比べものにならない意義を、ヤハウェの栄光が顕わされた至上の業として称えているのである。

葦の海での奇蹟は、編集者あるいは最終編纂者の時代に生きている人々に向けて、この賛歌が帯びている意義を訴えているように思われる。眼前に迫る危機的な状況が、海を前にしたイスラエルの子らの危機に重ねられ、ヤハウェが勝利されたことを覚え、今もヤハウェは勝利し給うと訴えているのではないだろうか。

　「われわれ」もまた、信仰生活のただ中で、危機の状態から解放された時や苦しい試練を乗り切ることができたとき、神の導きを感謝し、主の名を賛美することができるはずである。苦しい時に祈りはするが、それが叶えられた時に、素直に神を称えるものでありたい。それは「われわれ」の共通した生き方ではないだろうか。

第 II 部

脱出後の荒れ野での試練とヤハウェの奇蹟

(15:22–18:27)

1. 飲み水と食糧をめぐる試練とヤハウェの奇蹟
（15:22–17:7）

（1）マラの苦い水の試練と奇蹟（15:22–27）

【翻訳】

15 章

²² モーセは、葦の海 ^{a} からイスラエル ^{b} を出立させた。彼らはシュルの荒れ野へと向かい、荒れ野を 3 日間進んだが、彼らは水を見いださなかった。²³ 彼らはマラ ^{c} にやって来たが、マラの水を飲むことができなかった。それが苦かったからである。こうして人はそこの名をマラと呼んだ ^{d} 。²⁴ 民はモーセに対して不平を口にし ^{e} 、言った。「われわれは何を飲めばいいのですか。」²⁵ そこで彼は ^{f} ヤハウェに叫び求めた。ヤハウェは彼に一本の木 ^{g} を指し示した。彼が水に投げ込むと、その水は甘くなった。ヤハウェは ^{h} 彼に ^{i} 掟と定めを示し、そこで彼を ^{j} 試みた。²⁶ ヤハウェは ^{k} 言われた。「もしあなたが ^{l} 心してあなたの神ヤハウェの声に聞き従い、その目に正しいことを行ない、またその命令に耳を傾け、そのすべての掟を守るならば、わたしがエジプト人の上にもたらしたあらゆる病気を、わたしはあなたの上にはもたらさない。わたしはヤハウェ、あなたの癒し手である。」

²⁷ 彼らはエリムにやって来た。そこには 12 の泉と、70 本の棗椰子 ^{m} の木があった。そこで彼らは、そこの水辺に宿営した。

   a: 七十人訳は「エリュトラ海」。
   b: 七十人訳は「イスラエルの子ら」。
   c: マラは「苦い」を意味する。
   d: 原文の主語は「彼」。七十人訳は「この場所は『苦い味』と名づけられた」。
   e: 原語は 3 人称複数形動詞。サマリア五書や七十人訳、シリア語、ラテン語訳

は3人称単数形。
- *f*: サマリア五書や七十人訳、シリア語、ラテン語訳はで主語に「モーセ」を加えている。
- *g*: 七十人訳は「板きれ」。
- *h*: 原文は「彼」。
- *i*: 原文のまま。「彼」とも「彼ら」ともとれる人称代名詞を七十人訳は「民に」と訳している。
- *j*: ここも原文のまま。七十人訳はここでも同じ人称代名詞を使っている。
- *k*: 原文は「彼」。
- *l*: 七十人訳でも「あなたは」であるが、訳者秦剛平は「あなたがたが」と改めている。
- *m*: 七十人訳は「棕櫚」。

【形態／構造／背景】

　第Ⅱ部「脱出後の荒れ野での試練とヤハウェの奇蹟」(15:22–18:27) は、すでに緒論で触れたように三つの構成からなる。その第一節が「飲み水と食糧をめぐる試練とヤハウェの奇蹟」(15:22–17:7) で、この単元は「マラの苦い水の試練と奇蹟」(15:22–27)、「シンの荒れ野での試練とマーンの奇蹟」(16:1–36)、そして「レフィディムでの試練と泉の奇蹟」(17:1–7) からなる。

　冒頭の「マラの苦い水の試練と奇蹟」では、飲み水がないと不平を口にする民に迫られたモーセがヤハウェに叫び求めた結果、ヤハウェに示された木の枝を投げ入れて水が甘くなったという奇蹟が語られる (15:22–25a)。その後で、神が掟と定めを彼に示し試みたという報知が加えられている (15:25b–26a)。その箇所での人称代名詞が誰を指し、誰が誰を試みているのかは、文脈をすかして読まなければよく分からない。分かりにくくしているのは、この部分に恐らく後代の編集の痕跡があるからである。ヤハウェが語る言葉の中に、1人称によるヤハウェの言葉 (15:26b) と3人称でヤハウェに言及する言葉 (15:26a) の両方が含まれている。後の時代に、(恐らく文脈をよく理解しないまま) 挿入されたものかもしれない (特に

15:25b–26a)。組み立てられている構成という面で、神の奇蹟を語るための編集による接合作業が成功しているのかどうか。それが問われる箇所である。

【注解】

第一節の「飲み水と食糧をめぐる試練とヤハウェの奇蹟」(15:22–17:7) における、「マラの苦い水の試練と奇蹟」(15:22–27) の冒頭にある**15章22節**には、「モーセは、葦の海からイスラエルを出立させた」とあり、イスラエルの子らという表記が使われていない。七十人訳は「子ら」を加え、それを統一的に用いている。「イスラエル」という表記は、「イスラエルの長老たち」や「イスラエルの神ヤハウェ」等の表象とは別に、共同体全体を言う場合に敢えて用いられ、この表現を意識的に用いるヤハウェ資料の特徴であるとされてきた。その可能性は十分にある（出 5:2; 6:14; 9:4, 7; 11:7b; 12:3, 6, 15, 19, 47; 14:5, 19, 20, 25, 30, 31; 15:22; 16:31; 17:8, 11; 18:1, 8, 9, 25; 19:2; 24:4; 32:4, 8, 13; 34:27; 40:38 参照）。だがこのイスラエルがすぐに3人称複数形で言及され、「彼らはシュルの荒れ野へと向かい、荒れ野を3日間進んだが、彼らは水を見いださなかった」という。「シュルの荒れ野」とは、シナイ半島のエジプトと接している地域を呼んでいるものと思われる（創 25:18; サム上 15:7 参照）。「ペリシテ人の〔いる〕地の道に導かれなかった」(13:17) に応じているとすれば、ここから南に向かうと現在の紅海沿いに下り、恐らく「エリム」(15:27) を経由してシナイ山に向かうことになる。彼らが水を見いださなかったというのは、オアシスや泉がなかったということである。

23節で、「彼らはマラにやって来たが、マラの水を飲むことができなかった。それが苦かったからである」と語られている。「マラ」（「苦い」の意）の場所は、知られていない。「こうして人はそこの名をマラと呼んだ」と報知されているので、原因譚的な命名である可能性が高い。主題は飲料水がないことであり、人間だけでなく家畜にも及ぶ問題である。

24節で「民はモーセに対して不平を口にし、言った。『われわれは何を飲めばいいのですか』」と1人称複数形で彼らが要求しているので、民は集

合名詞であっても実質的に複数形で理解されていると見るべきである。飲み水がないことについて不平を述べているが、イスラエルの子らがラメセスからスコトに向けて出立した時に、雑多な人々も大勢加わり彼らと共に上り、小家畜の群れ、牛の群れ、おびただしい数の家畜が一緒だったとある。しかも彼らはエジプトから持ち出したパン生地で種入れぬパン菓子を焼いた（12:37–39）という記述から判断すれば、家畜の乳を飲料用に用いることができたはずである。「何を飲めばいいのですか」という台詞は、不平を言うための言いがかりでしかないが、実際にはイスラエルの子らにとって、家畜に飲ませる水がないのは死活問題なのである（17:3 参照）。

25 節の「**そこで彼はヤハウェに叫び求めた**」というモーセの姿は、微妙である。繰り返しになるが、彼の召命時にヤハウェが約束した「わたしはあなたと共にあろうとする。あなたにとって、わたしがあなたを遣わすしるしがこれである」（3:12）という言葉を身に負っているはずであるが、そのモーセがヤハウェに叫び求めた行為は、モーセの人間としての弱さを伝えている（8:8; 17:4）。「**ヤハウェは彼に一本の木を指し示した。彼が水に投げ込むと、その水は甘くなった**」という。モーセが手にした杖についても、資料記者あるいは編集者は同じ問題を感じていたはずであるが、呪術的な行為を媒介にしての奇蹟のようであり、言葉の媒介者であるモーセの姿は後退しているように思われる。「**ヤハウェは彼に掟と定めを示し、そこで彼を試みた**」とある言及は、文脈の流れを切断しているとしか考えられない。ここでの「彼」とは誰なのか。22 節のイスラエルが単数形であるので、「彼」とはイスラエルを意味するのか。「彼ら」であるなら、それは「イスラエルの子ら」となる（七十人訳参照）。この一文があるために、「ヤハウェに叫び求めた」モーセに対する試みとして理解されることになってしまう。そうであれば、モーセ自身もヤハウェからこの点で叱責されていることになる。どのような「掟と定め」が示されたのかは不明である。その疑問は、続く 26 節の言葉に引き継がれている。

26 節で「もしあなたが心してあなたの神ヤハウェの声に聞き従い、その目に正しいことを行ない、またその命令に耳を傾け、そのすべての掟を守るならば、わたしがエジプト人の上にもたらしたあらゆる病気を、わたしはあなたの上にはもたらさない」と語りかけている。2 人称単数形であるため、

25節の「彼」とは整合性がある。「**わたしはヤハウェ、あなたの癒し手である**」とヤハウェが言われたという。ここで「あなた」と呼びかけられているので、彼に掟と定めを示し、そこで彼を試みたとある「彼」を、イスラエルと見なす解釈もあるが、22節ではすぐに「彼ら」と受けているので、判断は容易ではない。ヤハウェが「あなたが心して」と2人称単数形で呼びかけているので、複数の聞き手を想定している原文に従えば（24節の「われわれ」と25節の「彼」）、この「あなた」をイスラエルや民と取ることはできないように思われる（同じような状況で発せられるヤハウェの試み、16:4「あなたがた」を参照のこと）。民（単数形名詞）の場合も「われわれは何を飲めばいいのですか」と問うているので、複数形で理解されているからである。原文を尊重するとすれば、試みを受けたのはモーセではないかと思われる。「そこで彼はヤハウェに叫び求めた」とあるが、それは必ずしも神ヤハウェを信頼した信仰の叫びであるとは限らない。「わめく」（5:8）、「ファラオに叫び求めて」（5:15）、「〔エジプト軍が迫ってきたので〕彼らは非常に恐れ、……ヤハウェに叫び求めた」（14:10）、「〔モーセに対しヤハウェが〕あなたはわたしに向かって何を叫び求めているのか」（14:15）等を参照するかぎり、モーセの信仰が問われている可能性がある。社会的な弱者が、ヤハウェに助けを求めて叫び求める場合は多々あるが（22:22, 26）、民がモーセに向かって叫び求めた場合の多くは不信の表明である（民11:2）。組み立ての点から見て、25b–26a節を申命記史家的な挿入であると見なすことができるなら、異なった資料が接合された結果として、試みの主題がモーセに向けられた形になったと見ることも可能である（申32:51参照）。しかしこの編集接合作業が成功しているのかどうかについて言えば、判断は分かれるであろう。推測を重ねなければならないからである。

27節によると、「**彼らはエリムにやって来た。そこには12の泉と、70本の棗椰子の木があった。そこで彼らは、そこの水辺に宿営した**」とある。彼らは、自分たちと家畜のための飲料水を確保できたのである。「エリム」は最初の宿営地であるが、場所は不明である（16:1;民33:9–10）。その後のルートからすれば、シナイ半島の北部か中央部のオアシスである可能性があるが、よく分かっていない。

【解説／考察】

　この第Ⅱ部「脱出後の荒れ野での試練とヤハウェの奇蹟」(15:22–18:27) は、エジプトの地を離れた後、エジプト軍の追跡を受けたが、奇蹟的に救済され荒れ野に足を踏み入れた後の出来事を扱っている。主題は試練であるため、具体的な場所の特定に多くの比重をかけていないことは明らかである。モーセとイスラエルの子らの間のやり取りと、モーセに命じる神ヤハウェの言葉に焦点が合わされている。

　その第一節の「飲み水と食糧をめぐる試練とヤハウェの奇蹟」(15:22–17:7) の主題は、奴隷状態から解放され自由を得たはずのイスラエルの子らが直面する試練である。第一が「マラの苦い水の試練と奇蹟」(15:22–27)、第二が「シンの荒れ野での試練とマーンの奇蹟」(16:1–36)、第三が「レフィディムでの試練と泉の奇蹟」(17:1–7) という構成になっているが、その試練がいずれも試みであるとする点で一致している。最終編纂段階で様々な伝承資料が接合されているのが読み取れるが、主題から見れば編集上の意図は一貫していて、そこに疑問の余地はない。問題は試練に遭遇したときのイスラエルの子らの対応であり、彼らが語った不平の言葉に焦点がある。

　それが同時に、モーセの試練となっているのである。試練に遭遇して「ヤハウェに叫び求めた」ときのモーセの指導者としての苦悩は、察するにあまりある。この状況で、モーセの信仰ですら問われたことになる。それは同時に、「われわれ」にも問われている信仰の問題である。イスラエルの子らの叫びや不信は、決して他人事ではない。自分の問題として読むことを出エジプト記のテキストは求めている。

(2) シンの荒れ野での試練とマーンの奇蹟(16:1–36)

【翻訳】

16章

¹ 彼らはエリムを出立し、イスラエルの子らの全会衆は、エリムとシナイの間にあるシンの荒れ野にやって来た。エジプトの地を出てから、二ヶ月目の第15日のことであった。² イスラエルの子らの全会衆は、この荒れ野でモーセとアロンに対して不平を口にし、³ イスラエルの子らは彼らに言った。「われわれはエジプトの地でヤハウェの手にかかって ᵃ 死んだ方がよかったのに。その時、われわれは肉鍋の側に座り、パンを飽きるまで食べていた。あなたがたはこの荒れ野にわれわれを導き出し、この全集合体を飢えで死なせようとしている。」
⁴ ヤハウェはモーセに言われた。「見よ、わたしは天からあなたがたのためにパンを降らせる。そこで民は出て行って、毎日その日の分を集めるがよい。民がわたしの教示 ᵇ に従って歩むかどうかを、わたしが試みるためである。⁵ 6 日目に、彼らが持ち帰った分を確かめるとき、日ごとに集める分の二倍になっている。」
⁶ モーセはアロンと共に ᶜ、すべてのイスラエルの子ら ᵈ に言った ᵉ。「夕暮れには、あなたがたは、ヤハウェがエジプトの地からあなたがたを導き出されたことを知る。⁷ ヤハウェに ᶠ 対するあなたがたの不平を彼が聞かれたとき、朝に、あなたがたはヤハウェの栄光を見る。われわれが何者だというのか。あなたがたが、われわれに対して不平を口にするとは ᵍ。」⁸ モーセは言った。「あなたがたが彼に対して不平を口にする、そのあなたがたの不平をヤハウェが聞かれたため、夕暮れに、ヤハウェはあなたがたに肉を与えて食べさせ、朝には、食べ飽きるほどパンを与える。われわれが何者だというのか。われわれに対してでなく、あなたがたはヤハウェに ʰ 対して不平を口にしているのだ。」⁹ モーセはアロンに言った。「あなたは、イスラエルの子らの全会衆に言いなさい。『あなたがたは、ヤハウェの前に ⁱ 近づきなさい。彼が、あなたがたの不平を聞かれたからだ。』」¹⁰ アロンが、イスラエルの子らの全会衆に伝えているとき、彼らが荒れ野に顔を向けると、見よ、ヤハウェの栄光が雲の中に顕われた。
¹¹ ヤハウェは、モーセに語って言われた。¹² 「わたしはイスラエルの子らの不

平を聞いた。彼らに告げて言いなさい。『あなたがたは夕暮れの間に肉を食べ、朝にはパンを食べ飽きる。そしてあなたがたは、わたしがあなたがたの神ヤハウェであることを知る。』」 ¹³ 夕暮れになると、うずらが飛んできて、宿営を覆った。そして朝には、宿営のまわりに露が降りていた。¹⁴ 降りていた露が消え去ると、見よ、地の上に降りた薄い霜のように ʲ、荒れ野の表面に薄いかさぶた状のものがあった。¹⁵ イスラエルの子らは見て、互いに言った。「これは何だろう。」それが何であるかを、彼らは知らなかったからである。そこでモーセは彼らに言った。「これが、あなたがたの食糧としてヤハウェがあなたがたに与えたパンである。¹⁶ ヤハウェが命じた言葉は次のとおりである。『あなたがたは、1人が食べる分、1オメル ᵏ ずつを、それぞれあなたがたの頭数に従って ˡ 集めなさい。その天幕にいる人の数だけ取りなさい。』」¹⁷ イスラエルの子らは、そのとおりに行なった。彼らは集めたが、多く集めた者も少なく集めた者もいた。¹⁸ 彼らがオメル升 ᵐ で量ってみると、多く集めた者は取り過ぎていなかったし、少なく集めた者も不足していなかった。彼らは、それぞれ自分の食べる分を集めたのである。¹⁹ モーセは彼らに言った。「誰も、それを翌朝まで残しておいてはならない。」²⁰ しかし彼らはモーセに聞かず、彼らの中の幾人かは翌朝まで残しておいた。するとそれは、虫がわいて臭くなった。モーセは彼らに対して怒った。²¹ 彼らは、朝ごとにそれぞれ自分が食べる分に従って集めた。太陽が暑くなると、それは融けた。²² 6日目には、彼らは二倍のパンを、1人2オメルずつ集めた。会衆の指導者全員がやって来て、〔そのことを〕モーセに告げた。²³ モーセ ⁿ は彼らに言った。「ヤハウェが告げられたことは、次のとおりである。明日は、ヤハウェのため、安息が〔厳かに〕守られる日 ᵒ、聖なる安息日である。あなたがたは、自分で焼くべき物を焼き、自分で煮るべき物を煮て ᵖ、残った物のすべてを、自分たちのために翌朝まで取っておきなさい。」²⁴ そこで彼らは、モーセが命じたとおり ᑫ、翌朝まで取っておいたが、それらは臭くならず、虫もわかなかった。²⁵ モーセは言った。「あなたがたは今日、それを食べなさい。今日は、ヤハウェのための安息日であるからだ。今日、あなたがたは野でそれを見つけることはない。²⁶ あなたがたは、6日の間、それを集めなさい。7日目は安息日である。それは、そこにはない。」²⁷ 7日目に、民の中の幾人かが集めるために出て行ったが、彼らが見つけることはなかった。

II・1・(2) シンの荒れ野での試練とマーンの奇蹟 (16・1—36) 翻訳

²⁸ ヤハウェはモーセに言われた。「あなたがたは、いつまでわたしの命令とわたしの教示 ʳ を守ることを拒むのか ˢ。²⁹ あなたがたは、わきまえなさい ᵗ。〔わたし〕ヤハウェはあなたがたに安息日を与えたのだ。それゆえ、彼は 6 日目にあなたがたに 2 日分のパンを与えるのだ。7 日目には、それぞれ自分のところに留まり ᵘ、そこから出て行かないように。」³⁰ こうして民は、7 日目に休んだ。³¹ イスラエルの家は ᵛ、その名をマーンと名づけた。それは、コエンドロの種のように白く、その味は、蜂蜜をつけたウエハースのようであった。³² モーセは言った。「ヤハウェが命じた言葉は、これである。『あなたがたの〔後の〕世代のための保存用に、その中から〔取り分けて〕オメル升を満たした分 ʷ があるように。わたしがあなたがたをエジプトの地から導き出したとき、荒れ野で、わたしがあなたがたに食べさせたパンを、彼らが見るためである。』」³³ モーセはアロンに言った。「あなたは壺 ˣ を一つ取り、その中にオメル升を満たした分のマーンを入れなさい。あなたは、それをヤハウェ ʸ の前に置き、あなたがたの〔後の〕世代のため ᶻ の保存用にしなさい。」³⁴ ヤハウェがモーセに命じたとおり、アロンは保存のため、それを証しの〔箱の〕前に置いた。³⁵ イスラエルの子らは、定住すべき地に入るまで、このマーンを 40 年にわたって食べた。カナンの地の境に ᵃᵃ 来るまで、彼らはこのマーンを食べた。³⁶ 1 オメルは、1 エファ ᵃᵇ の十分の一である。

 a: 七十人訳は「主に打たれて」。

 b: 原語はトーラー。

 c: 原文でモーセと言及した後にあるウェは「そして、と」を意味するが、動詞が単数であるため 2 人が主語となりえないので、「伴って、共に」と訳出すべき（8:8a 参照）。こうしたワウの用法は、モーセの隣にアロンを加える編集作業の痕跡と思われる。このワウの用法は申 27:1, 9 にも見られる。

 d: 七十人訳は「イスラエルの子らの群れ全体に」。

 e: 動詞は 3 人称単数形であるため、主語はモーセ。

 f: 七十人訳は「神に」。

 g: ケティーブ（書かれてきた写本の伝承）によるニファル態を、ケレー（暗誦されてきた読み）でヒフィル態に読む。

 h: 七十人訳は「神に」。

i: 七十人訳は「神の前に」。

j: 七十人訳は「コエンドロの種のように薄く」。

k: 七十人訳は「ゴモル」で分量は同じ。22 節も「2 ゴモルずつ」で、32 節も「ゴモル」。

l: 七十人訳は「家族の者たちのために」。

m: 七十人訳は「ゴモル升」。

n: 原文は「彼は彼らに言った」。

o: 原語はシャバートーンで、完全に休む安息日であることを強調して言うもの（31:15; 35:2 参照）。

p: 七十人訳は「焼きたいだけ焼き、煮たいだけ煮ておきなさい」。

q: 七十人訳は「モーセが彼らに命じたとおり」。

r: 原語はトーラー。

s: 七十人訳は「聞き入れようとしないのか？」。

t: 原語レウーは「見よ」であるが、「よくわきまえよ」の意味もある。

u: 七十人訳は「おまえたちの家の中に座しているのだ」。

v: 七十人訳、シリア語訳は「イスラエルの家」でなく「イスラエルの子ら」を主語とする。

w: サマリア五書、七十人訳、アラム語訳も 2 人称複数形命令で「満たせ」。

x: 七十人訳は「黄金の壺」。

y: 七十人訳は「神」。

z: 七十人訳は「あなたたちの世代のために、遵守のために」。

aa: 七十人訳は「フェニキアの土地に到着するまで」。

ab: 約 23 リットル。

【形態／構造／背景】

　第Ⅱ部「脱出後の荒れ野での試練とヤハウェの奇蹟」の第一節「飲み水と食糧をめぐる試練とヤハウェの奇蹟」（15:22–17:7）における二番目の試練である「シンの荒れ野での試練とマーンの奇蹟」（16:1–36）は、安息日を守ることを想定した構成となっていて、マラの水の奇蹟と比べると構成が複雑で重層的になっている。食糧や水が欠乏していることから出る不平

という点で同じ論調であるが、イスラエルの子らはモーセとアロンに訴え「われわれはエジプトの地でヤハウェの手にかかって死んだ方がよかったのに。その時、われわれは肉鍋の側に座り、パンを飽きるまで食べていた」と、出エジプトという救済の業そのものを否定する言葉を吐いている（16:3）。それに対しヤハウェは、モーセに「パンを降らせる」と語っている。その指示によれば、安息日に民はそれを拾い集める作業をしないことが前提とされている（16:4–5）。それは「安息日」を守るための試練であり、訓練である。

モーセがアロンを伴ってイスラエルの子らにヤハウェの栄光を見るであろうと語っている（16:6–7）のに続いて、改めてモーセが単独でパンの奇蹟について語っている（16:8）。この組み立てが、重複した構成となっているのは明らかである。しかも最初の語りかけにおいて「モーセはアロンと共に〔アロンを伴って〕」と、明らかにアロンを加えた形で編集が行なわれていることも明白だからである（16:6a）。また第二の語りかけの後で、モーセはアロンにイスラエルの子らの全会衆に語るよう指示を与えている（16:9）。アロンが彼らに語っているときに、ヤハウェの栄光が雲の中に顕われ（16:10）、その後再びヤハウェはモーセに「わたしはイスラエルの子らの不平を聞いた」と語りかけている（16:11–12）。民を試みるために「天からあなたがたのためにパンを降らせる」（16:4）と語ったその告知は、ヤハウェが彼らの不平を聞いて応答した後の時点で、再び語られていることになる。構成上の組み立てから言えば、この重複も編集作業の結果を印象づけている。

マーンの取り扱いについて具体的な指示を与えている相手はモーセであるが（16:11, 15–16, 19, 23, 25–26）、安息日のルールを犯したことについては、ヤハウェが改めてモーセに指示を与えている（16:28–29）という構成になる。アロンは、この単元の末尾で保存のための壺を用意するようモーセによって命じられている（16:33–34）。ここでのアロンは、モーセの指示を実行する役割を負っているのみである。

肉（16:8）について言えば、この単元でうずらに触れているのは僅かで（16:8, 13, 23; 民 11:4–6, 31–34）、他はすべてパンのこと、即ちマーンのことであり、このマーンを食糧と呼んでいる（16:15）。単元全体ではその集

め方や取り扱い方が中心に語られているが、単元の末尾にある但し書き的なメモも、うずらについては触れられず、マーンに関することのみであるため、それ自体も最終的に添えられた編集句であることは明らかであろう。この単元での言及からみれば、肉とパンのバランスが取れていないと言わざるをえない。

以上のように、ヤハウェがモーセに与えた指示が幾重にも重なっていること、また肉とパンのバランスが取れていないことから、単元全体は編集作業の結果を反映するもので、幾つかの伝承が接合されていると見なすべきであろう。構成に注目すれば、単元そのものを単一の資料層と見なすのは困難で、複数の資料を接合してまとめ上げていると言うことができる。だが、その目的は達成されているであろうか。

【注解】

第一節の第二は「シンの荒れ野での試練とマーンの奇蹟」（16:1–36）である。**16章1節では**「彼らはエリムを出立し、イスラエルの子らの全会衆は、エリムとシナイの間にあるシンの荒れ野にやって来た」と、彼らがシンの荒れ野にやって来たことを記す。エリムとシナイの間にあるシンの荒れ野という言及によれば、シナイ半島の南端にあるシナイ山を目指して、イスラエルの子らは南下していることになるだろう。シンの荒れ野の場所は明らかでない。「イスラエルの子らの全会衆」という表象や、「**エジプトの地を出てから、二ヶ月目の第15日**」という言及は、祭司文書の特徴を示しているとされる。

2–3節で、「モーセとアロンに」不平を述べるくだりは、アロンをモーセと同列に扱う祭司文書の特徴を代弁するもの。不満の言葉である「**われわれはエジプトの地でヤハウェの手にかかって死んだ方がよかったのに**」「**われわれは肉鍋の側に座り、パンを飽きるまで食べていた**」という台詞から見れば、彼らの叫び（2:23; 3:7）が救済を求めた信仰の叫びでないことを物語る。「**あなたがたはこの荒れ野にわれわれを導き出し、この全集合体を飢えで死なせようとしている**」という言葉が、イスラエルの子らをエジプトから導き出すという、神ヤハウェの救いの業そのものを正面から否定し

267

ているからである。彼らは、家畜を伴ってエジプトを出て来ているはずである。家畜の食糧も必要だが、それが欠けると家畜は死に絶えてしまう。また自分たちが食糧として家畜を食べることになると、共倒れの恐れがある。食糧不足は、家畜に与える穀物や牧草がないことを、特に意味している（17:3）。「この全集合体」という概念（サム上 17:47）は「全会衆」とも異なり、エズラ記、ネヘミヤ記、歴代誌で多用されている言葉である（エズ 2:64; 10:12, 14; ネヘ 5:13; 7:66; 8:17; 代上 13:4; 29:1, 10, 20; 代下 1:3; 23:3; 28:14; 29:28; 30:2, 4, 23, 25)。重複が多い箇所なので、最終編纂段階で「全集合体」という概念が加えられたものと思われる。

それを受けて **4 節**で、ヤハウェはモーセに、「**天からあなたがたのためにパンを降らせる**」と約束する。ここで、「**わたしの教示に従って歩むかどうかを、わたしが試みるためである**」という形での試みであることが表明される。それは、不満を口にしたイスラエルの子らに向けてのものである。ここにある「教示」（トーラー）という概念は、前述した「掟と定め」（15:25）また「命令」（15:26）とは区別されている。まだ安息日を守らせる訓練が行き届いていない段階であり（12:15, 19 参照）、その教示（トーラー）がまだ啓示されていない段階で（20:8 参照）、パンを集めることになるからである。従ってこのヤハウェの言葉と、すでに触れた「もしあなたが心してあなたの神ヤハウェの声に聞き従い、その目に正しいことを行ない、またその命令に耳を傾け、そのすべての掟を守るならば」（15:26）とは、それぞれ帰属する資料層についていろいろと判断されてはきたが、その判別は極めて難しい。安息日のルールに触れている点は、申命記史家的な編集を思わせる。

5 節で、「**6 日目**」には「**日ごとに集める分の二倍になっている**」という形で、安息日の規範が暗示されている。これは、続く 22 節での「二倍のパンを」集めたという記述と符合している。従って、4 節から 5 節にあるモーセに対するヤハウェの言葉と、11 節以下にあるモーセに対するヤハウェの指示は、同一の資料層に帰属するものと思われるが、判断は容易ではない。

6 節から 7 節と、8 節とが重複しているので、別々の資料層に帰属させるのが一般的である。**6 節**で「**モーセはアロンと共に、すべてのイスラエ**

ルの子らに言った」とあり、「夕暮れには、あなたがたは、ヤハウェがエジプトの地からあなたがたを導き出されたことを知る」と語られている。

7節では、「ヤハウェに対するあなたがたの不平を彼が聞かれたとき、朝に、あなたがたはヤハウェの栄光を見る」と語られている。「われわれが何者だというのか。あなたがたが、われわれに対して不平を口にするとは」とモーセがアロンと共に1人称複数形で反問しているので、祭司文書を思わせる。「われわれが何者だというのか」という反問が二度繰り返されるので（16:7, 8）、資料層の判断は微妙にならざるをえない。

8節で「モーセは言った」とあるのは、アロンは語り手ではないからである。しかも「あなたがたが彼に対して不平を口にする」とモーセが語るときの「彼に」とは、続く「そのあなたがたの不平をヤハウェが聞かれたため」という言葉からみて、ヤハウェである。このテキストから、不平が間接的でなく直接的に述べられていると理解されていることが分かる。「夕暮れに、ヤハウェはあなたがたに肉を与えて食べさせ、朝には、食べ飽きるほどパンを与える」とある叙述も、重複している印象を与える。「われわれが何者だというのか。われわれに対してでなく、あなたがたはヤハウェに対して不平を口にしているのだ」という反問も類似しているが、ここではその不平がヤハウェに対して語られているのだと明言している。前半の6–7節が祭司文書で、後半の8節がヤハウェ資料と言われるが、あるいはここに後代の申命記史家的な編集あるいは編纂による接合作業の痕跡があるのかもしれない。重複は、編集の痕跡と見るのが自然だからである。

9節では、ヤハウェが「あなたがたの不平を聞かれたから」、「あなたは、イスラエルの子らの全会衆に」「あなたがたは、ヤハウェの前に近づきなさい」と告げるように、とモーセがアロンに向かって語る。この言葉も、6節や8節の言葉と重複していると言えるであろう。6節から7節で「モーセはアロンと共に、すべてのイスラエルの子らに言った」とあるので、9節でまた同じことをアロンに向かってモーセに言わせる必要はないと思われる。この重複も編集作業の痕跡を明示している。資料層の識別はともかく、編集された現在のテキストを見る限り、このような接合作業がどのような意図をそれぞれ反映しているのかを理解するのは容易ではない。だが全体が、試練に遭遇したイスラエルの子らの反逆を語るという文脈をもた

らしているのは、明らかである。

10節で、「アロンが、イスラエルの子らの全会衆に伝えているとき、彼らが荒れ野に顔を向けると、見よ、ヤハウェの栄光が雲の中に顕われた」という。ヤハウェの栄光が雲の中に顕われたということが、どのような光景なのかはよく分からない。それが飛んできた「うずら」（16:13）なのか、「露」なのか、あるいは光り輝く夕暮れの光景なのかは、現在の本文からは判別できない。

11節によれば、「ヤハウェは、モーセに語って言われた」とあり、聞き手はモーセである。続く**12節**で、ヤハウェは「わたしはイスラエルの子らの不平を聞いた」と宣言し、彼らに「**あなたがたは夕暮れの間に肉を食べ、朝にはパンを食べ飽きる**」と告げるようにモーセに命じている。その結果として、「**そしてあなたがたは、わたしがあなたがたの神ヤハウェであることを知る**」という言葉も、神のヤハウェとしての顕現を言い表わす宣言で、不信に陥っているイスラエルの子らが食糧のない苦しみの中で、ヤハウェこそが神であると知るためであるという。だがそれは、試みでもある。

13節では、「夕暮れになると、うずらが飛んできて、宿営を覆った。そして朝には、宿営のまわりに霧が降りていた」と報じられている。ヤハウェの言葉が成就したことを表わしている。

14節では、「降りていた露が消え去ると、見よ、地の上に降りた薄い霜のように、荒れ野の表面に薄いかさぶた状のものがあった」と言及されるが、それを**15節**では「イスラエルの子らは見て」「これは何だろう」と「互いに言った」と伝えられている。「これは何だろう」（マーン・フー）という台詞には、マーンとの語呂合わせがあり、「それが何であるか」（マ・フー）知らなかったという。モーセは、「これが、あなたがたの食糧としてヤハウェがあなたがたに与えたパンである」と説明している。伝統的にこれがマナと呼ばれていたのである（申 8:3; ヨハ 6:31–33）。

この「パン」について、**16節**で、ヤハウェが与えた規範をモーセは語って聞かせている。「あなたがたは、**1人が食べる分、1オメルずつを、それぞれあなたがたの頭数に従って集めなさい**」という。過不足なく「**その天幕にいる人の数だけ取りなさい**」とあるのは、ヤハウェが与えるパンを恵みとして受けるものであり、自分が欲するまま食べる類のものではない

ことを物語っている。奇蹟のパンを、資料記者あるいは編集者は「神ヤハウェであることを知る」ための恩寵として理解しているのが分かる。

17節には、「イスラエルの子らは、そのとおりに行なった」とあり、「**彼らは集めたが、多く集めた者も少なく集めた者もいた**」と伝えられている。**18節**にある「**彼らがオメル升で量ってみると、多く集めた者は取り過ぎていなかったし、少なく集めた者も不足していなかった**」との報告は、神ヤハウェの導きの確かさを物語るもの。神は、人間一人ひとりが必要としている食糧を与えているのである。「**彼らは、それぞれ自分の食べる分を集めたのである**」と、報じられているとおりである。

だが**19節**で、モーセが「**誰も、それを翌朝まで残しておいてはならない**」と命じているにもかかわらず、**20節**では、「**幾人かは翌朝まで残しておいた**」という。これは神の恩寵として与えられた食糧を、自分の判断で保存しようとしたことを言い表わしている。神の守りを信じないで、自力で食糧を保存しようとした行為に他ならない。安息日の約束を忠実に守らないことは、モーセに対する不従順であるが、「**虫がわいて臭くなった**」事実が象徴するように、その行為はヤハウェに対する反逆である。「**モーセは彼らに対して怒った**」とあるのは、そのためである。

21節には、「**彼らは、朝ごとにそれぞれ自分が食べる分に従って集めた**」とある。しかも「**太陽が暑くなると、それは融けた**」という。天与のパンは、人間の側の都合で保存しようとする行為をすべて覆すものなのである。ここでは人間の計画は通じない。そのことを語るのが、パンの奇蹟である。

22節にある「**6日目には、彼らは二倍のパンを、1人2オメルずつ集めた。会衆の指導者全員がやって来て、〔そのことを〕モーセに告げた**」という言葉は、安息日を守ることと神が与える恩寵とが調和していることを表現しようとするもの。「二倍のパン」は2日分で、安息日には集めないことを言う。

23節でモーセはまた、「**ヤハウェが告げられたことは、次のとおりである**」として彼らに告げている。「**明日は、ヤハウェのため、安息が〔厳かに〕守られる日、聖なる安息日である**」という。そのためにモーセは、「**あなたがたは、自分で焼くべき物を焼き、自分で煮るべき物を煮て、残った物のすべてを、自分たちのために翌朝まで取っておきなさい**」と命じるのであ

る。だが「飢えで死なせようとしている」(16:3) と、不平を口にしたイスラエルの子らである。この場面で「自分で焼くべき物を焼き、自分で煮るべき物を煮て」という形で調理ができるのは、「うずら」が与えられたことを前提にしているからであろう (16:8, 13)。

24節によると、「**モーセが命じたとおり、翌朝まで取っておいたが、それらは臭くならず、虫もわかなかった**」という。この文脈では、安息日を守ることと、神ヤハウェが与える恩寵とが調和していることを物語っている。それが、神の奇蹟であると語っているのである。

25節でモーセは、「**あなたがたは今日、それを食べなさい。今日は、ヤハウェのための安息日であるからだ。今日、あなたがたは野でそれを見つけることはない**」と語っている。神ヤハウェの奇蹟は、安息日に準じているのである。それを守らない人間の側の都合は裏切られ、予想は外れるしかないのである。これは訓練でもある。

26節で、モーセは改めて「**あなたがたは、6日の間、それを集めなさい。7日目は安息日である。それは、そこにはない**」と言明している。だが、イスラエルの子らは、神ヤハウェの奇蹟を信じるであろうか。自然現象として目にするパンの奇蹟は、そのまま継続されると想定し、幾人かが安息日を無視し、食糧を確保するという名目で野に出て行ったという。

27節で、再び「**7日目に、民の中の幾人かが集めるために出て行ったが、彼らが見つけることはなかった**」という事実が報じられている。それは、「ヤハウェのための安息日であるからだ」(16:25) という理由があるためである。

28節で、ヤハウェが「**あなたがたは、いつまでわたしの命令とわたしの教示を守ることを拒むのか**」とモーセに語っている。民の反逆はモーセの責任でもある。イスラエルの子らが自分の都合を最優先し食糧確保に奔走することは、ヤハウェによる奇蹟を否定することであり、その点で、モーセの指導者としての責任も問われるという。「あなたがた」と呼びかけられている者たちに、モーセも含まれていると思われる。実はこの部分も16:4の「教示」への言及と重複しているため、いずれも申命記史家的な編集あるいは編纂作業に帰されるであろう。ここでの「あなたがた」にモーセも含まれていると見ることができるとすれば、イスラエルの子らを指

導する責任者として、15:25–26 のモーセに対する試みと同じ論調がここにもあると言えるかもしれない。

29 節で、「あなたがたは、わきまえなさい」とヤハウェは語り、「〔わたし〕ヤハウェはあなたがたに安息日を与えたのだ。それゆえ、彼は 6 日目にあなたがたに 2 日分のパンを与えるのだ。7 日目には、それぞれ自分のところに留まり、そこから出て行かないように」と改めて指示を与えている。

30 節で、「こうして民は、7 日目に休んだ」とあり、安息日を守るという慣習がまだ身についていない状態を暗示している。エジプトの地、「奴隷の家」にいたときには、安息日も何もなかったことが知られる。エジプトを脱出する際に、初めてモーセから 7 日目の重要性、即ち安息日を守るように言われたのである（12:15, 19; 13:6）。民という言葉が使われているが、これも申命記史家的な編集部分かもしれない。

31 節で、このパンを「イスラエルの家は、その名をマーンと名づけた」といわれる。「イスラエルの家」（40:38 参照）という呼称は、モーセ五書の中でも（レビ 10:6; 17:3, 8, 10; 22:18; 民 20:29)、また申命記史家に帰される部分でも使われている（ヨシュ 21:45; サム上 7:2, 3; サム下 1:12; 6:5, 15; 12:8; 16:13; 王上 12:21; 20:31）。特に多用されているのは預言書である（アモ 5:1, 3, 4, 25; 6:1, 14; 7:10; 9:9; ミカ 1:5; 3:1, 9; ホセ 1:4, 6; 5:1; 6:10; 12:1; ゼカ 8:13; イザ 5:7; 8:14; 14:2; 46:3; 63:7; エレ 2:4, 26; 3:18, 20; 5:11, 15; 9:25; 10:1; 11:10, 17; 13:11; 18:6; 23:8; 31:27, 31, 33; 33:14, 17; エゼ 3:1, 4, 5, 7, 17; 4:3, 4, 5, 5:4 の他、エゼキエル書だけで 70 箇所以上に及ぶ）。その他、詩編やルツ記でも用いられている（詩 98:3; 115:2; 135:19; ルツ 4:11）。ここでイスラエルの子らや民という概念を使わない理由は分かっていない。「家」を使うのは、出エジプトの出来事を自分たちが生きている時代状況と重ねている言葉で、最終段階の申命記史家的な編集者による意識的な用法を感じさせる（続く 16:34–35 参照）。「**それは、コエンドロの種のように白く、その味は、蜂蜜をつけたウエハースのようであった**」と記されているが、実際にマーンと呼ばれる食糧については、シナイ山の谷川に生育するタマリスクから生じるものだとされている。タマリスクの枝に寄生するカイガラ虫が、多量の樹液を吸い取り、その余分な樹液が、白っぽい玉のようになって、地上に落ちるのだという。甘みがあり、太陽の熱で融けてしまう点も符合する。コ

エンドロはセリ科の一年草植物で、茎や葉は強い香りを放ち、その実は胡椒の粒ほどの大きさで香辛料として使われるという。ここではそれが、神が与えたパンとして語られている。具体的にどのような食糧であるのかという問いは大切だが、力点は神が与えたパン〔マナ〕であるということに尽きている（申 8:2–4 参照）。

32 節で、モーセが語っている言葉、「ヤハウェが命じた言葉は、これである」（16:16 参照）は民に対するもの。「あなたがたの〔後の〕世代のための保存用に、その中から〔取り分けて〕オメル升を満たした分があるように」とヤハウェの言葉を伝えている。「わたしがあなたがたをエジプトの地から導き出したとき、荒れ野で、わたしがあなたがたに食べさせたパンを、彼らが見るためである」という。荒れ野で神ヤハウェに養われたことを記憶し、伝えるようにとの命令である。すでに、荒れ野での試練が過去のこととなるのを自覚した言葉であるため、編集者あるいは編纂者がこの場所に添えた伝承であると思われる。

33 節では、モーセがアロンに「壺を一つ取り、その中にオメル升を満たした分のマーンを入れなさい。あなたは、それをヤハウェの前に置き、あなたがたの〔後の〕世代のための保存用にしなさい」と命じている。

34 節では「アロンは保存のため、それを証しの〔箱の〕前に置いた」とあるが、この但し書きはこの時点ではまだ設営されていない幕屋の至聖所に置かれる箱を暗示している（！）。それ故、祭司文書に帰されるものであろう。

従って、**35 節**の「**イスラエルの子らは、定住すべき地に入るまで、このマーンを 40 年にわたって食べた**」という末尾の但し書きも（申 8:3–4 参照）、申命記史家的な最終編纂段階で添えられた言葉であるとも考えられるが、祭司文書に帰属すると言えるかどうかで判断が分かれる。「**カナンの地の境に来るまで、彼らはこのマーンを食べた**」は、イスラエルの子らが約束の地に帰ることを想定している。これは申命記史家的な構成を思わせる。

36 節の「**1 オメルは、1 エファの十分の一である**」は、最終編纂段階で編集者が加えたメモであると思われる。1 オメルは約 2.3 リットルに相当する。

【解説／考察】

　この「飲み水と食糧をめぐる試練とヤハウェの奇蹟」(15:22–17:7) の主題は、奴隷状態から解放され自由を得たはずのイスラエルの子らが直面する試練であり、その第二が「シンの荒れ野での試練とマーンの奇蹟」(16:1–36) という組み立てになっている。その試練がいずれも試みであるとする点では、一貫している。共通している問題は、試練に遭遇したときのイスラエルの子らの対応であり、彼らが語った不平の言葉である。

　二番目の試練は「マーンの奇蹟」として語られている。エリムでは水にも食糧にも不足しなかったので長期間そこに滞在したのであるが (16:1)、エリムは旅の終着点ではない。そこを出立した後で、彼らはこの試練に遭遇したのである。その落差に動揺したイスラエルの子らは、「われわれは肉鍋の側に座り、パンを飽きるまで食べていた」(16:3) との声を上げている。しかも不平を口にするだけでなく、モーセとアロンに対する批判を一歩先に進め、エジプトを脱出した意義を全面的に否定し「この荒れ野にわれわれを導き出し、この全集合体を飢えで死なせようとしている」(16:3) と彼らに語らせている。そこに資料記者あるいは編集者ないしは最終編纂者が見ていた、エジプトを脱出したイスラエルの子らについての現実理解があると思われる。生きていくための食糧や飲料水に事欠くようになれば、神ヤハウェによる救いの事業は意味がなくなる。それが試練の試練たるゆえんである。二番目の試練では、「ヤハウェに叫び求めた」(15:25a) モーセの姿は描かれてはいない。ヤハウェが天からあなたがたのためにパンを降らせると応答している。その一方で「われわれが何者だというのか」と、二度もモーセに語らせている (16:7–8)。第二の試練では、飲料水でなく肉とパンが欠乏したことが示唆されているが (16:8)、神ヤハウェの奇蹟が語られる際に、安息日を守ることに準じたマーンの集め方に焦点が合わせられている。神ヤハウェが与える食糧の奇蹟は、イスラエルの子らが心して神ヤハウェの声に聞き従い、安息日を守るかどうかを明らかにする神の試みだというのである。神の奇蹟は、単に食糧を奇跡的に与えたという点にあるのではない。イスラエルの子らが、神が与える規律の下で生活する道を教えているのである。それが、神ヤハウェの前にある

イスラエルの本来の姿であり、そうした生き方の中でこそ神の栄光を見るのであると、資料記者もあるいは後代の編集者、編纂者も受け止めている。そこに、試練をとおして出エジプトの神ヤハウェのとの出会いが求められているのである。神ヤハウェは、試練においても臨在し給うからである。試練の真意は、そこにあるのである。

第二の試練では、小家畜の餌である牧草は一切問題となっておらず、もっぱら人間の食糧に焦点が合わされているのみである。食糧や飲料水の不足がイスラエルの子らを追い詰めていたことは事実であるが、最終編纂段階の編纂者が、その姿を自分たちと同時代のイスラエルの民に重ねてみていた可能性も浮かんでくる。

イスラエルの子らが味わった試練は、現代に生きる「われわれ」にも通じるものである。困難に遭遇したときこそ、神に出会うときであり、また神に従う信仰が「われわれ」の生き方や判断を左右する。そのことを、出エジプト記のテキストは伝えているように思われる。

(3) レフィディムでの試練と泉の奇蹟 (17:1-7)

【翻訳】

17 章

[1] イスラエルの子らの全会衆は、ヤハウェの命により、彼らの旅程に従って[a]シンの荒れ野から出立し、レフィディムに宿営した。しかし民が飲む水はなかった。[2] 民はモーセと争い、「あなたは、われわれに水を与え、それを飲ませてください」と彼らは言った。彼らに、モーセは言った。「あなたがたは、なぜわたしと争うのか。あなたがたは、なぜヤハウェを試みるのか。」[3] 民はそこで水に渇き、モーセに対して不平を口にして、言った。「なぜあなたは、われわれをエジプトから導き出したのか。わたし[b]も、わたし[c]の息子たちも[d]、わたしの家畜[e]も渇きで死なせるためなのか。」[4] モーセはヤハウェに叫び求めて、言った。「この民に対し、わたしは何をしたらいいのですか。彼らは、い

まにも、わたしを石で打ち殺そうとしています。」^{5} ヤハウェはモーセに言われた。「あなたは民の前を進み、イスラエルの^{f}長老たちの中から幾人かを〔選び〕、あなたと共に連れて行きなさい。あなたは、あなたがそれでナイル川を打った、あなたの杖をあなたの手に取って進んで行きなさい。^{6} 見よ、わたしはあなたの前に、その場所で、ホレブの岩の上に立つ。あなたはその岩を打ちたたきなさい。そこから水が湧き出る。民は〔それを〕飲むのだ。モーセは、イスラエルの長老たちの前で^g、そのように行なった。^{7} 彼はその場所の名をマッサ^{h}とメリバ^{i}と名づけた。イスラエルの子らが「ヤハウェはわれわれのただ中におられるのか、おられないのか」と言って、彼らがヤハウェを試みた^{j}ことによる。

- a: 七十人訳は「彼らの宿営に従って」。
- b: 七十人訳は1人称複数形で「われわれ」。
- c: 七十人訳は「われわれの息子たち」。
- d: 七十人訳は「われわれやわれわれの子供たち、それに家畜を」。
- e: 七十人訳は「それに家畜」で「われわれ」という人称接尾辞がついていない。
- f: 七十人訳では「民の」。
- g: 七十人訳は「イスラエルの子らの前で」。
- h: 原語は「試み」（申 6:16; 9:22; 33:8）。七十人訳もギリシア語の「試み」。
- i: 原語は「争った」（民 20:13; 申 33:8 等）。七十人訳は「悪態」。
- j: 七十人訳は「悪態のために」。

【形態／構造／背景】

第Ⅱ部「脱出後の荒れ野での試練とヤハウェの奇蹟」の第一節が「飲み水と食糧をめぐる試練とヤハウェの奇蹟」（15:22–17:7）であるが、その三番目の「レフィディムでの試練と泉の奇蹟」では、最初の「マラの苦い水の試練と奇蹟」と同じ主題が扱われ、飲み水がないことがイスラエルの子らを苦しめたことが描かれる。この試練に遭遇し、彼らはモーセに向かって「なぜあなたは、われわれをエジプトから導き出したのか。わたしも、わたしの息子たちも、わたしの家畜も渇きで死なせるためなのか」（17:3）

と叫び、出エジプトの出来事そのものの意義を否定する言葉を口にしている。ここで「ヤハウェはわれわれのただ中におられるのか、おられないのか」（17:7）と言ってヤハウェを試みたことによって、その場所が「マッサとメリバ」と名づけられた消息を物語っている。この試練では、神ヤハウェの臨在に対する信頼が試されているのである（緒論参照）。

【注解】

　第一節の第三は、「レフィディムでの試練と泉の奇蹟」（17:1–7）で、**17章1節には「イスラエルの子らの全会衆は、ヤハウェの命により、彼らの旅程に従ってシンの荒れ野から出立し、レフィディムに宿営した」**とある。旅程とは、天幕を張って宿営し、翌朝天幕をたたんで出立する旅を言い表わす概念である。シンの荒れ野から出立し、レフィディムに宿営したとあるが、シンの荒れ野やレフィディムの場所については不明な点が多い。だが、続くアマレクとの戦いの後に移動し、そこからイスラエルの子らはシナイの荒れ野に到着することになるので、恐らくシナイ山（ジュベル・ムーサ）と呼ばれている山の付近と思われる。**「しかし民が飲む水はなかった」**という。これはマラでの試練とほぼ同じであるが、レフィディムでの試練は、家畜に飲ませる水がないことが致命的なのである（17:3）。人は、家畜の乳を搾って水分を補給できるからである。家畜を飼うことが生活の基盤であったイスラエルの子らにとって、その意味で、ここでも試みに遭っているのである。

　2節では、「民」がモーセと争い**「あなたは、われわれに水を与え、それを飲ませてください」**と言っているが、ここではアロンは言及されていない。民への言及があり、民の発言が1人称複数形であること、またアロンが登場しないため、祭司文書でなくヤハウェ資料（15:24）であるとされてきた。不平を言う彼らに、モーセは次のように言う。**「あなたがたは、なぜわたしと争うのか。あなたがたは、なぜヤハウェを試みるのか」**と。不平をモーセに対して吐き出すことは、エジプトを脱出してきたことで、食糧や飲料水が不足していることを理由に、指導者であるモーセをなじっているのである。それは、ヤハウェを試みることだとモーセは断言している。

3節に「民はそこで水に渇き、モーセに対して不平を口にして、言った」とある言葉は、「なぜあなたは、われわれをエジプトから導き出したのか」と1人称複数形で語られ、2節と同じ資料に帰属する。だが「**わたしも、わたしの息子たちも、わたしの家畜も渇きで死なせるためなのか**」では、1人称単数形に移行してしまっている。七十人訳のように同じ1人称複数形で構成されていないので、ヤハウェ資料以外の資料と接合されている可能性は否定できない。

　4節では、「ヤハウェに叫び求めて」モーセが「**この民に対し、わたしは何をしたらいいのですか**」と訴えている。この叫びは、マラの水に関する試練の時もモーセの口から発せられている（15:25）。ここでは「**彼らは、いまにも、わたしを石で打ち殺そうとしています**」とモーセが叫んでいるので、使命を託されている指導者としての苦悩がにじみ出ている。この事態は、モーセ自身にとっても試練なのである。

　5節にある、「あなたは民の前を進み、イスラエルの長老たちの中から幾人かを〔選び〕、あなたと共に連れて行きなさい」というモーセに対する言葉から、指導者として立てられている自分を忘れるなと、神ヤハウェによって諭されている意味がそこに込められているように思われる。ここでもアロンは登場しない。「ナイル川を打った、あなたの杖をあなたの手に取って」「岩を打ちたたきなさい」と、ヤハウェはモーセに命じている。7:20で言及されたナイル川の水を打った「彼」が、アロンなのかモーセなのかを問題にしたが、ここではそれがモーセであったと明言している。アロンは、杖を水の上に差し伸べたに留まるからである（7:19）。

　6節の「わたしはあなたの前に、その場所で、ホレブの岩の上に立つ」から、レフィディムがホレブ〔シナイ〕に近い場所であることが分かる（3:1）。だがヤハウェが「岩の上に立つ」とあるので、「**あなたはその岩を打ちたたきなさい**」という命令と、整合性があるのかどうかは微妙である。ヤハウェは姿の見えない神であるが、その神が立っている場所を打てと命じていると読めるので、聖所や聖地に同定されるようないわゆる聖なる場所を「打ちたたきなさい」という意味にも取れる。それゆえ、レフィディム近辺にある、泉が湧いているいわば聖なる岩に言及することで、異教の聖所を揶揄しているのかもしれない。

この単元はヤハウェ資料に帰されているが、**7節**にあるようにイスラエルの子らが「**『ヤハウェはわれわれのただ中におられるのか、おられないのか』と言って、彼らがヤハウェを試みたことによる**」とされているので、最終段階の申命記史家的な編集あるいは編纂作業によるものという可能性もあると思われる。この「**マッサ**」「**メリバ**」は、イスラエルの子らが神ヤハウェを試みた場所として長く伝承されることになるからである（申6:16; 9:22; 33:8）。

【解説／考察】

　この第Ⅱ部「脱出後の荒れ野での試練とヤハウェの奇蹟」（15:22–18:27）の第一節の「飲み水と食糧をめぐる試練とヤハウェの奇蹟」（15:22–17:7）の末尾にある、「レフィディムでの試練と泉の奇蹟」（17:1–7）という単元では、飲料水の不足が再び主題となっている。いずれも試みであるとする点では、先の二つの試練と一致している。共通する問題は、試練に遭遇したときのイスラエルの子らの対応であり、彼らが語った不平の言葉が次第にエスカレートしてきている。エジプトに帰るという望みが、完全に断ち切られた時点での試みだからである。

　イスラエルの子らはモーセと争い、「あなたは、われわれに水を与え、それを飲ませてください」（17:2）と要求する。これは「われわれに対してでなく、あなたがたはヤハウェに対して不平を口にしているのだ」（16:8）とモーセが言い、「ヤハウェの前に近づきなさい」（16:9）とモーセがアロンに言うように命じたことと関係しているのであろうか。巧妙にも、彼らは神ヤハウェでなく、モーセ本人に水を与えるように訴えているのである。指導者に不平をぶつけることは、「ヤハウェを試みる」ことだとモーセは語っている（17:2）。イスラエルの子らは直接的にヤハウェの導きに言及しないで、「なぜあなたは、われわれをエジプトから導き出したのか」（17:3）と、指導したモーセに不満をぶつけている。神ヤハウェの責任を、暗にモーセの責任と同一視しているのである。神を直に罵ることはしないが、その代理人である指導者を罵る、このような事態は時代が変わっても宗教共同体内部に常に発生する問題である。資料記者あるいは編集

者ないしは最終編纂者は、出エジプトの民が口にする不平と、自分たちの同時代人が口にする不平とを重ねて見ている可能性もありうる。同時代人も苦難の中に生活しながら、そうした状況からの脱出を求めていたと思われるからである。

　「この民に対し、わたしは何をしたらいいのですか。彼らは、いまにも、わたしを石で打ち殺そうとしています」（17:4）とヤハウェに訴えるモーセの祈りは、切実である。この三番目の試練では、ホレブの岩の上に立ったモーセが、その岩を杖で打ちたたく場面が描かれ、彼はその場所の名をマッサとメリバと名づけた（17:7）という。これらの試練が、その末尾で「イスラエルの子らが『ヤハウェはわれわれのただ中におられるのか、おられないのか』と言って、彼らがヤハウェを試みたことによる」と結ばれているのは重要である。出エジプトの神ヤハウェが、自分たちのただ中におられるのか、おられないのかという問いが、出エジプト記全体を貫く主題であるからである。恐らく最終の編纂段階で、それを、ヤハウェを試みたことと結論づけているのである。

　イスラエルの子らの問いかけは重要で、現在の信仰生活においても、神が「われわれのただ中におられるのか」ということが問われているのである。イスラエルの子らが味わった試練は、その意味で、「われわれ」の試練でもある。

2. アマレク来襲の試練と勝利の奇蹟（17:8–16）

(1) アマレクとの戦いとイスラエルの勝利（17:8–16）

【翻訳】

17 章

⁸ アマレクが侵入し、彼らはレフィディムでイスラエルと戦った。⁹ モーセはヨシュアに言った。「あなたは、われわれのために男たちを ᵃ 選び出し、出撃してアマレクと戦いなさい。明日わたしは、神の杖をわたしの手にしてあの丘の頂の上に立っている。」¹⁰ アマレクと戦うため、ヨシュアは、モーセが彼に言ったとおりに行なった。そしてモーセ、アロンとフルは、その丘の頂に登った。¹¹ モーセがその手 ᵇ を挙げている間は、イスラエルが優勢になり、彼がその手を下げて〔休めて〕いる間は、アマレクが優勢になった。¹² モーセの両手が重くなったので、彼らはひとつの石を取り、彼の下に据えた。彼はその上に座った。アロンとフルは、モーセの両手を一方と他方からそれぞれ支えた。その結果、彼の両手は、日が沈むまで不動となった。¹³ ヨシュアはアマレクを、そしてその民を剣の刃で打ち破った。

¹⁴ ヤハウェはモーセに言われた。「このことを記念として書物に書き記しなさい。そしてヨシュアの耳に言い聞かせなさい。『わたしはアマレクの記憶を天の下から必ずぬぐい去る。』」¹⁵ モーセは祭壇を ᶜ 築き、その名をヤハウェはわが軍旗 ᵈ と名づけ、¹⁶ 彼は言った ᵉ。「手をヤハ〔ウェ〕の座 ᶠ に〔向けよう〕、代々に続くアマレクに対するヤハウェの戦いのために。」

    a: 七十人訳は「おまえ自身のために強い男たちを」。
    b: サマリア五書では 11 節の両方の箇所とも「両手」。
    c: 七十人訳は「主に献げる祭壇を」。
    d: 七十人訳は「わが避難所」。

e: 七十人訳にこの言葉はなく、「主は（その）隠された御手でもって代々アマレクを相手に戦うからである」。
f: サマリア五書やシリア語訳、ラテン語訳は「王座」。七十人訳は「主は隠された御手でもって」。

【形態／構造／背景】

　第二節の「アマレク来襲の試練と勝利の奇蹟」（17:8–16）部分は、強いて言えば、三部構成からなる。レフィディムにいたイスラエルにアマレクが侵入して、ヨシュアの指導で戦ったという冒頭部分があり（「アマレクの来襲」17:8）、続いてモーセが丘の頂で手を挙げている場面が描かれ、その両手をアロンとフルが支えたというのを中央部分と見なすことができるならば（「アマレクとの戦い」17:9–13）、勝利した後にヤハウェはモーセに書物に書くように命じ、モーセが祭壇を築き「ヤハウェはわが軍旗」という戦勝記念の名をつけたという締め括り（「勝利の祭壇建立」17:14–16）からなる三部構成の組み立てになる。

　「イスラエルと戦った」という表現は、後の時代にイスラエルがアマレクとの戦いを国家として戦うことを象徴している言葉と言える（士 3:13; 6:3, 33; 7:12; 10:12; サム上 14:48; 15:1–8; 27:8; 30:1–20; 代上 4:43 等）。申命記では、この時の出来事を想起しながら、法典部分の末尾でアマレクの記憶をぬぐい去るようにとモーセが語っている（申 25:17–19）。

　出エジプト記でアマレクとの戦いに言及するのはヤハウェ資料とされているが、この単元の現在の組み立ては、最終的な申命記史家的な編纂作業に帰すべきかもしれない。

【注解】

　17章8節に「**アマレクが侵入し**」とあるように、彼らは荒れ野に拠点を持つ遊牧民で、聖書では、セイルの山地に住むエサウの子孫とされている（創 36:12, 16）。「**イスラエルと戦った**」とあり、ここでは「イスラエルの子ら」とは表記されていない。

9節でヨシュアが登場する。ヨシュアがモーセの後継者として指名されるのは、申命記によればモーセが死ぬ直前で、モアブの地である（申 3:27–28; 31:1 以下 ; 34:9 以下）。モーセの指示を受けて「ヨシュア」は、「**男たちを選び出し、出撃して**」戦うことになるが、モーセは戦場に赴かず、「**明日わたしは、神の杖をわたしの手にしてあの丘の頂の上に立っている**」と伝える。戦いの情勢は、モーセの手にある神の杖にかかっているという。9節は、前半と後半が別々の資料層に帰属する可能性があるため、編集時に接合されたのではないかと思われる。ヨシュアに言及するところから見ても、前半は申命記史家的な色彩が強いが、後半には神の杖を媒介とした戦いの行方に関心を持っている祭司文書の特徴が見られる。

10節で「フル」が突然に登場する。彼の出自も分かっていない。出エジプト記では、ヨシュアはモーセと共に行動するが（24:13; 32:17; 33:11）、アロンとフルは麓に留められ、彼らはイスラエルの長老たちの訴訟問題が生じた際の相談相手とされている（24:14）。アロンは金の子牛事件で失態を演じているが（32:21–25）、その場にヨシュアはいなかったことになっている。こうしたヨシュアの描き方を考えるならば、この単元全体を申命記史家的な編集あるいは編纂に帰すべきかもしれない。

11節には、「**モーセがその手を挙げている間は、イスラエルが優勢になり、彼がその手を下げて〔休めて〕いる間は、アマレクが優勢になった**」とあるが、モーセの手に言及する場面では、神の杖が触れられていない。手を挙げている間と手を下げて〔休めて〕いる間の識別は、神ヤハウェ不在の呪術的な表現ではないかという疑問もある。モーセに委ねられている責任を、ここではこのような表現で語ったものと思われる。

12節で、「**モーセの両手が重くなったので、彼らはひとつの石を取り、彼の下に据えた。彼はその上に座った**」とあるので、モーセが体力的に疲れてきたことを示唆している。またモーセの手への言及が、両手に変わっているので異なる資料が接合されている可能性も否定できない。神の杖がどちらの手にあったのか（モーセは右利きか左利きか、あるいは両手で一本の杖を持っていたのかという疑問）は、問題にされていない。「**アロンとフルは、モーセの両手を一方と他方からそれぞれ支えた**」と明記されているからである。「**その結果、彼の両手は、日が沈むまで不動となった**」という。

13節では、明確に「ヨシュアはアマレクを、そしてその民を剣の刃で打ち破った」と語っているので、モーセの手の位置により優劣が決まるという叙述との整合性が問われるであろう。

　14節の「わたしはアマレクの記憶を天の下から必ずぬぐい去る」は、申命記の当該箇所を想起させる（申25:17-19）。「書物に書き記しなさい」というヤハウェの命令も、申命記史家的な編集を思わせる（申31:9, 24）。書物に書き記すという慣習はモーセ時代には希有なことであるので、明らかに後の時代のものである。

　また末尾の15節で、「モーセは祭壇を築き、その名をヤハウェはわが軍旗と名づけ」ている。祭壇を建立する意義は戦勝記念と思われるが、祭壇の石については、モーセが座していたひとつの石（17:12）と同定する解釈も存在する。「わが軍旗」（ニッシー）は、聖所につけられた呼称である。いずれにせよ臨在の幕屋を想定する神関係（31:1以下）とは異なる発想で言及しているのは明らかである。

　16節で、「手をヤハ〔ウェ〕の座に〔向けよう〕」とあるが、仮にモーセが「手をヤハ〔ウェ〕の軍旗の上に」と口にしたとすれば、軍旗と訳出した言葉の原語（ケース）の解釈が争われる。古代訳にならって「玉座、座」（キッセー）と読み替えることも可能であるが、この荒れ野放浪の時代と玉座に手を置いて出陣するという場面設定は、合理的な整合性に欠けると思われる。そこで、「代々に続くアマレクに対するヤハウェの戦いのために」という言葉から、戦いのときに「手をヤハ〔ウェ〕の座に〔向けよう〕」と読み替えたのは、ヤハウェの座に向かって手を挙げ誓約をする意味に解したからである。

【解説／考察】

　アマレクとの戦いを描いているこの単元のまとまりとしての整合性は、問題とならざるをえない。だが編集技法という点から見れば、アマレクとの戦いという主題は対外的な危機を試練として語っていることになる。「雑多な人々も大勢加わり彼らと共に上った。小家畜の群れ、牛の群れ、おびただしい数の家畜が一緒だった」（12:38）というエジプトを脱出した

集団から見れば、対外的な戦いの体制は全くできていなかったと言わなければならないからである。イスラエルの子らが自律した共同体を構成できていない段階で、迎えた外敵である。モーセが言葉の仲保者、預言者的な役割を担っていたという、その想定の理解から外れる事態が描かれているのであろうか。デボラの歌で明らかにされる預言者の役割によれば、預言者であるデボラ本人は戦いの指示を与えるが、彼女は戦場には出向かないのである。実際に戦うのは、アビノアムの子バラクである（士 4:6–7）。このアマレクの箇所に申命記史家的な編集が加えられているとすれば、それと共通した預言者理解が反映されているのかもしれない。他方でモーセが、アロンとフルに両手を支えられていたという情景は、恐らく祭司文書に帰されるであろう。

　部分的に整合性に欠ける場面の描写があることから、既存の伝承を使いながら、最終編纂段階で恐らく申命記史家的な編集者ないし編纂者の観点で、アマレクとの戦いを荒れ野での試練の後に組み込んだと考えるのが自然である。自律への旅はまだ終わっていない。軍事的な体制を築き上げることになるアマレクとの戦いの後に、指導体制そのものを改めることになるからである。その点にも、最終編纂段階での意図が反映されていると思われる。

3. 指導体制の確立と仲保者モーセの職責
（18:1–27）

(1) エトロへの帰還報告と与えられた指導体制についての示唆（18:1–27）

【翻訳】

エトロの来訪

18 章

¹ モーセの舅、ミディアンの祭司エトロは、神がモーセとご自分の民イスラエルのために ᵃ なされたすべてのこと、ヤハウェがイスラエルをエジプトから導き出されたことを聞いた。² モーセの舅エトロは、〔自分の元に〕送り返されていた、モーセの妻ツィポラと、³ 彼女の ᵇ 2 人の息子を連れて来た。1 人の名はゲルショムで、モーセ ᶜ が「わたしは異国の地で寄留者になったから」 ᵈ と言ったからである。⁴ もう 1 人の名はエリエゼルで、「わたしの父の神がわたしの助け ᵉ、彼がファラオの剣からわたしを救ってくださった」〔と言った〕からである。⁵ モーセの舅エトロは、モーセ ᶠ の息子たちと彼の妻を〔伴い〕、モーセのところに、彼がそこで宿営している荒れ野、神の山にやって来た ᵍ。⁶ 彼はモーセに言った ʰ。「わたしは、あなたの舅エトロだ。あなたの妻と彼女の 2 人の息子を一緒に伴って、あなたのところにやって来た。」⁷ モーセは自分の舅に会うため出て来て、身をかがめ、彼に口づけした。そして、彼らは互いの無事を尋ねあい ⁱ、天幕へと入った ʲ。⁸ モーセは、イスラエルのためにヤハウェがファラオとエジプトに対して行なわれたすべてのこと、道で遭遇したすべての難儀、そしてヤハウェが彼らを ᵏ 救ってくださったことについて、自分の舅に語った。⁹ エトロは、ヤハウェがイスラエルになされたすべての恵みについて、またエジプト人の手から ˡ 彼〔モーセ〕を救い出されたことを喜んだ。¹⁰ エトロは言った。「あなたがたをエジプト人の手から、ファラオの手から救

287

い出し、エジプト人の手のもとにあったこの民を救い出されたヤハウェは、褒むべきかな ^{m}。 ^{11} 彼らがイスラエルの子らに ^{n} 対して不遜に振る舞ったことで ^{o}、すべての神々よりも、ヤハウェは偉大であることを、今わたしは知った。」 ^{12} モーセの舅エトロは、神に献げる全焼の供儀と犠牲〔の小家畜〕を取っ〔て献げ〕た。アロンはイスラエルの長老たち全員を伴い、神の前で、モーセの舅と共にパンを食べるためやって来た ^{p}。

指導体制の確立

$^{18:13}$ 翌日になって、モーセは、民を裁くために座した。民は、朝から夕暮れまでモーセに向かって立っていた。 ^{14} モーセの舅は、彼が民のために行なっているすべてのことを見て、彼は言った。「あなたが民のために行なっているこのことは、一体どういうことなのか。なぜ、あなたが1人で座り、すべての民は、朝から夕暮れまであなたに向かって立っているのか。」 ^{15} モーセは彼の舅に言った。「民は、神に尋ねるためにわたしのところに来るのです。 ^{16} 彼らに何事かあったときに、民は ^{q} わたしのところに来るのです。そしてわたしは、それぞれの間 ^{r} を裁き、神の掟とその教示 ^{s} をわたしが教えるのです。」 ^{17} モーセの舅は彼に言った。「あなたがしていることは、よくない。 ^{18} あなたもあなたと一緒にいるこの民も、必ず疲れ果てる。そのことが、あなたには荷が重すぎて、あなたひとりで行なうことはできないからだ。 ^{19} そこで今、あなたはわたしの言うこと ^{t} を聞きなさい。わたしはあなたに助言する。神があなたと共におられるように。あなたは民のために、神に向きあい ^{u}、あなたが〔裁きの〕ことがらを ^{v} 神のところにもたらしなさい。 ^{20} あなたは彼らに掟 ^{w} と教示 ^{x} を訓告し、彼らが歩むべき道と彼らがなすべき行為を彼らに知らしめなさい。 ^{21} そしてあなたは、すべての民の中から、神を畏れる有能な人、不正な蓄財を憎む信頼のおける人 ^{y} を見いだし、千人隊の長、百人隊の長、五十人隊の長、十人隊の長として、彼らの上に任命しなさい。 ^{22} いつもは、彼らが民を裁くのである。重大なことがらの場合はすべて、彼らがあなたのところに持って来させるようにし、小さなことがらの場合は、彼ら自身が裁くので、あなたの負担は軽くなる。彼らがあなたと共に担うのだ。 ^{23} もし、あなたがこのことを実行するなら、神があなたに命じられたことに、あなたは〔任に〕堪えることができる。この民も皆、平安のうちに自分のところに帰るであろう。」 ^{24} モ

ーセは彼の舅の言うこと ^z を聞いて、彼が言ったことをすべて実行した。²⁵ モーセは、全イスラエルの中から、有能な人たちを選び出し、彼らを民の上に長として任命し、千人隊の長、百人隊の長、五十人隊の長、十人隊の長とした。²⁶ こうしていつもは彼らが民を裁いた。しかし難しいことがらについては、彼らはモーセのところに持って来たが、小さなことがらはすべて、彼らが自分で裁いた。

エトロの帰還

^{18:27} モーセは彼の舅を送り出したので、彼は自分の地に帰って行った。

 a: 七十人訳では「神が自身の民イスラエルのため」となっていて、モーセへの言及がない。
 b: 七十人訳では、「彼の」。
 c: 原文では「彼」。
 d: 同じ命名の理由については 4:22 参照。
 e: 原語には「エズリー」という音が含まれている。
 f: 原文では「彼」。
 g: 七十人訳は「モーセの所へと、荒れ野の中に入って行った。モーセは神の山で宿営していた」。
 h: 七十人訳ではモーセに告げられた言葉として引用され、「ほら、あなたの舅エトロがあなたのところにやって来ました。奥さんとあなたの 2 人のお子さんも一緒です」となっている。
 i: 原語は「互いにシャロームを尋ね」。七十人訳は「互いに挨拶した」。
 j: 原語は「彼らは天幕へと入った」であるが、七十人訳では「モーセは彼を天幕の中に案内した」で舅のみを天幕に迎え入れている。
 k: 七十人訳では「ファラオの手から、またエジプト人たちの手から」が加えられている。
 l: 七十人訳はこの後に「またファラオの手から」が加えられている。
 m: 原語は「称えられる」。七十人訳は「褒むべきかな主は」。
 n: 原文は「彼らに」。
 o: 七十人訳は「このために、(主が) 彼らを一蹴された (ために)、主がすべて

の神々に優って偉大（であることを）知りました」となっていて、今のヘブライ本文とは異なる伝承を伝えている。

p: 動詞は3人称単数であるため主語はアロン。主語アロンの後に続くワウを「伴って、共に」と取る。

q: 原文は「彼は」。七十人訳は「彼ら」。

r: 原文では「人とその隣人との間」。

s: 原語はトーラー。

t: 原文は「わたしの声に聞きなさい」。

u: 原語は「前で」（リプネー）でなく、「向かって、対峙して」（ムール）。

v: 七十人訳、シリア語訳は「彼らのことがら」。

w: 原語はフッキーム。

x: 原語はトーラー。24:12の注を参照。

y: 七十人訳は「正義を尊ぶ男、尊大な態度を憎む（男たち）を」。

z: 原文では「彼の舅の声を聞いて」。

【形態／構造／背景】

　この第三節「指導体制の確立と仲保者モーセの職責」（18:1–27）は、先行する第一節や第二節の荒れ野での試練とは異なり、導入部分がモーセの妻と2人の息子を伴ってモーセの舅が訪ねてくる場面で構成されている（「エトロの来訪」18:1–12）。末尾は、舅がひとり自分の地に戻って行ったという場面で締め括られている（「エトロの帰還」18:27）。

　エトロの来訪を受けて、モーセが出エジプトの出来事について彼に報告し、そのことでエトロが神を称える場面が置かれていて、それが前半部分を構成している。後半部分は、モーセが民の裁きに関わっている現状をエトロが目撃し、その事態を変えるようにとの助言がエトロからモーセにあり、それを受けてモーセが裁きの責任体制を作り上げるという場面構成からなる（「指導体制の確立」18:13–26）。

　「神」と普通名詞で言及する箇所と、「ヤハウェ」と明言して神の名に触れる場面に分かれるので、いわゆるヤハウェ資料とエロヒム資料が接合されていると言われてきた。裁きの責任体制について、申命記ではエトロの

提案によるのでなく、「1人であなたがたを背負うことはできない」とモーセが言い出し、彼自らが指示して部族ごとに「知恵と分別があり思慮のある男たちを」千人隊の長、百人隊の長、五十人隊の長、十人隊の長に任命している（申 1:9–15）。また、申命記では、裁判人だけでなく役人も任命し、その末尾で裁判人となる者の公正な裁き方について詳細に規定している（申 1:16–17）。ここでのエトロの提案は、重大なことがらと小さなことがらに分けて責任を分担することに主眼が置かれている。

帰属させるべき資料層の識別を保留にすべき理由は多々あるが、より難しいのは、最終編纂段階でどのような目的からこの単元を出エジプト記のこの場所に挿入したのかを説明することである。律法の告知が始まるのは、シナイ山の麓に到着した後であり、出エジプト記の中では律法の啓示は 20 章からである。律法の体系が啓示される前に、司法制度の体制が確立される必要があったとでも言うのであろうか。

【注解】

18 章 1 節前半の「ミディアンの祭司エトロ」とは、モーセが亡命した先の祭司と同一人物である（2:18「レウエル」、21「彼〔レウエル〕は自分の娘ツィポラをモーセに与え〔妻にし〕た」、4:18「エトロ」）。出 2 章での祭司の名「レウエル」（2:18）はヤハウェ資料とされているが、4:18 の「エトロ」はエロヒム資料だとされている。そうであるなら、この 1a 節もエロヒム資料ということになる。「神がモーセとご自分の民イスラエルのためになされたすべてのこと」と、言及されているからである。だが 1 節後半では「ヤハウェがイスラエルをエジプトから導き出されたことを聞いた」とあるので、そこはヤハウェ資料と見なされている。神名の表記によって資料層を区分できるかもしれないが、単元の中で 1 節から 7 節までのまとまりについて言えば、編集の努力が見のがされてしまうような気がする。前半部分はエロヒム資料に帰属させるにせよ、1 節後半のような編集上の加筆がなされたと見ることは不可能ではない。

2–3 節に、「モーセの舅エトロは、〔自分の元に〕送り返されていた、モーセの妻ツィポラと、彼女の 2 人の息子を連れて来た」と語られているので、

モーセは妻と子供たちを連れてエジプトに向かったはずであるが（4:20）、何らかの理由で家族をツィポラの実家、ミディアンの地に送り返していたことになる。この間の事情については、一切触れられていない。

3節の、モーセの長子「ゲルショム」の命名の由来は「わたしは異国の地で寄留者になったから」として知られている。その理由づけも 2:22 のものと同文である。2章の箇所はヤハウェ資料とされてきた。

4節の「エリエゼル」と命名した理由が、「わたしの父の神がわたしの助け、彼がファラオの剣からわたしを救ってくださった」と記されているが、この理由づけもモーセが亡命していた事情を反映している。次男も、ミディアンで生まれている（4:20！）。

5節で「モーセの舅エトロは、モーセの息子たちと彼の妻を〔伴い〕、モーセのところに、彼がそこで宿営している荒れ野、神の山にやって来た」とあるのは、2節の叙述を繰り返しているという印象を与える。ここでは神の山にやって来たと明記しているので、エロヒム資料とされてきた。編集によって、接合された結果ではないかと思われる。

6節で、エトロからモーセに対する「わたしは、あなたの舅エトロだ。あなたの妻と彼女の2人の息子を一緒に伴って、あなたのところにやって来た」という挨拶文も繰り返しに近く、自然な場面の流れではないように思われる。「彼女の2人の息子」という表現は、3節と同じ。5節の「モーセの息子たち」という言い方と、微妙に異なる。また「神の山にやって来た」という表現が、ここでは「あなたのところにやって来た」と直接的な表現となっている。別々の資料層が接合されている痕跡であると思われる。

7節で「モーセは自分の舅に会うため出て来て、身をかがめ、彼に口づけした」とあるので、その後で6節のような直接の問答があったのであれば自然な物語の流れになるが、そうなっている訳ではない。「そして、彼らは互いの無事を尋ねあい、天幕へと入った」という状況描写は、5節から続けて読む方が自然であるように思われる。

8節で、「ヤハウェがファラオとエジプトに対して行なわれたすべてのこと」「道で遭遇したすべての難儀」についてモーセがエトロに報告している。ここでは、神の名前が「ヤハウェ」と明言されている。

続く**9–10節**までの「エトロは、ヤハウェがイスラエルになされたすべ

ての恵みについて、またエジプト人の手から彼〔モーセ〕を救い出されたことを喜んだ」という報知と、エトロが称えている「あなたがたをエジプト人の手から、ファラオの手から救い出し、エジプト人の手のもとにあったこの民を救い出されたヤハウェは、褒むべきかな」という言葉もヤハウェ資料とされる。

11節の「すべての神々よりも、ヤハウェは偉大であることを、今わたしは知った」という告白は、多神教の社会環境のただ中からの告白である。「彼らがイスラエルの子らに」と訳出した原文は「彼らが彼らに」であるが、主語に相当する「彼ら」は前節の「ファラオの手から救い出し、エジプト人の手のもとにあった」という表現と通じるものであるため、後者の「彼らに」を「イスラエルの子らに」と読む。

12節で、エトロは祭司として「**神に献げる全焼の供儀と犠牲**」を献げている。「神の前で」の犠牲の会食が語られているので、エロヒム資料ということになっている（24:11）。この儀礼でも、祭壇は想定されていない。

この後の後半部分で展開されるエトロの提案については、類似の伝承が申命記にあるので（申1:9–17）、資料の帰属が問われるであろう。**13節**で「翌日になって、モーセは、民を裁くために座した。民は、朝から夕暮れまでモーセに向かって立っていた」とあり、モーセが民を裁くために座に着いていたことが記されている。

14節では、「モーセの舅は、彼が民のために行なっているすべてのことを見て」、その上で彼は「あなたが民のために行なっているこのことは、一体どういうことなのか。なぜ、あなたが1人で座り、すべての民は、朝から夕暮れまであなたに向かって立っているのか」とモーセに問い糾している。大勢の民を相手になぜモーセひとりが責任を負っているのか、という率直な疑問である。自律した司法体制ができていないという指摘とも受け取れるが、エトロの口に置かれたこの発言の真意はどこにあるのであろうか。ミディアンの地で実際にどのような司法体制ができていたかについては分かっていないし、祭司としてのエトロも分業体制を取って活動しているわけでもない。彼は、ひとりで犠牲を献げているからである。編集あるいは編纂の結果として、現在のような文脈が構成されていると見なければなら

ないであろう。

　15節で、モーセは彼の舅に「民は、神に尋ねるためにわたしのところに来るのです」と答えている。このモーセによる説明は、自身が言葉の仲保者として、預言者として神の前に立っていることを物語る。

　それは、**16節**で「彼らに何事かあったときに、民はわたしのところに来るのです」とモーセが答え、さらに「そしてわたしは、それぞれの間を裁き、神の掟とその教示をわたしが教えるのです」と語っていることにも反映している。この単元全体が、この場所に置かれた意味は微妙である。実際に、律法即ち「神の掟とその教示」を、神ヤハウェがモーセに掲示するのはシナイ山の山頂である（12:1–20, 43–49; 13:1–10, 11–16 は儀礼的な規定に近いが、それらと 20:1 以下を参照のこと）。しかし、エジプトを脱出した後の荒れ野で「ヤハウェは彼に掟と定めを示し、そこで彼を試みた」（15:25）ことが前提にされているとすれば、ここでの言及は明らかに編集作業の結果となり、それによってこのような場面設定が行なわれていることになる。

　17節によると、モーセの舅は彼に「あなたがしていることは、よくない」と告げ、**18節**では「あなたもあなたと一緒にいるこの民も、必ず疲れ果てる。そのことが、あなたには荷が重すぎて、あなたひとりで行なうことはできないからだ」と理由を明確に述べて、モーセが1人でやる現在のやり方に反対している。

　19節でモーセの舅は「そこで今、あなたはわたしの言うことを聞きなさい。わたしはあなたに助言する」と新しい提案を語り、さらに「神があなたと共におられるように」という祝福を求める言葉に続けて、「あなたは民のために、神に向きあい、あなたが〔裁きの〕ことがらを神のところにもたらしなさい」と語っている。これは、仲保者としてモーセが負うべき職責を物語っている。モーセが神の前に仕えるという場合、神を背に民に対峙することになるが、この場合モーセは民を背にして神に向きあう責任を負うのである。このことは、15節の「民は、神に尋ねるためにわたしのところに来るのです」と矛盾はしない。神に問うモーセは、神に向きあい訴えるからである。神の心をうかがい、その後で「それぞれの間を裁き、神の掟とその教示をわたしが教える」（16節）のが自分に課せられた責任であるとモーセは告白している。問題は、すべてをモーセ1人が負ってい

ることである。18節の「あなたには荷が重すぎて、あなたひとりで行なうことはできないからだ」というエトロの言葉は、そのことを指す。

20節にある「あなたは彼らに掟と教示を訓告し、彼らが歩むべき道と彼らがなすべき行為を彼らに知らしめなさい」という勧めは、モーセの職責を的確に語っている。

だが21節から22節の提言は、仲保者としての職責を分担して担う道を指し示している。

「そしてあなたは、すべての民の中から、神を畏れる有能な人、不正な蓄財を憎む信頼のおける人を見いだし、千人隊の長、百人隊の長、五十人隊の長、十人隊の長として、彼らの上に任命しなさい」という提案は、モーセ後のこと、即ちモーセが死んだ後の状況を想定していると考えられる。この段階のイスラエルの子らには、共同体としての組織がなく、そのもろさが荒れ野での試練で露呈したのである。またアマレクとの戦いにおいても、組織された軍をまだ持っていなかった民である。「千人隊の長、百人隊の長、五十人隊の長、十人隊の長」という組織体制は、軍事的な徴兵制を背景に持つ概念であるが、「千人隊」に必ず「千人」の兵がいたわけではないという。ダビデがアブサロム軍と対決するときに、「千人隊の長、百人隊の長」を任命しているが（サム下 18:1, 4）、彼の軍隊が 1000 人の兵員を抱えていたかどうかは定かでない（サム下 15:17–18）。家族や子供までも含まれていた数の可能性があるからである。編集あるいは編纂作業の結果を示すものと思われる（サム下 15:22 参照）。

22節にある、「いつもは、彼らが民を裁くのである」は、モーセ後の時代状況を想定した言葉と取れる。「重大なことがらの場合はすべて、彼らがあなたのところに持って来させるようにし、小さなことがらの場合は、彼ら自身が裁くので、あなたの負担は軽くなる。彼らがあなたと共に担うのだ」というエトロの提言は、モーセという重要な仲保者が不在でも、民を裁く活動が支障なく行なえるというもの。

「重大なことがら」と「小さなことがら」との識別は明確ではないが、**23節**で「もし、あなたがこのことを実行するなら、神があなたに命じられたことに、あなたは〔任に〕堪えることができる。この民も皆、平安のうちに自分のところに帰るであろう」と提言を結んでいる。

24節によれば、モーセは彼の舅が提言したこと、「彼が言ったことをすべて実行した」という。

そして25節で、そのとおり「モーセは、全イスラエルの中から、有能な人たちを選び出し、彼らを民の上に長として任命し、千人隊の長、百人隊の長、五十人隊の長、十人隊の長とした」のである。

26節に、「こうしていつもは彼らが民を裁いた。しかし難しいことがらについては、彼らはモーセのところに持って来たが、小さなことがらはすべて、彼らが自分で裁いた」とあるのは、分業体制が完成しそれが動き始めたことを物語る。

27節にある、「モーセは彼の舅を送り出したので、彼は自分の地に帰って行った」という言葉で、締め括られている。

【解説／考察】

「千人隊の長、百人隊の長、五十人隊の長、十人隊の長」という表現は、軍事的には大隊、中隊、小隊という大まかな規模を言い表わす言葉と取れるが、「神を畏れる有能な人、不正な蓄財を憎む信頼のおける人」（18:21）は軍人でなく裁判制度の枠組みであることは明らかである。軍の組織化は王国時代になってからであるが、裁判については町の門での裁判を想定し、国家の裁判人の存在を否定する傾向にあった（ノート1969）。私見によれば、ユダ王国末期に行なわれた、ヨシヤ王による司法改革が存在するので（Knierim 1962; 鈴木 2005）、組織化された裁判制度の枠組みが資料記者あるいは編集者、編纂者によってモーセ時代に投影されている可能性がある。だが申命記の伝承（申 1:9–18）とは異なり、裁判人と役人の役割の分担等については、ここでは意識されていない。責任を負う人に対する指導も、「彼らに掟と教示を訓告し、彼らが歩むべき道と彼らがなすべき行為を彼らに知らしめなさい」（18:20）という段階に留まっている。従って申命記史家的な編集や編纂に帰することには慎重でなければならないが、最終編纂段階で単元全体にオリジナルな資料を組み込んでまとめた可能性も考えられる。

最終編纂段階でこの単元が組み込まれたのは、恐らく荒れ野での試練の場面で露呈した状況、民として自律した共同体構成ができていないイスラエルの民に、モーセを媒介に組織化がなされたことをここで主張したかったからのように思われる。こうした組織あるいは制度が確立された後で、彼らが守るべき律法が、出 20 章以下で神ヤハウェによって啓示されるということになる（18:20 参照）。しかしその制度化、組織化がモーセの舅でミディアンの祭司の助言に由来するということを、最終編纂者はどのように見ていたのか。それはよく分かっていない。「千人隊の長、百人隊の長、五十人隊の長、十人隊の長」という組織体制が、カナンの都市国家に由来する軍事的な制度でなく、遊牧民起源の制度であることを明示しようとしたのかもしれない。

トピック
出エジプト記を翻訳して示されたこと

(1) モーセとアロンの関係をめぐって

　本書で取り上げなければならなかった課題の一つは、モーセとアロンの関係についてである。ファラオとの交渉の場面で、アロンはモーセと並んで重要な役割を担う指導者として登場してきている。だがすべての場面で、2人が常に並んで登場してくる訳ではない。テキストを見る限り、人為的な編集作業を想定せざるをえないのである。

　エジプトでの十の災いの中で気づかされることは、第一に、神はモーセに語りかけ指示を与えるのであるが（7:14–18, 26–29; 8:16–19; 9:1–5, 13–19, 22; 10:1–2, 12, 21; 11:1–2; 13:1–2）、2人に同時に語りかける場合もある（6:13, 26; 7:8）ということである。第二に、神の言葉をファラオに語り伝える際、アロンがそれを語る場合もあるが（7:2）、基本的にモーセが直接語る場面が多い（6:29; 8:5–7, 22–23, 25; 9:13–19, 29–30; 10:4–7）。またしるしを招来させる場面で、2人が同時に実行する場合もあるが（7:6, 10, 20; 10:8; 12:3, 28）、アロンが単独で杖を使う場合（7:19; 8:1, 12）と、モーセが単独で行動する場合の両方がある（8:8, 26; 9:10, 23, 33; 10:6b, 13, 18, 22; 14:21）。第三に、モーセが主体となってアロンを伴いファラオと交渉する場面がある（7:6, 10; 8:8; 10:3）。そこでの動詞は3人称男性単数形だが、主語としてモーセとアロンが繋辞（ワウ）をもってならべて言及されている（注解参照）。その場合、「モーセはアロンを伴って」の意味となる（この用法については申 27:1, 9 参照）。これは、編集によってアロンをモーセの隣に位置づける挿入技法そのものを示している。

　様式的に均一な叙述である必要はないかもしれないが、2人の役割分担のズレに、人為的編集の痕跡が残されていると言える。研究者に資料識別のきっかけを与えたのは、アロンが加わることで、モーセの職責に揺れが生じているからである。モーセにアロンを伴わせる際に、編集上の接合の痕跡を示す技法が残されているが、それが揺れをもたらしているとも考えられる。2人が登場する場面以外に、モーセが単独で行動する場面、即ち、神ヤハウェの言葉を受けて、イスラエルの子らや長老たちにそれを語

り伝える言葉の仲保者として、モーセが単独で機能している場面が数々存在するからである（12:21–27; 13:3–16）。言葉の仲保者という点から見れば、モーセが中心的な役割を担っているのであるが、それが2人になる場合、アロンとの関係が微妙になるのである（4:15–16; 7:1–2）。

他方で、モーセは初子として誕生したはずである（2:1–2）。しかしながらミリアムがモーセの姉として登場し（2:4, 7; 15:20）、後にアロンがモーセの兄として言及される（6:20; 7:7）。アロンもモーセと同じ「レビびと」とされている（4:14）。二人妻婚の世界に生きていた当時の家族を考えるならば、モーセは、ミリアムやアロンと異母兄弟姉妹ではないかということが考えられる。モーセは末の男の子として、父の二番目の妻からいわば初子として生まれたことが考えられる（二人妻婚〔Bigamy〕についてはベッカー 1989 の他、鈴木 2009 を参照）。だがモーセとアロンは、系譜的に同じ母から生まれたという（6:20）。アロンはモーセよりもミリアムに近い存在であり、モーセ五書の中では、ミリアムとアロンの2人が、そろってモーセと対立する様子も描かれているからである（民 12:1 以下）。

アロンの立場が最も微妙となるのは、幕屋の設営を指示する部分で言及される彼の立ち位置である。その幕屋の設営を語る中核部で、イスラエルの子らの要望に応える形で、子牛像を鋳造したアロンの罪が厳しく糾弾されている（32:1 以下）からである。偶像を作ったアロンがレビびとの1人であれば、なおさらモーセに従うレビびとたちが下した処罰（32:26–29）に、彼も含まれないはずはない。だがアロンは処罰対象から除外され、鋳像製作の責任は巧妙にもイスラエルの子らに帰されている（32:21–25, 35）。しかし鋳造を作ったのはアロンであると明言されている（32:35）。「嘲り」の対象となったアロンの姿は、モーセに忠実に従ったヨシュアと比べると、天地の差があることは言うまでもない（32:17, 25; 33:11）。モーセとアロン、モーセとヨシュアの関係を見る限り、アロンの立場が相対化されていることは明らかであるように思われる。

すでに触れたことではあるが、祭司文書では積極的にモーセの隣にアロンを据えて、出エジプトの出来事を語ろうとしている。だがヤハウェ資料では、モーセ1人が指導者として活動する姿を伝えている。複数の資料層が接合されている様子を度々指摘してきたが、それは最終的な編纂段階で、

そうした相違が調和されないまま、編集作業の痕跡として残されていることを訴えたかったからである。モーセは十戒の二枚の石板をシナイ山上で授与されるが、その同じ時に麓で金の子牛を鋳造していたのがアロンである。指導者としての２人の姿は対極的である。幕屋に仕えるヤハウェ祭司アロンの聖別に触れる第Ⅲ部の中で（28:1 以下；29:1 以下参照）、この緊張はどう理解されているのだろうか。後代の申命記史家的な編集者あるいは編纂者は、既存の伝承を修正することなく異なる理解を持つ伝承を接合併存させながら、アロンに代表される儀礼至上主義を暗に批判的に、相対化する目的で金の子牛を鋳造させる姿を語ると考えられるのである（『VTJ 出エジプト記 19 ～ 40 章』〔2018 年夏刊行予定〕）。従って、最終形態に責任を負っているのは、祭司文書ではなく申命記史家的な編纂者であると言えるのではないか。下巻の注釈でも、その点に注意を払うつもりである。

（２）レビびとの伝統に立つモーセと律法遵守の精神・なぜ「あなた」なのか

次に取り上げなければならないのは、アロンが犯した子牛鋳造事件の処罰を断行したレビびとたちである（32:25–35）。旧約聖書の中でレビびと祭司について言及されている箇所は多くはないが、古代イスラエル社会で彼らが担っていた役割については謎が多い。特に士 18 章に登場する彫像や鋳造も持っていたレビびと祭司についての記述は、ヤハウェ宗教の観点から見ると本流から外れている。思想史的〔神学的〕に彼らがヤハウェ宗教に与えた影響については不明な部分が多く、すべてが解明されている訳ではない。レビびと祭司とモーセ的な伝統との関係については示唆的に言われてきたが、彼らの職責については分からないことが多いとされてきた（Gunneweg 1965; Cody 1969; 山森 1996）。

私見によれば、M. ヴェーバーが『古代ユダヤ教』（1996）で展開した、レビびと祭司が「魂のみとり」（*Seelsorge*）の担い手であったとする理解が、モーセ的な律法の伝承の担い手であり、特に固定された聖所で職責を担う儀礼祭司とは異なる活動を担った人々として、宗教社会学的に彼らを理解する手がかりとなるであろう。モーセを媒介に、出エジプトの神ヤハウェから与えられた戒めや掟、定め等が２人称表現を採用しているのは、

「魂のみとり」を体現させるカテキズム的な性格を帯びているからだという。それらがすべて親しく相手に語りかける様式を取っており、申命記法典を編纂した担い手こそがレビびとのグループ〔申命記主義者〕であったと思われるからである（フォン・ラート 1980; 関根 1980; 鈴木 1987, 2005; Suzuki 1992, 1995）。

　レビびと祭司は固定された聖所に仕える儀礼祭司でなく、民の間を出入りして、聖所に詣でることができない病人や怪我人、障碍者を家庭に訪ね、治療を施し、癒されるように神の祝福を祈った祭司であったという。この時代、病気や怪我は、神からの処罰と受け止められ、彼らは神に打たれたと感じていたのである（ヨブ記における友人たちのヨブに対する批判の言葉を参照）。病人や怪我人は儀礼的に穢れているとされたため、彼らは癒しを求めて神殿に詣でることもできなかった。レビびと祭司は彼らを家庭に訪ね、彼らの苦悩の声に耳を傾け、その際に神に打たれた原因や理由について、本人から問われたことに儀礼的な観点から応答し、戒めや掟を語りきかせ、彼らに悔い改めを勧め、祝福を祈ったことが知られるという（ヴェーバー 1996; 527 頁）。レビびと祭司が担ったこのような問答は、罪表あるいは潔白の告白から想定されるという（申 26:13–15 参照。その類例であるエジプトの「死者の書」における罪のカタログについては、屋形 1991; ヴェーバー 1996: 611 頁参照）。

　ヴェーバーによれば、レビびと祭司が行なったいわゆるカテキズム、病人との間に交わされた問答の文体が、2 人称単数形様式なのである。自分が意図しないで犯したことについて自覚を促し、自らの口で罪を告白するように指導し、それに基づいてレビびと祭司がヤハウェに執り成しの祈りを献げ、悔い改めに導き、癒しと新しい生に向けて、神の祝福を祈ったことが論じられている。レビびと祭司によるこの「魂のみとり」に関わる説教活動については、申命記におけるレビびと祭司の活動を想定した上で、フォン・ラートは申命記の文体が説教様式であると規定している（2003）。神殿聖所の儀礼至上主義とは次元の異なる側面を帯びていたことは、指摘されてよいだろう。穢れからの清めだけでなく、悔い改めによってその人の人生を変えてくださる神ヤハウェの摂理と、その祝福を説く教説が彼らの活動から生まれてきたのである。その源泉が「魂のみとり」にあると思

われる。この「魂のみとり」と、家庭内での歴史伝承の告白とが結びついていた可能性をここで示唆しておきたい（緒論参照）。

定められた聖所での儀礼とは関わらない、一般の家庭で行なわれてきた魂のみとりの伝統は、恐らく北イスラエルで活躍していたと思われるレビびと祭司が、北王国の滅亡後、出エジプトの伝承をもって南に逃れてきたものと想定される（ホセ 12:10–14; アモ 3:1–2）。

彼らは後に、申命記法典の編纂に携わったレビびとのグループの活動に連動している（鈴木 1987, 2005; Suzuki 1992, 1995）。彼らレビびと祭司こそが、モーセ的な律法理解の伝統の担い手で（申 18:15–22; 34:10–12）、出エジプトのモーセ的な伝承を伝える担い手であったと考えられるからである。ヴェーバーは、十戒が青少年を教育するためのカテキズムであったことを示唆しているが（1996: 591 頁参照）、彼らが伝えた十戒、戒めや定めは、すべて出エジプトの神ヤハウェによって親しく語りかけられた勧めであり、それに応答することで、悔い改めに導かれるのだという（ヴェーバー 1996: 635 頁）。即ち、戒めは固定聖所の前で儀礼において守るための戒律でなく、日常生活のただ中で守られるもの、日常生活のただ中で出エジプトの神ヤハウェとの出会いへと召される戒めなのである。奴隷状態から導き出され救済されたという、このような思想史的〔神学的〕な律法理解をもたらしたのは、儀礼祭司の伝統でなく、民の間に出入りし「魂のみとり」の担い手であったレビびと祭司であると考えたい。

戒めが、なぜエジプトからの脱出という救済の歴史と結びつけられているのかという問いは、よくありがちなものではない。古代メソポタミアの法集成や法典の前文によれば、法はシャマシュ神から託された、統治の責任という形で述べられている。ハンムラピ法典の前文はその点を強調するのみで（ベッカー 1989; クレンゲル 1980）、民の救済の歴史とは無関係である。出エジプトという歴史の枠組みの中で、奴隷の家からの解放をもたらした出エジプトの神ヤハウェによる救いを告白することと、そのヤハウェが親しく 2 人称で「あなたは」と聞き手に語りかけるところに、戒めの本質があると考えられる。即ち出エジプト伝承の生活の座（*Sitz im Leben*）は、レビびと祭司が慰問した家庭にあったと想定したい。神ヤハウェからの救済を語り、その神の前で、戒めの意味を語り、聞き手に悔い

改めを勧め、神に執り成しの祈りを献げた、その活動に、伝承が全イスラエル化される源泉があったと思われる。

　この宗教的・思想的な影響下に、申命記史家のグループあるいは申命記学派の出エジプトの出来事に寄せる歴史理解が流れ着いた到達点があると考えたい。金の子牛像を鋳造し、その前で儀礼を献げたアロンが告発されている文脈の背後に、異教の偶像崇拝を根絶に導こうとした、在野のレビびと祭司たちの活動を見ることができるのではないだろうか（出 32:25–35; 申 16:21–22; 17:2–5; 18:9–14 参照）。申命記主義の運動、ヨシヤ王のもとで改革に登用されたレビびとによる活動が、法典の成立に関わっていたと個人的に考えているが（鈴木 1987, 2005a, 2005b）、この思想史的な流れは（王上 12:28–33）出エジプト記の一連の編集作業や最終編纂段階での作業と関わりをもっていると思われる。

　王国時代におけるレビびと祭司による「魂のみとり」について語ってきたが、第二神殿以後、下級祭司に任じられたレビびとについてはここでの考察対象とはならない（代上 6:16 以下 , 33 以下 ;15:16 以下 ; 23:1 以下等参照）。彼らは、魂のみとりの担い手ではなくなったからである。また新約聖書で言及されている、魂のみとりを忘れたレビびと（ルカ 10:25–37）は、かつて王国時代に魂のみとりに従事したレビびととは、区別して考えなければならない。

あとがき

　ルターによる宗教改革が、2017年に500周年を迎える。それを記念して、日本キリスト教団出版局から聖書注解のシリーズが刊行されるという噂のあることは、知っていた。しかしある日、VTJ（Vetus Testamentum Japonicum）の監修者から突然に電話があり、『出エジプト記』を担当してくれないかと言われた時には、正直に言って、驚きを禁じえなかった。その際、従来研究を続けてきた『申命記』でなく『出エジプト記』を担当するようにという点についても、説明を受けた次第である。快諾をしたのは、それが、自分に課せられた、一つの挑戦と感じられたからである。申命記の文献学な調査や研究、論文等の執筆時には、これまで常に『出エジプト記』を念頭に置いていたし、そこに記載されているモーセの律法との対比を考えてきたのは事実である。だが具体的に、『出エジプト記』の本文を翻訳し、注解書を執筆するようなことまでは、考えが及ばなかった。

　託された業務が多忙を極めていた時期であったが、時間をやりくりしてでも、何とか与えられた課題に応えようとした次第である。本文の翻訳から作業を始めたが、偶然にできた5分、10分の空き時間を費やして、仕事に没頭した。使えるのは学長室で使っていたパソコンだけであったからである。そのため辞書やヘブライ語テキスト等を学長室に置いていたので、自宅に戻ってからの仕事は、ほぼ断念せざるをえなかった。そのため、短時間であっても集中して仕事をすることを自分に義務づけたのは、言うまでもない。使える時間が限られていたため、結果として、訳語の点検や注解の執筆については、工夫を重ね、休暇期間中に推敲を重ねることにした。

　苦しい時間のやりくりに終始したが、『出エジプト記』の本文を翻訳する中から、多くの発見があり、教えられることが限りなくあったため、感謝と喜びの作業となった。難解な3:12–15の翻訳には、幾種類かの翻訳の可能性を想定し、迷い、呻吟するときもあった。当該箇所のヘブライ語

をどう理解し、どのような意味に判断すべきか、祈りつつ仕事をしたことが思い出される。モーセが召命を受けた時に、ヤハウェとして神が顕現する場面で、『出エジプト記』全体を貫く重要な主題がここにあると思われたからである。納得のゆく仕事ができたのではないか、と今は感じている。

　制約された時間の使い方であったため、執筆した表現にむらがあり、説明が錯綜した印象を与えている箇所も、校正の段階で見つかった。訳語の統一がはかられていないまま注釈を加えている箇所もあったが、改めて集約的に本文にあたり、丁寧に訂正や修正を試みた。出版局の優れた編集者に恵まれたこともあり、ようやく本書を送り出せるところまできた。平明な叙述になったと思われるが、すべては編集者のおかげである。感謝しつつ、謝辞としてここに記しておきたい。また、第九番目の災いについては、当初、いなごによる災いとしていたが、日本聖書協会翻訳部の方々からの御教示で、原語のアルベーはばったと訳すべきことを教えられた。感謝してここに記しておきたい。なお叙述や解説等について、思わぬミスもあるかもしれない。それは、すべて筆者の責任である。そのことを注記して、あとがきに代えたい。

2017 年 9 月

鈴木　佳秀

参考文献

　以下に掲げる参考文献類については、本注解書を読まれる方のために、邦訳のあるものを優先させて掲げてある。研究史的な経緯を紹介するという意味で、網羅的に研究書を取り上げることを意図していない。筆者が関心を持った問題に限って、文献を紹介することにしてある。従って、文献表は限られたものであることを予めお断りしておきたい。

　なお、本文・資料関係文献については、テキストの翻訳等に関わるものとして記載してある。中には研究書と言いうるものも含まれている。注解書については、さらに詳細な学びをされる方のために、現在出版され手に入るものを、参考までに掲げておいたが、あまりに古い注解書までもれなく列挙するのは避けた。注解書シリーズの編集方針に添って執筆しているので、取り上げた研究文献については、関わりのあるものを、最小限に紹介することにしてある。この場合も、邦訳のあるものを優先した。

〔本文・資料関連文献〕

共同訳聖書実行委員会（訳）1987『聖書 新共同訳』日本聖書協会。
木幡藤子・山我哲雄（訳）2000.『出エジプト記・レビ記』岩波書店。
佐藤信夫 2004.『古代法解釈――ハンムラピ法典楔形文字原文の翻訳と解釈』
　　慶應義塾大学出版会。
鈴木佳秀（訳）1999.『十二小預言書』岩波書店。
関根正雄（訳）1969.『出エジプト記』岩波文庫。
関根正雄（訳）1993.「出エジプト記」『新訳 旧約聖書Ⅰ 律法』教文館。
中田一郎（訳）1999.『ハンムラビ「法典」』LITHON。
秦剛平（訳）2003.『七十人訳ギリシア語聖書Ⅱ 出エジプト記』河出書房新社。
原田慶吉 1967.『楔形文字法の研究』清水弘文堂。
三笠宮崇仁（他編）1978.『筑摩世界文学大系 1 古代オリエント集』筑摩書房。
山我哲雄・鈴木佳秀（訳）2001.『民数記・申命記』岩波書店。
ヨセフス 1999–2000.『ユダヤ古代誌 旧約時代篇Ⅰ–Ⅳ』秦剛平訳、ちくま学
　　芸文庫。

Biblia Hebraica Stuttgartensia, 1973. *Exodus* שמות ואלה.Württembergische Bibelanstalt Stuttgart.

Borger, R 1979. *Babylonisch–assyrische Lesestücke,* I–II. (Analecta Orientalia 54) Roma: Pontificium Institutum Biblicum.

Borger, R (hg et al) 1982. *Texte aus der Umwelt des Alten Testaments*, Bd I/I. Gütersloh: Gerd Mohn.

Driver, G R & Miles J C 1952. *The Babylonian Laws,* Vol 1: Legal Commentary; Vol 2: Text Translation. Oxford: Clarendon.

Falkenstein, A 1956–7. *Die neusumerischen Gerichtsurkunden,* I–III. (Bayerische Akademie der Wissenschaften. Philosophisch-Historische Klasse, 39-40, 44) München: Verlag der Bayerischen Akademie der Wissenschaften.

Pritchard, J B (ed) 1963. *Ancient Near Eastern Texts Relating to the Old Testament*. Princeton: Princeton University Press.

Richardson, M E J 2000. *Hammurabi's Laws: Text, Translation and Glossary*. Sheffield: T & T Clark.

Septuaginta 1935. Württembergische Bibelanstalt Stuttgart.

Ungnad, A 1969. *Akkadian Grammar*, rev by L Matous, tr by H A Hoffner Jr.. Atlanta: Scholar's Press (original 1879).

Yaron, R 1988. *The Laws of Eshununna*. Leiden: Brill.

〔注解書〕

クレメンツ, R E 1981.『出エジプト記』（ケンブリッジ旧約聖書注解2）時田光彦訳、新教出版社、原著1972。

木幡藤子・大野恵正 1996.「出エジプト記」『新共同訳 旧約聖書注解Ⅰ』日本キリスト教団出版局、115-99。

鈴木佳秀 1996.「申命記」『新共同訳 旧約聖書注解Ⅰ』日本キリスト教団出版局、291–369。

チャイルズ, B S 1994.『出エジプト記――批判的神学的注解』上・下、近藤十郎訳、日本キリスト教団出版局、原著1974。

ノート, M 2011.『出エジプト記』（ATD 旧約聖書註解2）木幡藤子・山我哲雄訳、

ATD・NTD 聖書註解刊行会、原著 1958。

フォン・ラート, G 1993.『創世記 下』（ATD 旧約聖書註解 1/2）山我哲雄訳、ATD・NTD 聖書註解刊行会、原著 1949。

フォン・ラート, G 2003.『申命記』（ATD 旧約聖書註解 5/1）鈴木佳秀訳、ATD・NTD 聖書註解刊行会、原著 1964。

フレットハイム, T E 1995.『出エジプト記』（現代聖書注解）小友聡訳、日本キリスト教団出版局、原著 1991。

マッカーター, P K 1996.「出エジプト記」楠原博行訳、メイズ編『ハーパー聖書注解』教文館、原著 1988、152–78。

Albertz, R 2012. *Exodus 1–18.* (Züricher Bibelkommentar) Zürich: TVZ.

Coats, G W 1999. *Exodus 1–18.* (Forms of the Old Testament Literature) Grand Rapids: Eerdmans.

Durham, J I 1987. *Exodus.* (Word Biblical Commentary) Nashville: Thomas Nelson.

Hyatt, J P 1971. *Exodus.* (New Century Bible Commentary) Grand Rapids: Eerdmans.

Propp, W H C 1999. *Exodus 1–18.* (The Anchor Bible) New York: Doubleday.

Propp, W H C 2006. *Exodus 19–40.* (The Anchor Bible) New York: Doubleday.

Schmidt, W H 1998–. *Exodus.* (Biblischer Kommentar Altes Testament) Neukirchen-Vluyn: Neukirchener.

Utzschneider, H & Oswald, W 2012. *Exodus 1–15.* (Internationaler exegetischer Kommentar zum Alten Testament) Stuttgart: Kohlhammer.

〔その他〕

浅野順一 1955.『イスラエル予言者の神学』創文社。

ヴェーバー, M 1959a.『古代社会経済史――古代農業事情』上原専禄・増田四郎監修、渡辺金一・弓削達訳、東洋経済新報社、原著 1909。

ヴェーバー, M 1959b.『古代ユダヤ教』内田芳明訳、岩波文庫、原著 1920。

ヴェーバー, M 1960.『支配の社会学Ⅰ』世良晃志郎訳、創文社、原著 1921。

ヴェーバー, M 1970.『支配の諸類型』世良晃志郎訳、創文社、原著 1921。

ヴェーバー, M 1976.『宗教社会学』武藤一雄・薗田宗人・薗田坦訳、創文社、

原著 1920。

エリアーデ, M　2000.『世界宗教史 1』中村恭子訳、ちくま学芸文庫、原著
　　1976。

笈川博一 1990.『古代エジプト――失われた世界の解読』中公新書。

大住雄一 1984.「『王の法』(申命記 17:14–20. の成立に関する研究)」『神学』
　　46、166–69。

大住雄一 1991.「『契約の書』の時代」『聖書学論集』24、5–34。

大住雄一 1995.「申命記法の重心」『聖書学論集』28、53–78。

大住雄一 2007.「モーセ五書」『新版 総説 旧約聖書』日本キリスト教団出版局、
　　93–173。

大野恵正 2002.「出エジプト記 24 章 1–2, 9–11 節の釈義的研究」『果てなき探
　　究―― 旧約聖書の深みへ（左近淑記念論文集）』教文館、48–71。

オットー, E 2007.『モーセ』山我哲雄訳、教文館、原著 2006。

カゼル, H 1995.「ヘブライ人」ワイズマン編『旧約聖書時代の諸民族』池田裕
　　監訳、日本キリスト教団出版局、原著 1973。

金井美彦・月本昭男・山我哲雄（編）1997.『古代イスラエル預言者の思想的世
　　界』新教出版社。

木田献一 1989.『旧約聖書の中心』新教出版社。

木田献一 1996.『旧約聖書の預言と黙示――その本質と系譜』新教出版社。

木田献一・荒井献（監修）1996.『現代聖書講座 2 聖書学の方法と諸問題』日本
　　キリスト教団出版局。

クライン, R W 1997.「未来への帰還――出エジプト記における幕屋」榊原容子
　　訳、『インタープリテイション』41、68–92、原著 1996。

クリュゼマン, F 1998.『自由の擁護――社会史の視点から見た十戒の主題』大
　　住雄一訳、新教出版社、原著 1993。

クレメンツ, R E　1975.『近代旧約聖書研究史』村岡崇光訳、教文館、原著
　　1976。

クレメンツ, R E　1982.『旧約聖書における神の臨在思想』船水衛司訳、教文館、
　　原著 1965。

クレメンツ, R E　1973.『預言と契約』船水衛司訳、教文館、原著 1965。

クレンゲル, H 1980.『古代バビロニアの歴史――ハンムラピ王とその社会』江

上波夫・五味亨訳、山川出版社、原著 1978。

クロス，F M 1997.『カナン神話とヘブライ叙事詩』興石勇訳、日本キリスト教団出版局、原著 1973。

ケーラー，L 1970.『ヘブライ的人間』池田裕訳、日本キリスト教団出版局、原著 1953。

コッホ，K 1990.『預言者Ⅰ』荒井章三・木幡藤子訳、教文館、原著 1978。

コッホ，K 2009.『預言者Ⅱ』荒井章三訳、教文館、原著 1978。

木幡藤子 1995.「最近の五書研究を整理してみると」『聖書学論集』28、リトン、1–52。

サルナ，N M 1993.「エジプトにおけるイスラエル——エジプト滞在と出エジプト」マッカーター他編『最新・古代イスラエル史』池田裕・有馬七郎訳、ミルトス、原著 1988。

シュタム，J J & アンドリュウ，M E 1970.『十戒』左近淑・大野恵正訳、新教出版社、原著 1967。

シュミット，W H 2005.『十戒——旧約倫理の枠組の中で』大住雄一訳、教文館、原著 1993。

鈴木佳秀 1985.「申命記改革における王国の司法行政」『聖書学論集』20、50–94〔鈴木 2005 a 所収〕。

鈴木佳秀 1987.『申命記の文献学的研究』日本キリスト教団出版局。

鈴木佳秀 1992.「律法の精神と福音」『律法・パウロ』（聖書セミナー 7）日本聖書協会。

鈴木佳秀 1991.「ヨシヤ王による占領政策——同化政策に見られる新しいイスラエル像の構築」『聖書学論集』25、50–94〔鈴木 2005 a 所収〕。

鈴木佳秀〔1993〕2009.『旧約聖書の女性たち〔新装版〕』教文館。

鈴木佳秀 2002.「歴史記述における虚構とその創造性」『果てなき探究——旧約聖書の深みへ（左近淑記念論文集）』教文館、72–113。

鈴木佳秀 2005a.『ヘブライズム法思想の源流』創文社。

鈴木佳秀 2005b.「ヨシヤの構造改革」『聖書を読む 旧約篇』岩波書店。

鈴木佳秀 2014.「出エジプト記をめぐる諸問題」『比較宗教思想研究』14、新潟大学大学院現代社会文化研究科、31–63。

関根正雄 1952.『イスラエル宗教文化史』岩波書店。

関根正雄 1980.「申命記とその影響」『関根正雄著作集 6』新地書房。
関根正雄 1988–89.『関根正雄著作集』16、17『申命記講解』新地書房。
ドゥ・ヴォー，R 1977.『イスラエル古代史──起源からカナン定着まで』西村俊昭訳、日本キリスト教団出版局、原著 1971。
並木浩一 1972.「イスラエル部族表における十二部族組織の展開」『聖書学論集』9、238–59〔『古代イスラエルとその周辺』新地書房、1979、101–43〕。
ネエル，A 1971.『予言者運動の本質』西村俊昭訳、創文社、原著 1955。
ノート，M 1969.「五書における法」『契約の民──その法と歴史』柏井宣夫訳、日本基督教団出版局、7–181、原著 1960 より抜粋。
ノート，M 1983.『イスラエル史』樋口進訳、日本キリスト教団出版局、原著 1966。
ノート，M 1986.『モーセ五書伝承史』山我哲雄訳、日本キリスト教団出版局、原著 1948。
ノート，M 1988.『旧約聖書の歴史文学──伝承史的研究』山我哲雄訳、日本キリスト教団出版局、原著 1967（第 3 版）。
野本真也 1984.「モーセ五書」『総説 旧約聖書』日本キリスト教団出版局、81–214。
フィネガン，J 1983.『考古学から見た古代オリエント史』三笠宮崇仁訳、岩波書店、原著 1946。
フィンケルシュタイン，I & シルバーマン，N A 2009.『発掘された聖書──最近の考古学が明かす聖書の事実』越後屋朗訳、教文館、原著 2001。
フォン・ラート，G 1964.『モーセ』生原優訳、日本キリスト教団出版局、原著 1963。
フォン・ラート，G 1969.「六書の様式史的問題」『旧約聖書の様式史的研究』荒井章三訳、日本キリスト教団出版局、3–125、原著 1958 より抜粋。
フォン・ラート，G 1980.『旧約聖書神学 I ──イスラエルの歴史伝承の神学』荒井章三訳、日本キリスト教団出版局、原著 1975（第 6 版）。
フォン・ラート，G 1982.『旧約聖書神学 II ──イスラエルの預言者的伝承の神学』荒井章三訳、日本キリスト教団出版局、原著 1975（第 6 版）。
ブーバー，M 2002.『モーセ』荒井章三・早乙女禮子・山本邦子訳、日本キリスト教団出版局、原著 1945。

ブライト, J 1968.『イスラエル史 上』新屋徳治訳、聖文舎、原著 1959。

ブレンキンソップ, J 1997.『旧約預言の歴史——カナン定着からヘレニズム時代まで』樋口進訳、教文館、原著 1983。

フロイト, S 2003.『モーセと一神教』渡辺哲夫訳、ちくま学芸文庫、原著 1939。

ベッカー, H J 1989.『古代オリエントの法と社会——旧約聖書とハンムラビ法典』鈴木佳秀訳、ヨルダン社、原著 1976。

ヘッシェル, A J 1992.『イスラエル預言者』上・下、並木浩一監修、森泉弘治訳、教文館、原著 1962。

ベンサソン, H H（編）1976–77.『ユダヤ民族史 1・2 古代篇』石田友雄訳、六興出版、原著 1976 の一部。

メツガー, M 1983.『古代イスラエル史』山我哲雄訳、新地書房、原著 1977（第 4 版）。

モーヴィンケル, S 1997.『来たるべき者——旧約におけるメシア思想 上』広田勝一訳、聖公会出版、原著 1951。

モンテ, P 1982.『エジプトと聖書』（聖書の考古学 5）波木居純一訳、みすず書房、原著 1960。

ヤーヘルスマ, H 1988.『旧約聖書時代のイスラエル史』石田友雄監訳、山川出版社、原著 1979。

ライト, G E 1964.『概説 聖書考古学』山本七平訳、山本書店、原著 1960。

レーマー, T 2008.『申命記史書——旧約聖書の歴史書の成立』山我哲雄訳、日本キリスト教団出版局、原著 2005。

レントルフ, R 1987.『モーセ五書の伝承史的問題』山我哲雄訳、教文館、原著 1977。

ロッホマン, J M 1985.『自由への道しるべ——十戒による現代キリスト教倫理』畠山保男訳、新教出版社、原著 1979。

屋形禎亮 1980.「ファラオの王権」屋形禎亮編『古代オリエント』有斐閣新書。

屋形禎亮 1991.「奴隷と住民の生活」「この世とあの世の生活——古代エジプト人の死生観」三笠宮崇仁編『古代オリエントの生活』（生活の世界歴史 1）河出書房新社。

山我哲雄 2003.『聖書時代史——旧約篇』岩波現代文庫。

山我哲雄 2012a.「旧約聖書研究史 文献紹介」並木浩一・荒井章三編『旧約聖書を学ぶ人のために』世界思想社。

山我哲雄 2012b.『海の奇跡――モーセ五書論集』聖公会出版。

山森みか 1996.『古代イスラエルにおけるレビびと像』(ICU 比較文化叢書 3) 国際基督教大学比較文化研究会。

ワイブレイ, R N 1998.『モーセ五書入門』山我哲雄訳、教文館、原著 1995。

Alt, A 1959a. Die Ursprünge des israelitischen Rechts, *Kleine Schriften zur Geschichte des Volkes Israel,* Bd I, 278–332. München: C H Beck.

Alt, A 1959b. Das Verbot des Diebstahls im Dekalog, *Kleine Schriften zur Geschichte des Volkes Israel,* Bd I, 333–40. München: C H Beck.

Baltzer, K 1964. *Das Bundesformular.* (WMANT) Neukirchen-Vluyn: Neukirchener.

Beyerlin, W 1961. *Herkunft und Geschichte der ältesten Sinaitraditionen.* Tübingen: J C B Mohr.

Carroll, R P 1979. *When Prophecy Failed: Cognitive Dissonance in the Prophetic Traditions of the Old Testament.* New York: The Seabury Press.

Cody, A 1969. *A History of Old Testament Priesthood.* (Analecta biblica 35) Rome: Pontificio Institutio Biblico.

Cross, F M 1947. The Tabernacle: A Study from an Archcaeological and Historical Approach, *BA* 10, 45–68.

Crüsemann, F 1992. *Die Tora: Theologie und Sozialgeschichte des alttestamentlichen Gesetzes.* München: Chr Kaiser.

Frankfort, H 1948. *Kingship and the Gods.* Chicago: Univ of Chicago Press.

Frankfort, H 1961. *Ancient Egyptian Religion: An Interpretation.* New Tork: Harper & Row.

Gerstenberger, E 1965. *Wesen und Herkunft des "apodiktischen Rechts"* (WMANT) Neukirchen-Vluyn: Neukirchener.

Gunkel, H 1901. *Genesis.* (HAT I) Göttingen: Vandenhoeck & Ruprecht.

Gunneweg, A H J 1965. *Leviten und Priester: Hauptlinien der Traditions– bildung und Geschichte des israelitisch–jüdischen Kultpersonals.*

(FRLANT 89) Göttingen: Vandenhoeck & Ruprecht.

Halbe, J 1975. *Das Privilegrecht Jahwes Ex 34, 10–26: Gestalt und Wesen Herkunft und Wirken in vordeuteronomischer Zeit.* (FRLANT 114) Göttingen: Vandenhoeck & Ruprecht.

Hallo, W W & Simpson, W K 1971. *The Ancient Near East: A History.* New York: Harcourt Brace Jovanovich.

Hillers, D R 1969. *Covenant: The History of a Biblical Idea. Baltimore:* Johns Hopkins Univ Press.

Jaroš, K 1974. *Die Stellung des Elohisten zur kanaanäischen Religion.* Göttingen: Vandenhoeck & Ruprecht.

Jenks, A W 1977. *The Elohist and North Israelite Traditions.* (SBL Monograph Series 22) Missoula: Scholars Press

Knierim, R 1962. Exodus 18 und die Neuordnung der mosaischen Gerichtsbarkeit, *ZAW* 73. 146–71.

Knierim, R 1995. The Composition of the Pentateuch, in *The Task of Old Testament Theology: Substance Method and Cases.* Eerdmans. Grand Rapids: 351–79.

Koch, K [1964] 1967. *Was ist Formgeschichte?: Neue Wege der Bibelexegese.* Neukirchen-Vluyn: Neukirchener [= *The Growth of the Biblical Tradition: The Form-Critical Method,* tr by S M Cupitt. New York: Scribner, 1969].

Koch, K 1997. The Language of Prophecy: Thoughts on the Macrosyntax of the děbar YHWH and Its Semantic Implications in the Deuteronomistic History, in H T C Sun & K L Eades (eds), *Problems in Biblical Theology: Essays in Honor of Rolf Knierim.* Grand Rapids: Eerdmans. 210–21.

Kohata, F 1986. *Jahwist und Priesterschrift in Exodus 3–14.* (BZAW 166) Berlin: Töpelmann.

Kraus, H -J 1962. *Gottesdienst in Israel: Grundriss einer Geschichte des alttestamentlichen Gottesdienstes.* München: Chr Kaiser.

Liedke, G 1971. *Gestalt und Bezeichnung alttestamentlicher Rechtssätze.* (WMANT 39) Neukirchen-Vluyn: Neukirchener.

Lohfink, N 1963. *Das Hauptgebot: Eine Untersuchung literarischer Einleitungsfragen zu Dtn 5–11.* (Analecta biblica 20) Rome: Pontificio Institutio Biblico.

McCarthy, D J [1963] 1978. *Treaty and Covenant.* (Analecta biblica 21) Rome: Pontificio Institutio Biblico.

McCarthy, D J 1978. *Old Testament Covenant: A Survey of Current Opinions.* Atlanta: John Knox.

Mendenhall, G E 1954. Law and Covenant in Israel and the Ancient Near East. *BA* 17, 26–46.

Mendenhall, G E 1955. *Law and Covenant in Israel and the Ancient Near East.* Pittsburgh: The Presbyterian Board of Colportage of Western Pennsylvania.

Mowinckel, S 1953. *Religion und Kultus.* Göttingen: Vandenhoeck & Ruprecht.

Mowinckel, S 1964. *Tetrateuch–Pentateuch–Hexateuch: Die Berichte über die Landnahme in den drei altisraelitischen Geschichtswerken.* Berlin: Töpelmann.

Nielsen, E 1965. *The Ten Commandments in New Perspective.* (Studies in Biblical Theology 7) London: SCM Press.

Noth, M 1930. *Das System der zwölf Stämme Israels.* (BWANT 4) Stuttgart: W Kohlhammer.

Nötscher, F 1969. *"Das Angesicht Gottes shauen" nach biblischer und babylonischer Auffassung.* Darmstadt: Wissenschaftliche Buchgesellschaft.

Osumi, Y 1991. *Die Kompositionsgeschichte des Bundesbuches Exodus 20,22b–23,33.* (Orbis biblicus et orientalis 105) Göttingen Vandenhoeck & Ruprecht.

Otto, E 1989. *Rechtsgeschichte der Redaktionen im Kodex Ešnunna und im 《Bundesbuch》: Eine redaktionsgeschichtliche und rechtsvergleichende Studie zu altbabylonischen und altisraelitischen Rechtsüberlieferungen.* (Orbis biblicus et orientalis 85) Göttingen: Vandenhoeck & Ruprecht.

Otto, E 2000. *Das Deuteronomium im Pentateuch und Hexateuch: Studien zur Literaturgeschichte von Pentateuch und Hexateuch im Lichte des Deuteronomiumrahmens.* (FAT 30) Tübingen: Mohr Siebeck.

Paul, S 1970. *Studies in the Book of Covenant in the Light of Cuneiform and Biblical Law.* (VTSup 18) Leiden: E J Brill.

Perlitt, L 1969. *Bundestheologie im Alten Testament.* (WMANT 36) Neukirchen-Vluyn: Neukirchener.

Rendtorff, R 1963. *Die Gesetze in der Priesterschrift.* Göttingen: Vandehoeck & Ruprecht.

Rendtorff, R 1977. *Das überlieferungsgeschichtliche Problem des Pentateuch.* (BZAW 147) Berlin: Töpelmann.

Richter, W 1971. *Exegese als Literaturwissenschaft: Entwurf einer alttestamentlichen Literaturtheorie und Methodologie.* Göttingen: Vandenhoeck & Ruprecht.

Rost, R 1965. Weidewechsel und altisraelitische Festkalender, *Das kleine Credo und andere Studien zum Alten Testament.* Heidelberg: Qwell & Meyer.

Schmid, H 1968a. *Die Gestalt des Mose: Probleme alttestamentlicher Forschung unter Berücksichitigung der Pentateuchkrise.* (Ertäge der Forschung 237) Darmstadt: Wissenschaftliche Buchgesellschaft.

Schmid, H 1968b. *Mose: Überlieferung und Geschichte.* (BZAW 110) Berlin: Töpelmann.

Schmid, H H 1976. *Der sogenannte Jahwist: Beobachtungen und Fragen zur Pentateuchforschung.* Zürich: Theologischer Verlag.

Schreiner, J 1988. *Die Zehn Gebote im Leben des Gottesvolkes.* München: Kösel.

Van Seters, J 1994. *The Life of Moses: The Yahwist as Historian in Exodus–Numbers.* Louisville: Westminster/John Knox.

Smend, R 1966. *Jahwekrieg und Stämmebund. Erwägungen zur ältesten Geschichte Israels.* (FRLANT 84) Göttingen: Vandenhoeck & Ruprecht.

Smend, R 1986. *Die Mitte des Alten Testaments.* (Gesammelte Studien I)

München: Chr Kaiser.

Smend, R 1978. *Die Entstehung des Alten Testaments.* (TW 1) Stuttgart: Kohlhammer.

Steck, O H 1967. *Israel und das gewaltsame Geschick der Propheten : Untersuchungen zur Überlieferung des deuteronomistischen Geschichtsbildes im Alten Testament, Spätjudentum und Urchristentum.* (WMANT 23) Neukirchen-Vluyn: Neukirchener.

Suzuki, Y 1982. A Hebrew Ostracon from Mesad Hashavyahu: A Form-Critical Reinvestigation. *AJBI* 8, 3–49.

Suzuki, Y 1983. Deut 6:4–5: Perspectives as a Statement of Nationalism and of Identity of Confession. *AJBI* 9, 65–87.

Suzuki, Y 1987. Deuteronomic Reformation in View of the Centralization of the Administration of Justice. *AJBI* 13, 22–58.

Suzuki, Y 1992. A New Aspect on Occupation Policy by King Josiah. *AJBI* 18, 31–61.

Suzuki, Y 1995. A New Aspect of ḤRM in Deuteronomy in View of an Assimilation Policy of King Josiah. *AJBI* 21, 3–27.

Suzuki, Y 1997. 'The Place which Yahweh Your God Will Chose' in Deuteronomy, in T C Sun & K L Eades (eds), *Problems in Biblical Theology: Essays in Honor of Rolf Knierim.* Grand Rapids: Eerdmans. 338–52.

Suzuki, Y 2000. On Yahweh's Court in Hosea 4:1–3, in W Kim et al (eds), *Reading the Hebrew Bible for a New Millennium: Form, Concept, and Theological Perspective*, Vol.2: Exegetical and Theological Studies. Harrisburg: Trinity Press International. 253–63.

Suzuki, Y 2006. Lost State and its Reconstruction in the Old Testament: A Short Summary, in *Comparative Studies in Religious Thought* 6. Graduate School of Modern Society and Culture, Niigata University. 69–94.

Voegelin, E 1956. *Israel and Revelation.* (Order and History 1) Baton Rouge: Louisiana State University Press.

参考文献

Weinfeld, M 1992. *Deuteronomy and the Deuteronomic School.* Winona Lake: Eisenbrauns.

de Wette, W M L 1805. *Dissertatio critico-exegetica, qua Deuteronomium a prioribus Pentateuchi libris diversum, alius cuiusdam recentioris auctoris opus esse monstratur.* Jena: Etzdorf.

Wellhausen, J 1957. *Prolegomena to the History of Ancient Israel.* New York: Meridian Books (original 1883).

Wellhausen, J 1963. *Die Composition des Hexateuchs und der historischen Bücher des Alten Testaments.* 3 Aufl. Berlin: Walter de Gruyter.

Zenger, E 1971. *Die Sinaitheophanie: Untersuchungen zum jahwistischen und elohistischen Geschichtswerk.* (fzb 3) Würzburg: Echter Verlag.

鈴木　佳秀（すずき・よしひで）

1944 年、熊本県生まれ。国際基督教大学卒業、同大学院修了。東京教育大学大学院を経て、クレアモント大学院大学にて申命記研究で博士号取得（Ph. D.）。新潟大学、同大学院教授、敬和学園大学学長を経て、現在、フェリス女学院学院長。新潟大学名誉教授。

著書：『申命記の文献学的研究』（日本キリスト教団出版局、1987 年〔平成 2 年度日本学士院賞受賞〕）、『旧約聖書の女性たち』（教文館、1993）、Reading the Hebrew Bible for a New Millennium. Form, Concept, and Theological（共著、Trinity Press International、2000）、『ヘブライズム法思想の源流』（創文社、2005 年）、『旧約聖書を学ぶ人のために』（共著、世界思想社、2012 年）他。

訳書：H. J. ベッカー『古代オリエントの法と社会』（ヨルダン社、1989 年）、『ヨシュア記・士師記』（岩波書店、1998 年）、『十二小預言書』（岩波書店、1999 年）、『民数記・申命記』（共訳〔申命記担当〕岩波書店、2001 年）、G. フォンラート『申命記』（ATD・NTD 聖書註解刊行会、2003 年）他。

VTJ 旧約聖書注解
出エジプト記 1〜18 章

2017 年 11 月 20 日　初版発行　　　　　© 鈴木佳秀　2017

著　者　鈴　木　佳　秀
発　行　日本キリスト教団出版局
〒 169-0051　東京都新宿区西早稲田 2-3-18
電話・営業 03（3204）0422、編集 03（3204）0424
http://bp-uccj.jp

印刷・製本　精興社

ISBN 978-4-8184-0981-1　C1316　日キ販
Printed in Japan

日本語で書き下ろす聖書注解シリーズ

VTJ 旧約聖書注解
Vetus Testamentum Japonicum

NTJ 新約聖書注解
Novum Testamentum Japonicum

2017年、マルティン・ルターの宗教改革から数えて**500年目**を迎える。キリスト教が拠って立つ聖書を一般信徒の手に返したという意味で、宗教改革はまさに画期的な出来事であった。
それによって、プロテスタント教会のみならず、カトリック教会においても幾多の新しい流れが生まれ、新しい時代が準備されていった。
聖書には新しい時代を拓く力が宿っている。
私たちはそう信じ、宗教改革から500年を経た今日、**日本語で書き下ろされた聖書注解シリーズの刊行**という旅路へ踏み出す。

5つの特長

1. 日本語で書き下ろされており、読みやすい
2. 原典の文書・文体・文法・語彙の特徴がわかる
3. 聖書各書の歴史的・文化的・社会的背景がわかる
4. 先入観に支配されず、聖書が提起している問題を理解できる
5. 聖書の理解を通して、現代社会への深い洞察を得ることができる

2017年に、日本キリスト教団出版局より刊行開始！

VTJ 旧約聖書注解

監修者
月本昭男／山我哲雄／大島 力／小友 聡

五書
創世記	月本昭男
出エジプト記	鈴木佳秀
レビ記	山森みか
民数記	竹内 裕
申命記	大住雄一

歴史書
ヨシュア記	魯恩碩
士師記	山吉智久
サムエル記	勝村弘也
列王記	山我哲雄
歴代誌	山我哲雄
エズラ記・ネヘミヤ記	守屋彰夫

預言書
イザヤ書	大島 力
エレミヤ書	大串 肇
エゼキエル書	北 博
ホセア書	大島 力
ヨエル書	金井美彦
アモス書	小林 進
オバデヤ書	左近 豊
ヨナ書	水野隆一
ミカ書	金井美彦
ナホム書	左近 豊
ハバクク書	左近 豊
ゼファニヤ書	左近 豊
ハガイ書	樋口 進
ゼカリヤ書	樋口 進
マラキ書	樋口 進

諸書
ルツ記	加藤久美子
エステル記	高橋優子
ヨブ記	月本昭男
詩編1〜72編	飯 謙
詩編73〜150編	石川 立
箴言	加藤久美子
コヘレト書	小友 聡
雅歌	小友 聡
哀歌	左近 豊
ダニエル書	守屋彰夫

NTJ 新約聖書注解

監修者
須藤伊知郎／伊東寿泰／浅野淳博／廣石 望／中野 実／辻 学

マタイ福音書	須藤伊知郎
マルコ福音書	挽地茂男
ルカ福音書	嶺重 淑
ヨハネ福音書	伊東寿泰
使徒行伝	今井誠二
ローマ書簡	浅野淳博
第1コリント書簡	村山盛葦
第2コリント書簡	廣石 望
ガラテヤ書簡	浅野淳博
フィリピ書簡・フィレモン書簡	
第1、第2テサロニケ書簡	焼山満里子
エフェソ書簡	山田耕太
コロサイ書簡	保坂高殿
第1、第2テモテ書簡・テトス書簡	福嶋裕子
ヘブライ書簡	中野 実
ヤコブ書簡	東よしみ
第1、第2ペトロ書簡・ユダ書簡	辻 学
第1、第2、第3ヨハネ書簡	三浦 望
ヨハネ黙示録	遠藤勝信

VTJ／NTJの特設ホームページをぜひごらんください！
http://bp-uccj.jp/publications/tokusetsu/
本注解書シリーズの特長や監修者のコメント、「VTJ 旧約聖書注解」「NTJ 新約聖書注解」の見本原稿など、豊富な内容を掲載。

日本キリスト教団出版局
〒169-0051 東京都新宿区西早稲田2-3-18　TEL 03-3204-0422　FAX 03-3204-0457
ホームページ http://bp-uccj.jp　Eメール eigyou@bp.uccj.or.jp